小学语文
常用汉字音形义释析

周伟英 著

东北师范大学出版社

长 春

图书在版编目（CIP）数据

小学语文常用汉字音形义释析 / 周伟英著. — 长春：东北师范大学出版社，2020.10
ISBN 978-7-5681-7261-5

Ⅰ.①小… Ⅱ.①周… Ⅲ.①小学语文课—教学参考资料 Ⅳ.①G624.203

中国版本图书馆CIP数据核字（2020）第195650号

□策划创意：刘　鹏
□责任编辑：邓江英　沈　佳　　□封面设计：言之凿
□责任校对：刘彦妮　张小娅　　□责任印制：许　冰

东北师范大学出版社出版发行
长春净月经济开发区金宝街118号（邮政编码：130117）
电话：0431-84568115
网址：http://www.nenup.com
北京言之凿文化发展有限公司设计部制版
北京政采印刷服务有限公司印装
北京市中关村科技园区通州园金桥科技产业基地环科中路17号（邮编：101102）
2022年6月第1版　　2022年6月第1次印刷
幅面尺寸：170mm×240mm　　印张：18.75　字数：316千

定价：45.00元

序言

  众所周知，识字是低年段语文教学的重点和难点。曾经，识字教学是我最没有底气的一个板块。因为面对那些汉字，自己也是知之甚少。于是就死板地让学生记住，或者想当然地凭经验教，抑或任凭学生自己想出一些五花八门的办法记诵。比如，教"碧"字，我会跟学生讲，"一个王同志，一个白同志，坐在一块石头上"，这是我自己读小学时我的老师教给我的。再如，识记"始"字，学生自己想出"一个女人站在台灯旁边"的识记方法，我是给予鼓励的。细想起来，这样的识记方法是经不起推敲的。它根本诠释不出汉字的文化内涵，自然也无法让学生发自内心地热爱祖国的语言文字。

  2011年，我参加了一个"汉字文化与识字教学"的培训，对于汉字文化有了一个初步的了解，并有了想进一步学习的渴望。在特级教师陈琴老师的介绍下，师从文字学家周祖庠老先生学习专业的文字学、训诂学，并一发不可收拾地喜欢上了它。从2012年开始，我尝试着在识字教学中零星地加入一些汉字文化的内容，发现学生对于这样的教学很感兴趣，但是苦于找不到一套专门针对语文老师教识字的读本。2013年暑假，我试图自己着手整理出一本关于3500个常用汉字字源的图书，让更多的教师和学生受益。在这个过程中，著名特级教师俞正强校长一直鼓励我，并给予方法指导。经过六年多的反复思考和实践，有了这本书。

本书的编排体系，源于许慎的《说文解字》。以540个部首为纲统领《语文课程标准》（北京师范大学出版社，2011年版）中要求认识的3500个常用字。以540个部首为原点，讲清楚该部首的音形义，进而带出该部首所孳乳的汉字，从理解部首的音形义到领悟所从诸字的音形义，以一个部首带出一串汉字，从源头上掌握构字部首，了解构字方法，传承文化密码。

综观这540个部首，又可以分成七大类：以人体为内容的部首，以器用为内容的部首，以动物、植物、自然界为内容的部首及以数字和干支字为内容的部首。对于540个部首，编者根据它们之间的从属关系，进行了适当的删减、合并：有些部首，没有孳乳汉字，该部首本身也不在常用字之列，则删去；有些部首，相互之间存在从属关系，则合并。整理后的部首为340个。

每个部首所孳乳的字，编者以《语文课程标准》中《识字、写字教学基本字表》为纲进行筛选。属于1000个次常用字之列的，编者在其下加点，以别于2500个常用字。

目录

第一章
以人体为内容的部首 \ 1

第一节 与"人"形有关的部首……………………………………… 2

第二节 与"页"有关的部首……………………………………… 48

第三节 与"目"有关的部首……………………………………… 60

第四节 与"口"有关的部首……………………………………… 64

第五节 与"手"有关的部首……………………………………… 78

第六节 与"足"有关的部首……………………………………… 102

第二章
以器用为内容的部首 \ 119

第一节 与祭祀有关的部首……………………………………… 120

第二节 与战争有关的部首……………………………………… 135

第三节 与"衣"有关的部首……………………………………… 154

第四节 与"食"有关的部首……………………………………… 165

第五节 与"住"有关的部首……………………………………… 175

第六节 与"用"有关的部首……………………………………… 190

第七节 与器用有关的其他部首………………………………… 202

第三章
以动物为内容的部首 \ 217

第一节　与飞禽有关的部首……………………………………218
第二节　与家畜有关的部首……………………………………224
第三节　与走兽有关的部首……………………………………228
第四节　与爬虫、鳞甲动物有关的部首………………………232

第四章
以植物为内容的部首 \ 237

第一节　与草木有关的部首……………………………………238
第二节　与植物有关的其他部首………………………………246

第五章
以自然界为内容的部首 \ 251

第一节　与天象有关的部首……………………………………252
第二节　与地舆有关的部首……………………………………257

第六章
以数字为内容的部首 \ 265

第七章
以干支字为内容的部首 \ 273

第一节　以天干为内容的部首…………………………………274
第二节　以地支为内容的部首…………………………………278

附　录……………………………………………………………286

第一章
以人体为内容的部首

古人是怎样创造文字的？许慎在《说文解字·叙》中论及古人字形来源时，引用了《易·系辞下》的话，叫作"近取诸身，远取诸物"。因为"身"是所有人都熟悉的，易为人们所理解和接受。文字是交流思想感情的工具，彼此熟悉，易于理解接受，才能互相沟通。这是文字形成的基本出发点。因此，本章讲述以人体为内容的部首及所从诸字。共分六类，先介绍与"人"形有关的部首及所从诸字，再按照头（页）、目、口、手、足五类分别讲述有关部首的字源及所从诸字。

第一节 与"人"形有关的部首

一、"人"及从"人"诸字

人，rén 甲𠂉 金𠂉 篆𠂉

象形字。甲骨文像侧立朝左的人形，上端是头，向左下方伸展的一笔是臂，中间是身子，身子以下是腿。金文大同。小篆的腰部弯曲得更大一些。隶变后楷书写作"人"。指人类：唯人万物之灵。

以"人"为字根，"人"字通过重叠、变形可以构成其他汉字，如"从""北""众"等。"人"字除独立为"人"之外，还常作偏旁。偏旁"人"在古文字中的基本写法为"𠂉"，隶变过程中由于部位和笔势的影响而变为"人""亻""卜""亠""𠆢""儿"等多种不同写法。此外，"人"字还可通过改变方向或增加附件，形成其他的字，如"人"倒写为"𠤎"，隶定为"匕"。"人"字下加一横表示人侧立于地之形，写作𠄌，再变为𡈼，写作壬，表示挺立之意等。

（一）"人"构成的字

1. 从，cóng 甲从 金从 篆从

会意字。甲骨文从前后二人，会相跟随之意。本义为二人相随而行。引申指追逐、追随。又引申指顺从、听从。引申为参与、从事。由跟随又引申指次要的、从属的。用作名词，指跟随的人。

并，bìng 甲竝 金竝 篆竝

会意兼指事字。从从，从二，会两人相合并之意。本义为相合并。引申为齐、同。又指并排、平列。虚化为副词，表示同时、一起。又表示皆、都。

纵，zòng 籀文縱 篆縱

会意兼形声字。从糸，从從会意，從也兼表声。如今简作纵。本义为松开织机的杼听从其退去。引申为放任、不加拘束：放纵。又引申指猛然向前或向上跃起：纵身。杼是沿着经线前后来回动的。又引申指纵向、直的、竖的。

2. 北，běi 甲 ⺆ 金 ⺆ 篆 ⺆

会意字。甲骨文从二人相背，会背离之意。是"背"的本字。本义为背离、违背。用作名词，指脊背。追击逃敌必从背后，故又读bèi，引申指军队败走。用作名词，指败逃者。物性皆向阳，人们生活中也多面南背北，故又引申称背向的一方为北方。后来，由于"北"为引申义所专用，脊背之义便另加义符"月"写作"背"来表示。

3. 众，zhòng 甲 ⺆ 金 ⺆ 篆 ⺆

会意字。甲骨文从三人，会多人之意。或又加义符"日"，会多人在烈日下劳作之意。篆文将日误为目。隶变后楷书写作众和眾。如今简为众。作偏旁时写作乑。

聚是以众作义符的字，从众，从取，会招取民众会集在一起之意。本义为人会集。用作名词，指聚居的村落。引申泛指会聚、积聚。又引申为并拢。

骤是以聚作声兼义符的字。从马，聚声。聚也兼表义，马步密集才能疾速。本义为马奔驰。用作使动，指使……飞奔。由急速引申指突然：脸色骤变。

（二）"人"部之字

1. 介，jiè 甲 ⺆ 篆 ⺆

会意字。甲骨文从人，四短画象征由片片皮革连成的甲衣，会人披甲衣之意。本义为人披甲衣。也指甲衣，披甲衣之人。披甲则人在其中，故引申为夹在中间。又引申为居中传言或传言的人。由居中引申为停留等。

价，jià 篆 ⺆

会意兼形声字。从人、从介（披甲之人）会意。介也兼表声。本义指披甲之人。如今作了"價"（从人、从贾会意。贾也兼表声。本义指价值）的简化字。故价又表示价值。

界，jiè 篆 ⺆

会意兼形声字。从田、从介（边际，界限）会意。介也兼表声。本义指不同地域交接的地方。引申指范围。

2. 佥，qiān 篆 ⺆

会意字。篆文从亼（会合），从叩（xuān，二口），从从（二人），会众人同说之意。隶变后楷书写作僉。如今简作佥。本义为众人同说。引申指众人。又引申指皆、都等。

敛，liǎn 篆 𣀇

会意兼形声字。篆文从攵（手持棍），从佥（表收合），会收起之意。佥也兼表声。本义为收起。引申指征收、聚集钱物：横征暴敛。又引申指约束：收敛。

俭，jiǎn 篆

形声兼会意字。从人，佥声。佥也兼表约束之意。本义为思想行为上能约束节制自己：温良恭俭让。约束自己则不奢华，故引申指俭朴、节省。

3. 全，quán 金 篆

象形字。金文像玉饰之形，上像系玉，下像悬垂饰物。篆文简化。隶变后楷书写作全。本义为无瑕疵的纯玉。引申泛指纯粹。又引申指整个、完全等。

4. 舍，shè 金 篆

象形字。舍与余同源。"余"是简易的茅屋形，"舍"是建筑在台基上的高级房舍形。金文上像构木为屋之形，下像台基。篆文整齐化。隶变后楷书写作舍。本义为高级房舍，即客馆。也泛指房舍、住所。用作动词，指止宿，又指止息：不舍昼夜。古代军队行三十里住宿一夜为一舍，故又引申指三十里：退避三舍。又用作对自己家或家属的谦称：舍弟。又读shě，由止息又引申指停止、放弃。

5. 禽，qín 甲 金 篆

象形兼会意字。甲骨文一是倒写的"网"。网口朝下，表示在地面狩捕鸟类或小动物，网口朝上表示用网罩在空中追扑飞行的鸟雀。甲骨文二像一把长柄的捕鸟网，表示持网捕鸟。金文在网罩上方加一个盖子，表示将抓捕的鸟雀放在封闭的空间内。篆文将金文的罩盖写成""，并将金文的"十"（抓）写成""（手持网柄）。隶变后楷书写作禽。本义为捕捉，是"擒"的本字。

6. 欠，qiàn 甲 篆

象形字。甲骨文像人张口出气打哈欠形。篆文将口讹为三缕气。隶变后楷书写作欠。本义为打哈欠。打哈欠时往往要张臂伸腰，故又引申为身体微微抬起：欠身施礼。气出则不足，故又引申为不足、缺乏。又引申为欠别人的钱、物未还。

4

（1）次，cì 甲🗚金🗚篆🗚

象形字。甲骨文像一个人张口连连打喷嚏的样子，金文大同。篆文将口讹为三缕气，将口水讹为二。遂变成从欠、从二会意，二也兼表声的字。本义当为连打喷嚏。由连打喷嚏引申为放纵。喷嚏是一个一个接着打的，故又引申为次序、顺序、等第。由排序又引申指依随。又引申为第二（不前）、质量较差（不精）的。

（2）㳄，xián 甲🗚

会意字。甲骨文从人，从水，会人口中流出口水之意。本义为羡慕的口水。由于"㳄"作了偏旁，便又另造了"涎"字来表示。涎，从水、从延会意，延也兼表声。本义指口水，引申泛指黏液，羡慕、贪图等。

盗，dào 甲🗚篆🗚

会意字。甲骨文从㳄，从皿，用垂涎人家的器皿会偷窃之意。隶变后楷书写作盜，俗省作盗。本义为偷窃。也指偷东西的人。又引申指用不正当的行为谋取：欺世盗名。古代"偷"指苟且（存者且偷生，死者长已矣），不指小偷，"盗"指小偷，"贼"指强盗。

羡（羨），xiàn 甲🗚篆🗚

会意兼形声字。从羊，从㳄，会垂涎羊肉之意。㳄也兼表声。隶变后楷书写作羨，如今简作羡。本义指贪馋美味。由贪欲引申指希望得到。由希望得到非分之物，引申指超过。

（3）饮，yǐn 甲🗚金🗚篆🗚

会意字。甲骨文像一人张口伸舌就坛子饮酒形。金文口与舌脱离开人，并讹为"今"，而"人"则变成了"欠"。篆文整齐化。隶变后楷书写作歆，是"饮"的初文。本义为喝。由于"歆"太繁，又作了偏旁，后遂另造了会意字"飮"，从食、从欠会意，如今简化为饮。本义为喝，用作名词，也指饮料。引申指含忍，又引申为没入。又读 yìn，用作使动，表示使……喝：饮马。

（4）欲，yù 金🗚篆🗚

会意兼形声字。从欠，从谷，会贪求如空谷纳物之意。谷也兼表声。本义为欲望，引申为喜爱，又引申为想要、需要、将要。

（5）款，kuǎn 甲🗚金🗚篆🗚

会意字。甲骨文从又（手），从木，从示（祭台神主），表示手持燎柴于示前焚烧祭天，虔诚叩求赐福之意。金文将持柴之"手"改为张口祈祷之人"欠"。隶变后楷书写作款，如今简化为款。本义为虔诚叩求赐福，引申泛指虔诚、诚恳。又引申指诚心归服。又引申为热情招待。又引申为缓慢。古代祭神问卜必伴有甲骨刻辞，故又发展指古代钟鼎彝器上铸刻的文字，书画书信上的题名：落款。

（6）钦，qīn 金𨷻 篆𨷻

会意兼形声字。从欠（张口欣慕），从金（表示乐钟），会闻乐钟而欣慕之意。金也兼表声。本义当为仰慕、钦敬。古代指钟声：钟鼓钦钦。引申泛指仰慕、钦敬。又引申为对皇帝行事的敬称。

（7）歇，xiē 金𨷻 篆𨷻

形声字。从欠，曷声。本义为喘气。由喘息引申为休息。由休息引申为睡觉时间短。由气出完又引申为完、尽、停止等。

（8）歉，qiàn 篆𨷻

会意兼形声字。从欠，从兼（手持禾），会收成不足之意。兼也兼表声，本义当为收成不好。引申指吃不饱。由歉收又引申指缺少、不足。又引申指对人感到亏欠。

（三）单人旁的字

1. 特定之人

伯，bó 甲𨷻 金𨷻 篆伯

会意兼形声字。从人、从白（上等好米）会意。白也兼表声。本义指尊长之人。可指排行的老大：伯仲叔季。又可指父之兄。也可指夫之兄。

仲，zhòng 甲中 金中 篆仲

甲骨文用"中"表示居中。篆文从人、从中会意。中也兼表声。本义指排行居中的人。因"伯"是老大，"仲"是老二，所以后代常用"伯仲"指代兄弟或表示不相上下。引申指居中的：仲夏。

2. 人之动作

（1）保，bǎo 甲𨷻 金𨷻 篆保

会意字。甲骨文从人，从子，会人背负孩子之意。本义为负子于背。引申为养育。又引申为安定、保护。用作名词，指养育的人，即保姆。

（2）侵，qīn 甲𨷻 金𨷻 篆侵

会意字。甲骨文从手持帚，从牛，会持帚扫牛身上灰尘之意。金文去牛加"人"，突出人持帚扫之意。篆文承接金文并整齐化。本义指持帚一下一下渐进扫牛身。引申指渐进。又引申指侵蚀。又引申指进犯、侵占。又引申为欺凌、侵夺。

（3）休，xiū 甲🅧金🅧篆🅧

会意字。从人，从木，会人依傍大树休息之意。本义为歇息。由歇息引申指劝止。又引申指停止、罢休。由罢休引申指休妻。又指美好：休戚与共。

（4）伏，fú 金🅧篆🅧

会意字。金文从人，从犬，会犬趴伏伺机袭击人之意。本义为犬趴伏伺机袭击人，引申泛指藏匿专守而有所待：埋伏。由趴伏引申为屈服、归顺：伏法。又引申为低下去。进而引申为隐藏：福兮祸所伏。

（5）停，tíng 篆🅧

形声兼会意字。从人，亭声。亭也兼表定于所在不动之意。本义为停止不动。又引申指停放，停泊。物放妥帖才能停住，故又引申指妥帖：停当。

（6）做，zuò 篆🅧

会意字。从人、从故（表示前人所做之事）会意。表示人从事某种工作或活动。又表示制造：做活。又表示充当、装作、结成某种关系等。做和作在干、从事这类意思上用法大同。但做不用作兴起、创作等意思。

3. 人之品行

信，xìn 金🅧篆🅧

会意字。从人，从言，人言为信。用人所言会真实之意。本义为言语真实：言必信，行必果，是做人的准则。又引申指诚实，有信用。真实就可信，又引申指相信、信奉。相信则听从，又引申指任从、任意：信口开河。真实的则可作凭证，又引申指凭证：信物。

侈，chǐ 篆🅧

会意兼形声字。从人，从多（多出，过多，过分），多也兼表声。本义指浪费。引申指放纵，无节制。又引申指夸张，言辞无度。

4. 数量词

亿，yì 篆🅧

形声兼会意字。从人，意声。意也兼表心满之意。本义为安。由安乐引申指满足。引申用作数词，古表示十万，现表示万万。

5. 其他

伙，huǒ

会意兼形声字。从人、从火会意。火也兼表声。古代兵制，十人共一火炊煮造饭，故引申为古代兵制单位：十人为火，火有长。进而引申为同伴。用作动词，指结为伙伴：合伙。

備（备），bèi 甲🖼 金🖼 篆🖼

会意字。甲骨文和金文皆与葡同形，像箭插入盛矢器中形，表示置备有箭。篆文另加义符"人"，表示人预先置备下，自然是小心谨慎了。隶变后楷书写作備，如今简作备。本义为谨慎。引申指预备、准备、防备。也指置备、具备。进而引申指齐备、完备。

（四）"卜"和从"卜"诸字

卧，wò 金🖼 篆🖼

会意字。从臣，从人。杨树达《积微居小学述林》："古文臣与目同形，卧当从人，从目。盖人当寝卧，身体官骸与觉时皆无别异，所异者独目尔；觉时目张，卧时则目合也。"正常的隶变应写作臥，但后来人们把"人"符第一笔写成一竖，第二笔写成一点，就变成了"卧"。本义指睡眠，有关睡眠的。引申指趴伏。再引申泛指横陈、躺。

1. 监，jiān 甲🖼 金🖼 篆🖼

会意字。甲骨文是一个跪坐在地的人，张着大眼俯视一个盛水器皿的形状。上古没有镜子，人想看到自己的样子，怎么办呢？最简单的办法便是俯身低头去看盆中的静水了。

金文将人和目分开，眼睛变成了"臣"，以突出照视之意。篆文承接金文并整齐化。隶变后楷书写作監。如今简作监。读jiàn，本义为用盆水照视容颜。也指用来照视自己形象的器具。由借盆水照形，引申为抽象的借鉴、参考。又引申为察视、考察。又引申为起察视作用的官府名、官名：国子监。又读jiān，由察视引申为监视、督察。又引申为监禁、关押，也指监牢。

（1）览，lǎn 篆🖼

形声兼会意字。篆文从见，从監（照影），会观察之意。監也兼表声。隶变后楷书写作覽。如今简作览。本义为观察、眺望。又特指阅读。

（2）鉴，jiàn 金🖼 篆🖼

会意兼形声字。由于"监"为引申义所专用，照形、照形的器具和借鉴等义后来便另加义符"金"写作"鑑"来表示。鑑，从金、从監会意，監也兼表声。如今简作鉴。读jiàn，本义为大铜盆。盆盛水可用来照视，故引申指铜镜。引申为鉴戒。用作动词，指照。又引申为仔细看，审查。旧时用于书信的称呼后，表示请人看信。

（3）滥，làn 金🗌 篆🗌

形声兼会意字。从水，监声。监也兼表盆水之意。泉始出如盆水。本读jiàn，指泉水涌出。由泉水的上涌，引申读làn，表示大水漫流、泛滥。由泛滥，引申指无节制。由无规范引申指质量低劣，不称职。

2. 临，lín 金🗌 篆🗌

会意字。金文像人俯身低头流泪状，会哭吊死者之意。篆文变为从卧，品声。隶变后楷书写作臨。如今简作临。临，读lìn，本义指哭临。又读lín，由哭临引申指从高处向低处看，俯视。又引申指从上面到来，降临。后遂用为敬词。又引申指接近。又引申指面对。

（五）"疒"和从"疒"诸字

疒，nè 甲🗌 篆🗌

会意字。甲骨文从人，从🗌（床，是竖起的形象），会人得了重病躺在床上之意，小点象征病症出虚汗。篆文将人身与床叠合在一起。隶变后楷书写作疒。是"病"的本字。本义为重病，小病为疾。由于"疒"作了偏旁，便又另加声符"丙"写作"病"来表示。

疾，jí 甲🗌 篆🗌

会意字。甲骨文从人，从矢，会人腋下受箭伤之意。矢也兼表声。箭伤也是一种病，故篆文将人改为从疒，表示外伤轻病。本义为轻病。后泛指疾病。引申指缺点、毛病。有病则痛苦，故引申指痛苦、疾苦：痛心疾首。由于"疾"从矢取意，故又引申指迅速、猛烈：疾风知劲草。

瘤，liú 篆🗌

形声兼会意字。从疒，留声。留也兼表停滞、积塞之意。指未能在代谢中排出体外的毒素在体内衍生成的恶性肿块。

（六）"又"和从"又"诸字

1. 及，jí 甲🗌 金🗌 篆🗌

会意字。甲骨文像一只手从后面抓住一个人的样子。在隶变的过程中，"人"符逐渐上移，"又"符与"人"符的第二笔靠近，形成今字。本义为赶上抓住。引申为达到、到达。又引申指到那个时候。又引申指连累、涉及。又引申指比得上。用为虚词，表示趁着。

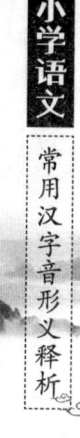

极，jí 篆極

会意兼形声字。本写作極，从木、从亟（紧急）会意，亟也兼表声。如今简作极。本义指房屋的脊檩，脊檩是房屋的最高处，故引申指顶点、尽头。又引申指地球的南北端点。由顶点引申指达到最大限度的：穷凶极恶。用作动词，指到顶点，竭尽：极目远眺。

急，jí 篆急

形声兼会意字。从心，及声。及也兼表意。本义为狭窄、狭隘。引申指急躁。又引申指紧迫、紧急、严重的事。进而引申指急速、赶快。

2. 危，wēi 篆危

会意兼形声字。从卩（跪坐之人），从厂（表示高），会人直起腰来提高上身端坐之意，即危坐。古人跪坐，平时臀部放在脚跟上，腰微弯，是放松方便的姿势。表敬时，腰则伸直，上体高度自然增加，故称为危坐，是"跪"的本字。引申泛指高：危楼高百尺。危坐本是敬惧行为，故又引申指戒惧不安，进而引申指危险、危害、危难等。

3. 免，miǎn 甲 金 篆

象形兼会意字。甲骨文像人戴丧帽俯身而吊形。古代丧礼，先脱冠然后用白布包裹发髻，免即此风俗的写照。如今农村丧帽仍以白布勒在头上。本义当为丧冠。读作wèn。又读miǎn，由去冠引申为脱掉、除去。进而引申为躲开、躲避。用作副词，表示勿、不可、不要。妇女产子也常用头巾包头，故又指生孩子。此义后作娩。

晚是以免作声兼义符的字。从日，免声。免也兼表蒙覆之意。本义指日落时：晚霞。引申指时间将终。进而引申指迟、后，又指后来的。

（七）"儿"和从"儿"诸字

儿，ér 甲 金 篆

象形字。"儿"与"人"实为一字。读rén，本义指人。又作为"兒"的简化字，读ér。

1. 兀，wù 甲 金 篆

指事字。兀与元同源，甲骨文从人，在其头顶加一短横，意在指明已削去了人的头发，用以表示上边光秃之意。本义当为光秃：蜀山兀，阿房出。头在人的高处，故又引申泛指高出、高耸：突兀。

2. 元，yuán 甲𠑺 金𠑺 篆𠑺

指事字。兀与元同源，甲骨文从兀（削去人头发），又用短横指明头的部位，以表示人头之意。本义当为人头。引申指为首的。又引申指开始、第一。

3. 兄，xiōng 甲𠑱 金𠑱 篆𠑱

会意字。兄与祝同源。从儿（人），从口，会人张口向天念念有词有所祷告求福之意。本义当为祷告赐福。古代致祭以长，故用以表示哥哥。引申也指亲戚中同辈比自己年龄大的男性。

4. 光，guāng 甲𠑱 金𠑱 篆𠑱

会意字。甲骨文从火在儿（人）上，会光明之意。本义为光明。用作名词，指光亮。引申指风光。又指时光。又引申指光滑、裸露、完等。

晃，huǎng 篆晃

会意兼形声字。从日，从光，会光明闪耀之意。光也兼表声。读huǎng，本义为光明闪耀。用作动词，也指照耀、闪耀。引申指像光一样很快闪过。又读huàng，引申指摇动、摇摆。

5. 先，xiān 甲𠑱 金𠑱 篆𠑱

会意字。甲骨文从之（脚前行）在儿（人）前，会在前引导之意。本义为在前引导。引申泛指在前的。又引申为祖先、上代。又尊称已去世的，又指上古的等。

兟，shēn 篆兟

会意字。从二先（人走在前）相并，会二人在前导引宾客之意。引申指众、盛。由于"兟"作了偏旁，导引宾客之义便由"赞"来表示。众、盛之义便由"莘"来表示。

"赞"是以"兟"作声兼义符的字。从贝（财礼），从兟（人在前引导），会导宾之人接过客人的礼物捧着引荐主人之意。兟也兼表声。本义为导引宾客进见主人。引申泛指导引、引见。也称赞礼，赞礼之人。赞礼之人是礼宾时的辅助人员，故又引申为辅佐、帮助。赞礼之人在唱礼时总要说些称扬的话，故又引申为称扬、夸赞。

洗，xǐ 甲𠑱 篆洗

甲骨文是会意字，在"𠑱"（脚）的四周加四点"⋮"（指事符号），表示脚趾泡在水里。篆文是形声兼会意字。从水，从先（人脚前伸），会洗脚之意。先也兼表声。读xiǎn，本义为洗脚。又读xǐ，引申泛指用水洗去污垢。用

于抽象的意义，表示除去。洗则干净，故又比喻抢光、杀尽。由洗刷又引申指冲洗。又引申指文字语言简练、利落。也指清理牌。也指盥洗用的器具。

宪，xiàn 金𢕺 篆𢝊

会意兼形声字。从宀，从口，害省声，会心敏眼亮之意。本作憲，现简作宪。主要用作法式、规范。引申特指法令。特指宪法。

6. 充，chōng 篆𠫓

充与允同源，都是由甲骨文一个长大肥硕的大猩猩形简化而来，用以表示长大肥实之意。篆文从儿，育省声。本义当为长大肥实。引申为充满、充实。又引申为展开、发挥。又引申为充数、充当。又引申为假冒。

统是以充为声符的字，从糸，充声。本义为丝的头绪。抽丝由开头络绎而出，故又引申指事物一脉相承的关系。丝的头绪统领全丝，故又引申指总括。又进而引申指总领、管辖、治理。

7. 尧，yáo 甲𡘋 篆堯

会意字。尧与陶同源。甲骨文上从二土，即古"丘"字，是烧瓦器的窑包；下从人，会人在窑包前烧窑之意。瓦窑是用土堆起的中间空的大土丘，自然表示高起之义，故篆文繁化为从三土（垚），从兀（表示高）。隶变后楷书写作堯。如今简作尧。因此，尧的本义当为烧制陶器的窑包。由高高的窑包引申指至高的样子。后专用以表示远古帝王陶唐氏之号。

翘、晓、烧是一组以尧作声兼义符的字。翘，从羽，本义指鸟尾上的长羽。用作动词，指抬起。用作形容词，读qiáo，指才能出众。晓，从日，本义为天亮。引申指明亮。由明亮引申为明白、理解。烧，从火，本义为让东西起火。

（八）"乚"和从"乚"诸字

乚，huà 甲𠤎 篆𠤎

象形兼会意字。甲骨文从倒"人"之形，会变化之意。如今不单用，只作偏旁。

1. 真，zhēn 甲𣉻 金眞 篆眞

会意兼形声字。甲骨文从鼎，从人，会人就鼎取食美味之意。人也兼表声。金文变成从贝，从倒"人"，成了人取食鲜贝了。篆文将贝讹为一个朝下的头，就看不出原意了。

"真"的本义指美食。由美食的原质原味，引申指本质、本性。引申指道家所称的存养本性而得道的人或"成仙"的人。由本性引申指真实、真诚。又引申指事物的原样、肖像。"真"为引申义所专用后，美味之意便用"珍"

来表示。本义指珠玉等宝物，引申指难得的人才等。

2. 化，huà 甲化 篆𠤎

会意字。甲骨文从亻（正"人"），从𠤎（倒"人"），会变化之意。本义为变化。从倒"人"到正"人"，从倒"人"到人性，化是一种彻底的变。大自然能化生万物，故又引申指自然界化生万物的能力，造化。又引申指达到高超的境界：出神入化。通过教育使人、风俗改变也是一种化，故又引申为教化。变化的结果是消失，故又引申指熔化、溶化、融化。

华，huá 甲 金 篆

象形字。甲骨文像草木生土上，花叶下垂之形。就其物来说，是花朵；就其形象来说，是下垂。金文线条化。篆文另加义符"艸"并整齐化。隶变后楷书写作華。如今简作华。俗写作花。读huā，本义指花朵艳丽：桃之夭夭，灼灼其华 。用作动词，指开花。又读huá，引申用于抽象意义，指光彩、光辉。又引申指显贵、繁盛等。

（九）"壬"和从"壬"诸字

壬，tǐng 甲 篆

会意字，甲骨文一像人挺立在土台上之形，甲骨文二将土台"○"写成一横指事符号━。隶变后楷书写作壬。本义为人挺立在土台上，引申泛指挺立。注意："壬"与"壬"（rén，中间一画长）不同。

由于壬作了偏旁，挺立之意便用"廷"来表示。"廷"又引申为朝廷等义，挺立之意就又以"廷"为基础，再加义符"亻"写作"侹"来表示。"侹"又引申为平直而长之意，如今则借用"挺"来表示。

1. 重，zhòng 金 篆

会意兼形声字。金文从人，从東（东，竹笼），是一人背负一篓东西形，表示很沉重。东也兼表声。篆文整齐化，并在人足下加"土"，表示挺立在土上。隶变后楷书写作重。本义为沉重，引申指厚重、数量多、程度深等。又读chóng，凡沉重之物必繁多，故又指重复、重叠。引申指重新。又指两个。

童，tóng 金 篆

会意兼形声字。金文中间从人，头上有辛（刑刀），身上背有東（东西），会男子有罪受髡（读kūn，古代剃去男子头发的一种刑罚）刑为奴之意。東也兼表声。篆文讹为从辛，重省声。本义为男子有罪受髡刑为奴。髡刑削发，孩童不蓄发，由此引申指未成年的奴仆：书童。又引申泛指小孩儿。又引申指没结婚的。

動（动），dòng 金䡦䡨篆䡮

会意兼形声字。金文一从重（一个头上带有奴隶标志的人身背竹篓形），从土，用一个背负重物的人站在地上，会背得起来之意。金文二加上义符"辵"，以突出背得动。篆文改"辵"为力，表示用力把东西背起来了。重也兼表声。如今简作动。本义为背起来。引申泛指改变事物原来的位置或状态：移动。又引申泛指为实现目标而行动：动静。又引申指情感起反应：感天动地。

2. 望，wàng 甲䑾金䑿篆䒀

会意字。甲骨文从臣（眼），从壬（人立在土堆上），会人站在土堆上举目远望之意。金文加上义符"月"，用以表示望日（阴历每月十五日）。篆文承接金文。本义为举目登高远望，引申为看望、探望。又引申为盼望、希望。引申也指景仰。进而引申指声望、名望等。

3. 廷，tíng 金䒁篆䒂

象形字。金文像一人站立在庭中阶前形。表示庭院。引申指宫廷、朝廷。

4. 呈，chéng 篆䒃

会意兼形声字。篆文从口（表明辨），从壬（表挺出），会挺出说明之意。引申指呈现、呈露。用作敬辞，表示恭敬地送东西给人：呈报。用作名词，指下对上使用的一种公文：辞呈。

程是以呈作声符的字，从禾，呈声。本义为度量衡的总名。由衡量的标准，引申指法则、法度：章程。又引申用于距离，指路程。进而又引申指事物发展的经过：过程。

二、侧面之人形

（一）"女"和从"女"诸字

女，nǚ 甲䒄金䒅篆䒆

象形字。甲骨文是一个双手交腕敛在腹前的端庄地以脚板垫着臀部坐着的女子形象，她头上的一横，是根横插在盘起的头发上的簪（用来挽住头发的一种首饰，古时也用它把帽子别在头发上）。从前，男女到了成年和婚后，都要拢发戴簪的。所以，我们的祖先便抓住这些特征来创造"女"字。

以"女"作义符的字有很多，下面分类梳理之。

1. 女性各种身份

奴，nú 金🖼篆🖼

会意字。金文从女，从又（手），会用力操持劳务的奴隶之意。古代因罪没入官或被掠卖的人多沦为奴隶。引申泛指仆人。

拏是以奴作声兼义符的字。从手，从奴（操持），会牵持之意。奴也兼表声。本写作拏。俗写作"拿"，用合手会握持之意。本义为用手持取，引申指捉拿。用于抽象意义，指把握：拿主意。

2. 人生各个时期

婴，yīng 篆🖼

会意字。篆文从女，从賏（颈饰），会女孩戴有颈饰之意。现主要指初生的女婴，也泛指婴儿。

妇，fù 甲🖼金🖼篆🖼

会意字。从女、从帚会意，古代认为妇女主要是在家手拿笤帚负责扫尘土垃圾等。本义指已婚的妇女。又特指妻：夫妇。后来成为妇女的通称。

3. 人性的特征

如，rú 甲🖼金🖼篆🖼

会意字。甲骨文从女，从口（应答），会顺从人指令之意。金文大同。篆文整齐化。隶变后楷书写作如。本义为顺从、遵照：如愿。由遵照引申指往、去。由顺从引申为如同，像：一日不见，如三秋兮。又进而引申指比、及等。虚化为连词，表示如果。用作词尾，指然：空空如也。

恕是以如作声兼义符的字。从心，从如，如亦声。本义为恕道，由己之心推及他人之心，即所谓"如心"。

4. 有关婚嫁

婚，hūn 金🖼篆🖼

会意兼形声字。古代结婚仪式多在黄昏时举行，从女，从昏（黄昏），会结婚之意。昏也兼表声。古代多指家族婚姻，妇家为婚，夫家为姻。也指夫妻关系。

妻，qī 甲🖼金🖼篆🖼

会意字。在我国古代，女子到了十五岁时，便要举行一种隆重的仪式，亲友群集，由家长把她的头发用笄（jī，簪子）梳挽起来，戴上花饰，表示这女子已经成年，可以出嫁为人妻了。所以从前称女子十五岁为"及笄"。也就

第一章 以人体为内容的部首

是说，从前的女子到了十五岁便可以待字闺中，候聘出嫁为人妻了。"妻"字便是根据这种古代的风俗造出来的。甲骨文下部是一个双手交叉叠放在腹前端坐的女子形象，在她的头上，有一只手正为她插戴笄饰。因此，"妻"字是一个由"女""手""头饰"三个象形部分构成的表示插笄待字、许嫁为妻的"妻"之形象。本义为妻子。

5. 其他

姓，xìng 甲 金 篆

会意兼形声字。甲骨文从女、从生会意。姓是母系社会的反映，故从女。生也兼表声。本义为标志家族的字。上古有姓又有氏。姓是族号，随母系，不能改变；氏是姓的分支，可以自立，能改变。战国以后，往往以氏为姓，姓与氏遂逐渐混一。本义指家族系统的字：姓名。用作动词，指以某字为姓：姓张。注意："百姓"一词最初指众多的姓氏。战国前，只有贵族有姓，奴隶没有姓，故"百姓"是贵族百官族姓之称。战国后，百姓才逐渐指平民。

委，wěi 甲 篆

会意字。甲骨文从女，从禾，是古代秋收时妇女钎（裁）取割倒在地上的谷穗的丰收景象，用以会禾谷堆积之意。引申指萎靡、委顿。由堆积引申指交付、托付：委以重任。又进而引申指委任、任命：委派。由委托引申指有意识地推脱、推卸：委过于人。由堆积引申指水流聚积的地方。由此引申为末尾：原委。由源到尾曲折而下，故又引申为形容词，表示曲折、顺随：委曲求全。禾倒则落实，故又指委实。

娄，lóu 金 篆

会意字。金文像女头上顶物形，两手扶持之。篆文整齐化。隶变后楷书写作婁，如今简作娄，是"篓"的本字。本义为竹篓，引申指中空、通透。又引申指连续、屡次。

此外，"母"字也是基于"女"字之形所造的字，下面试析之。

母，mǔ 甲 金 篆

象形字。母亲是要给孩子哺乳的，所以先民抓住这个特点，在"女"的胸前加上两点以表示两个乳房，就惟妙惟肖地把"母"的形象画出来了。本义指母亲。引申泛指家族或亲戚中的长辈妇女：伯母。又泛指雌性的：母牛。由母亲生养子女，又引申指所从滋生的事物本源：母语。

（1）每，měi 甲[𠈌]金[𠈌]篆[𠈌]

象形字。甲骨文是一个敛手腹前端坐地上的女子，她的头上插戴着花翎锦羽一类的装饰品。这是最早在甲骨文里出现的"每"字。后来辗转相传，到了金文，却把"女"讹为"母"，"母"头上也保留了上饰翎毛的帽子。所以"每"字的本义指妇女之美。但与此同时，又产生了个"美"（甲骨文写作[𠈌]）字，是一个头戴雉尾舞蹈的人形，像今天古典歌剧舞台上的将帅以戴雉尾为美为威一样。而"美"下的"大"是指男女通用的"大人"的"大"。既然"每"的本义与"美"相同，所以后来便把"每"字作虚词使用，表示逐个、每一个、往往、虽然等意思。

①敏，mǐn 甲[𠈌]金[𠈌]篆[𠈌]

会意兼形声字。甲骨文从手，从每，会妇女做事迅速麻利之意。每也兼表声。本义指做事动作快：君子讷于言而敏于行。引申指勤勉努力：敏而好学，不耻下问。又引申指脑子反应快。

繁，fán 金[𠈌]篆[𠈌]

会意兼形声字。金文从糸，从每，会妇女头上饰物繁多如丝之意。每也兼表声。篆文整齐化，或另加义符"攴"，强调弄得纷乱之意。本义指妇女头上饰物繁多，引申指繁盛、茂盛。也泛指繁多，众多。又引申指复杂：纷繁。又引申指繁殖。

②𠫓，tū 甲[𠈌]金[𠈌]篆[𠈌][𠈌][𠈌]𠫓

会意字。毓、育、㐬、𠫓 四字同源。甲骨文从每（戴头饰的妇女），从倒"子"，会妇女生孩子之意。金文从母，并在"子"下加出水滴，突出孩子出生时血水淋漓下滴之状。篆文承接甲骨文和金文，分化为繁简不同的四个字。隶变后楷书分别写作：毓、育、㐬、𠫓。毓和育，一繁一简，都可单用；㐬和𠫓，是从"毓"中独立出来的，一繁一简，只作偏旁。

𠫓，读tū，是将"毓"中的倒"子"形独立出来专作偏旁用的，并由本义孩子忽地一下生出来，引申泛指忽然出现。

㐬，读liú，是带血水的倒"子"，是"𠫓"的繁体，专用以表示顺畅、疏通之意。因其只作偏旁，其义后便用"流"来表示。

毓，读yù，是妇女生子的完整繁体，本义指妇女生子。引申泛指生养、养育。又引申为孕育、产生：钟灵毓秀。如今则多用于人名。

育，yù 甲𠫔 金📷 篆📷

育的甲骨文左边是一个人，右边是一个头朝下的孩子形，"子"下的三点像分娩时流的羊水，这三个字就构成了"毓"字，是"育"的初文。金文、篆文大同，分别写作 📷📷。篆文异体字写作 育，成了从 📷，肉声的形声字。本义为分娩，后又引申出抚养、培植、教导、生存等意。

疏，shū 篆📷

会意兼形声字。篆文从㐬（倒"子"出生），从疋（足），会子顺利生出之意。疋也兼表声。本义当为子生出。孩子生出说明顺畅，故引申泛指开通、疏通：疏导。疏通就要把阻塞物分开，又引申指分散：疏散。事物分开，距离就大，故又引申为稀疏：天网恢恢，疏而不漏。距离大则不接近，又引申为不熟悉、不熟练：生疏。用于人，则指疏远。距离大则不细密，又引申为粗疏、粗糙：疏食淡饭。用作名词，特指臣下向君王陈述事情的文字，即奏章。又指对古书的旧注作的进一步解释与说明：《十三经注疏》。

（2）后，hòu 甲📷 金📷 篆📷

会意字。甲骨文从女（母），从倒"子"，或旁有小点，为羊水，会母生子之意。是"毓"（育）之本字。金文"人"反向，倒"子"省为口，成了"司"字的反文。如今也用作"後"的简化字。後，本从彳（半条街），从夂（脚），从幺（绳），会脚上系有绳索行动迟缓之意。如今简化用"后"表示。本义为落在后边。

后，本义为妇女产子。母系氏族时代，酋长是一族之始祖母，以其生育子孙之功，尊之为后。故上古用以指君主，也指诸侯。春秋战国以后专用以指帝王的妻子：吕后。又指土地神：后皇嘉树，橘徕服兮。

（二）"男"和从"男"诸字

男，nán 甲📷 金📷 篆📷

男是一个典型的会意字。甲骨文的构形是左田右力，"田"，外围方整，中间阡陌纵横。"力"，是手连臂的象形，手和臂加起来表示有力量。"力"在"田"旁，意思是致力于农田耕作。古代社会发展到以农为主时，从事田间劳动的主要是男子。所以"男子力于田"，便是"男"的本义。那时候，有力气有技术的青壮农民很受尊敬，被称作"男"；有些以农为主的部落首领也叫作"男"；后来，五等爵位（公、侯、伯、子、男）的第五等爵，也叫作"男"。"男"字直接反映了古代社会的生产力和生产关系，也直接反映了从"母性中心"递变为"男性中心"社会的问题，非常重要。金文的"力"慢慢下移，到了篆文，则变成了上田下力。

（三）"身"和从"身"诸字

身，shēn 甲 金 篆

象形字。甲骨文像一个大肚子怀孕的人形。本义为身孕。引申泛指躯体：身强力壮。引申指物体的主干或主体部分：船身。又引申指本身，自己：身临其境。用作动词，表示体验。由自身又引申指自己的生命：奋不顾身。用于抽象意义，指自身的品德、名节：修身养性。用作量词，表示一套衣服。

1. 躬，gōng 篆

会意兼形声字。从身，从弓，会曲身之意。弓也兼表声。本义为身体、自身：卑躬屈膝。又引申指亲自、亲身：事必亲躬。

穷（窮），qióng 金 篆

会意兼形声字。从穴，从躬，用身在穴下，会窘困之意。躬也兼表声。简化字为会意，力在穴下，有劲使不出。本义为穷尽、完结。引申指贫穷，缺乏衣食钱财。用作形容词，指寻根究源。又指终端、终极：穷凶极恶。

2. 𠂤，yǐn 金 篆

象形字。𠂤与身当是同一个字。甲骨文中的"身"字左向右向的都有，皆表示身。金文"殷"（ ）中，就是右向的"身"。因此"𠂤"是"殷"字里独立出的偏旁。甲骨文"殷"（ ）中的"𠂤"就是左向的。隶变后楷书写作殷，实际是受汉字结体规律的影响形成的，因为"殳"旁总是在右的。本义就是身。由于字形是"身"的反转，故后来又解释为转身。又表示归依。

殷，yīn 甲 金 篆

会意字。甲骨文从身（大腹之人），从殳（表示手持针），会一手持针给一个大腹之人治疗之意。表示病深重。读yīn，由腹大病重引申指盛大。又表示众多、富足。又引申指情意浓重：殷勤。又读yān，指黑红色：殷红。

（四）"长"和从"长"诸字

长，zhǎng 甲 金 篆

象形字。甲骨文一像一个人头发飘散（ ）的样子。甲骨文二像头发飘散"𠂇"，拄着拐杖"𠂊"的老年人，一横为指事符号，表示发簪。甲骨文三在头发飘散形象的基础上加 （手），表示拄杖的老人。古人认为须发是父母所赐，不能随意剔剪，因此年龄越大，须发越显眼，成为年老的象征。金文突出了人的头上飘飘的头发和拄杖的手。本义为年高发长。

长有两个读音，一读cháng，由年高发长引申指空间、时间距离大：天长地久。也指长度。又引申指人品才能方面的长处、优点：一技之长。用作动词，指擅长。也读zhǎng，表示岁数大，年高。引申指排行第一：长子。又引申指长官、首领。年高发长是生长的结果，故又引申指生长、成长、变长。进而引申指增加、增进：君子道长，小人道消也。

套，tào 篆䙷

会意字。从大，从长，会长大之意。套在外面的东西比被套者要大、长。引申指罩在外面的东西：套被子。用作名词，指套在外面的或套在里面的东西：手套。套子依物体形状而做，故又引申指模拟，照着做。套子有一定的形状，少变动，故又引申指成规、旧习：客套。套子与被套的东西互相衔接，故又引申指互相衔接、包容或重叠。由套在外面的东西，又引申指用绳子结成的环状物，拴系牲口拉车的绳具，喻诱人上当的阴谋：圈套。用于量词，指完整成套的东西。

（五）"老"和从"老"诸字

老，lǎo 甲 金 篆

象形字。甲骨文像长发老人扶杖之形。金文手杖讹为"丂"。篆文承接金文。远古中国人认为须发是父母所赐，不能随意剃剪，因此年龄越大，须发越长。本义为老人。引申泛指年岁大：老马识途。又引申指时间长：老房子。又表示有经验：老气横秋。又引申作副词"很"：老远。最末的孩子是岁数大时生的，故又引申指排行最末的：老闺女。虚化为词缀，如老虎、老师。

1. 考，kǎo 甲 金 篆

象形字。在甲骨文中，与老同形，都像长发老人扶杖之形，表示年老高寿。金文头上添了毛发，手杖变成了"丂"，含义不变。本义为年老。也指已死去的父亲：如丧考妣。老人拄杖行走，一步一捣，犹如敲地一样，故又用作"攷"［攷，从攴，丂（kǎo）声，指叩击］，表示敲击。敲击是了解情况的一种手段，故又表示考察、考核：考试。进而引申指探求、探究：思考。

2. 耆，qí 篆

会意兼形声字。篆文从老省，从旨（好吃的），表示人老了需要有好吃的才能保证健康。旨也兼表声。读qí，本义为六十岁以上的老人。引申泛指年老。又由需要好吃的，引申读shì，表示特别爱好。

"嗜"是以"耆"作声兼义符的字。从口、从耆会意。耆也兼表声。本义指特别爱好。

（六）"巫"和从"巫"诸字

巫，wū 甲✝ 金✝ 篆巫

象形字。在奴隶社会里，巫是一个位高权大、声势显赫的人物，传说能以舞降神，故凡是对天地山林川泽神祖举行大祭时，必有巫大显身手，大跳其舞，以请神灵降福。除此之外，巫还掌管记史、司礼、教育等文权。巫的甲骨文写作"✝"，字中的"工"，是初民膜拜的灵石的形状，也就是灵石形的一种标杆。其余的笔道线条，大概指巫人围绕标杆在作风车式的旋舞，以表巫之魔力可及于四方。发展到篆书，变成了两个人形。因此，过去的巫是最早的知识分子，是世袭的，被认为是与天联系的人。也用作姓。

（七）"匕"和从"匕"诸字

匕，bǐ 甲 金 篆

《说文解字》所列"匕，亦所以用比取饭，一名栖"。一义，实则是由古文"𠤎"发展而来的。"𠤎"是古代从鼎中取出大块煮肉的叉子，后成为匕匙一类食器的泛称。又由于匕匙之头扁平而薄锐，古代有种短剑与之相似，故又用以指匕首。

由于《说文解字》将匹偶之匕与匕匙之匕混而为一，所以匹偶之匕遂用"妣"来表示；匕匙之匕则另加声符写作"匙"来表示。匕成了匕首的专用字。妣，从女、从匕会意。匕也兼表声。指先祖的匹偶，后又专指死去的母亲。也泛指母亲。匙，从匕，是声。本义指小勺。大概因钥匙与匕匙有相近之处，故又表示钥匙。

1. 比，bǐ 甲 金 篆

会意字。甲骨文从二匕（妇女跪拜之形）相并，会夫妇比肩亲近之意。本义为比并匹合。引申泛指并列、排列、靠近。又引申为较量、两相比较等。

皆，jiē 金 篆

会意字。金文从比，从曰，会二人一同说之意。篆文整齐化，"曰"讹为"白"。隶变后楷书写作皆。本义为一同、一并。引申指俱、全都：皆大欢喜。凡是从皆取义的字皆与一同、相并等义有关。

谐，xié 金 篆

会意兼形声字。皆是谐的本字。篆文加上言字旁，强调所说的话相同、观点相同。皆也兼表声。表示相同的声音、相同的观点因一致而统一，强调诸同而大同。

2. 卬，áng 篆𠬢

会意字。左从立人，右从跪坐之人，会翘首仰望之意。是仰的本字。读yǎng，本义指翘首仰望，向上。引申指仰慕。又引申指仰仗。此类意思后加义符"亻"写作仰来表示。向上看就要抬起头，故又读áng，引申指抬起、扬起。又引申指高，情绪高，价格高。此类意思来后加义符"日"写作昂来表示。

3. 𦜝（脑），nǎo 甲 篆

象形字。甲骨文为突出了大头的婴儿。篆文省去身子留下发和囟门，以突出头脑之意，再加义符"匕"（人）写作𦜝，以强调是人脑。后又将义符"匕"改作义符"肉"（月），就是现在的脑字，如今简作脑。

4. 旨，zhǐ 甲 金 篆

会意兼形声字。甲骨文从口，从匕，会用匕将美味送入口中之意。匕也兼表声。金文在口中加所吃美味食物，就成了从甘了。本义为味美：虽有嘉肴，弗食，不知其旨也。用作名词，指美味的食物。用作抽象意义，指包含的意思。又引申指上级的命令。也特指皇帝的意见、命令。

（八）"尸"和从"尸"诸字

尸，shī 甲 金 篆

象形字。甲骨文像个屈膝而坐的人，是古时坐在那里代死者接受祭祀、象征死者神灵的人，多为死者下属或晚辈，并非死尸。后来用神主牌位或画像代替，不再用人作尸。本义为代死者受祭之人。由代死者受祭，比喻不做事而坐享禄位：尸位素餐。又引申指死尸。以"尸"作义符的字有很多，下面分类试析之。

1. 尸为房屋之形

（1）层，céng 篆

会意兼形声字。从尸（表房屋），从曾（表重叠），会多层的房子之意。曾也兼表声。原作層，现简作层。本义指多层的房子。又用作量词。

（2）屋，wū 籀文 篆

象形兼会意字。籀文从尸，从厂（皆像屋上的遮盖物），下从至，表示人所至止，会古代半地下穴居顶部覆盖之意。篆文上边只留下尸，突出了人所至。隶变后楷书写作屋。本义当为古代半地下穴居顶部的覆盖。引申泛指房舍、房间。

（3）屡，lǚ 篆屢

会意兼形声字。从尸、从娄会意。娄也兼表声。本义为楼房。由楼房的层层相连，引申指连接着，不止一次。

（4）屚，lòu 篆屚

会意字。上从尸，是古代半地下穴居房屋上面层草覆盖的顶部之形的讹变；下从雨，会屋顶漏雨之意。是漏的本字。本义为屋漏。后来"屚"作了偏旁，便另加义符"氵"写作"漏"。

（5）屏，bǐng 篆屏

会意兼形声字。从尸（房屋），从并（并联，物连成片则起遮蔽作用），会遮挡门户的照壁之意。并也兼表声。读 píng，本义为照壁。引申泛指遮挡之物：屏障。又特指起遮挡作用的屏风。又指像画屏的东西。又读 bǐng，指遮挡。又引申为抑止等。

2. 尸为人体之形

（1）尺，chǐ 金ㄗ 篆尺

指事字。金文从人，加点指明胫部足上十寸处为一尺。篆文改为从尸（亦为人），从乙（标志出），其义同。本义为长度单位。用作名词，指尺子。也指像尺子一样的东西：戒尺。

（2）尿，niào 甲ㄓ 篆屎

甲骨文是象形字，像人撒尿形。篆文是会意字。从尾，从水，会小便之意。

（3）屎，shǐ 甲ㄋ 篆屎

甲骨文是象形字，像人拉屎形。篆文是会意兼形声字，从尸，从米。尸也兼表声。本义指粪便。引申也指眼睛、耳朵等器官中的分泌物。

（4）尾，wěi 甲ㄟ 金屋 篆尾

会意字。甲骨文从尸，从倒毛，会人臀后系有毛尾饰物之意。本义为毛饰尾巴。引申泛指尾巴。进而引申为末端、事物的结束阶段、水的下游等。

（5）屠，tú 篆屠

形声兼会意字。从尸，者声。者也兼表烧煮之意。本义指宰杀牲畜。用作名词，指以屠宰为职业的人。

(6) 履，lǚ 篆履

会意字。篆文从尸，从彳（街道），从夊（脚），从舟（似舟之方鞋），会人穿上像方舟一样的方头鞋在街上行走之意。隶变后楷书写作履。本义为穿鞋行走。引申泛指践踏。又引申指步行所过，经历。由经历又引申指施行、做。用作名词，指鞋。

(7) 屈，qū 金屈篆屈

会意兼形声字。金文从尾，从出，会尾秃无毛而翘出之意。出也兼表声。尾巴盘曲于身后，故引申泛指变弯曲、盘曲。用于抽象意义，指低头屈服。也指委屈、冤屈。又引申指短亏：理屈词穷。

(8) 局，jú 篆局

会意字。篆文从尺（表示人腿），从口（表范围），会人腿受限制而屈曲之意。引申指限制，不能舒展：局促。又引申指限定的范围，部分。也指分部办事的官署、机关单位。棋盘是限定划分部分的，故又引申指棋盘。着棋有形势，故又用以比喻形势、事态、处境：时局。又引申指圈套：骗局。

（九）"卩"和从"卩"诸字

卩，jié 篆卩

象形字。古人席地而坐。"卩"字像一个跪坐之人。人跪坐必须用膝，故当是膝的初文。

1. 令，lìng 甲令金令篆令

会意字。令与命在甲骨文中是一个字。从亼（木铎形，即铃），从卩（跪人）。古代振铎以发号施令，会向跪在地下之人发号施令之意。隶变后分别写作命和令。本义应为发出命令，差遣。用作名词，指命令、法令。古人认为，不同的时节应有不同的政令措施，各有所禁止，以顺应时节的变化，叫时令。故又指时节、时令。用作形容词，指美善。又用作敬辞，尊称对方的亲属：令爱。

命，mìng 甲命金命篆命

会意字。令与命在甲骨文中是一个字。金文从口，从令，会差遣、命令之意。由差遣引申为指使、使用。古人认为人的穷达祸福、社会的兴衰是上天的安排，故又引申指天命、命运。古人认为人的生命也是上天给予的，故又引申指性命。

2. 印，yìn 甲 🖹 金 🖹 篆 🖹

会意字。甲骨文字形上从爪（覆手），下从卩（跪人），会用手按一人使跪下之意。是抑、摁的本字。本义当为按压。玺章使用时需要按压，故引申指玺印。用作动词，指留下痕迹。又引申为印刷。图章印出的痕迹与图章的文字符合，故又引申指相合，验证。

（十）"勹"和从"勹"诸字

勹 bāo 甲 🖹 金 🖹 篆 🖹

象形字。甲骨文像一人伏于地下。于省吾认为是"伏"的初文。金文讹变，像人的手臂弯曲有所包裹形。篆文整齐化，变成了人曲身伸臂有所包裹形。隶变后楷书写作勹。"勹"字不单用，只作偏旁。

1. 匀，yún 篆 🖹

会意字。篆文从勹，从二，会平均二分之意。本义为平分。由平分引申泛指让出、均等等意。

2. 包，bāo 甲 🖹 金 🖹 篆 🖹

会意兼形声字。甲骨文像腹中有子形。篆文改为从勹（表示人曲身有所包裹），从巳（表示未成形的胎儿），以会胎胞之意。本义为胎胞，即胞衣。引申泛指把东西包裹起来。用作名词，指包好的东西，也指装东西的袋子。又引申指容含在内。进而引申指总负责、保证等。

"抱、苞、胞、泡"是一组以"包"作声兼义符的字。抱，从手，从包，会以手包聚之意。包也兼表声。本义为以手包聚。苞，从艹，从包，会以草包聚之意。包也兼表声。本义为席草，可制席子和草鞋。也指花未开时包着花朵的变态叶：含苞待放。胞，从肉（月）从包会意。包也兼表声。本义指胎衣，引申指同一父母所生。泡，从水，包声。包也兼表鼓起之意。读pào，本义指泡沫。水泡易破碎，故又引申比喻虚幻的易破灭的事物。又读pāo，指鼓起或松软的东西。进而引申指虚而松软不坚硬的东西：泡桐。

3. 匊，jū 金 🖹 篆 🖹

会意字。金文上边是手，下从米，会以手捧米之意。篆文讹为从勹、从米。隶变后楷书写作匊，是掬的本字。本义是以手捧米，引申用作名词，指满捧、满握。用作动词，指捧起。后来，由于"匊"作了偏旁，用手捧之义便另加义符"扌"写作"掬"来表示。

4. 匋，táo 金 🗛

会意字。金文从勹，从缶（杵与器），会人持缶制作陶器之意。本义为制作陶器。也指制作的陶器。

（十一）"氏""氐"及所从诸字

氏，shì 甲 🗛 金 🗛 篆 🗛

从甲骨文来看，氏是人侧立，伸直手臂，弯腰提物之形，故初义应为"提"或"挈"。后来借声用作"氏族"的"氏"。指古代贵族表示宗族系统的称号。上古时代姓是族号，氏是姓的分支，用以区别子孙之所由出生。人们的姓氏标志着祖宗的来源。由此，远古传说中的人物、国名、国号或朝代后多系以氏：伏羲氏、神农氏。后来又用以称古代少数民族支系：鲜卑族有慕容氏、拓跋氏、宇文氏。旧时也用作对已婚妇女的称呼：张氏。

"纸"是以"氏"作声符的字。从糸，氏声。指纸张。用作量词，也指一张纸：一纸空文。

氐，dǐ 金 🗛 篆 🗛

氐和氏本为一字。后来，由于"氏"用作姓氏专用义以后，金文便在下面加上一短横以表示地面。土地是万物生长之母，故引申指根柢。弯腰提物则低头，故也指低。提物则终有所达，故引申指至。后来又用作少数民族的民称。又借为星宿名，指东方苍龙七宿的第三宿。

"低、底、抵"是一组以"氐"作声兼义符的字。低，从人、从氐会意。氐也兼表声。本义指头向下垂。底，从广（敞屋），氐声。氐也兼表向下之意。本义为物体最下面的部分。抵，从扌，从氐会意。氐也兼表声。本义指推、挤。

（十二）"久"和从"久"诸字

久，jiǔ 篆 🗛

象形字。篆文从人，从乀，像用艾卷在人后熏灸之形。是中医的一种古老的治病方法。本义为灸灼治病。灸灼治病要有耐性，直到灸处出汗为止。故又用以指时间长。后来"久"专用以表示长久，灸灼之义便另加义符"火"写作"灸"来表示。

灸，jiǔ 金 🗛 篆 🗛

会意兼形声字。从久、从火会意。久也兼表声。本义指用艾条灸灼治病。

三、正面之人形

（一）"大"字及其衍生诸字

大，dà 甲🉑金🉑篆🉑

这个字从字形上看，像一个人伸开四肢正面站立的形象，表示是个大人。抽象的"大"的概念不好表示，故借助成人的形象来表示大的意思。因此大字在语言中则用作大小的大。《说文解字》：大，天大，地大，人亦大。故大像人形。说出了大小之"大"与大人之"大"的关系。

读作dà，本义指容量、体积、强度、面积、数量、力量、年龄或重要性等方面超过一般或超过所比的对象：大漠孤烟直。也表示程度深：大智若愚。又用作敬辞：尊姓大名。又读dài，现在用于以下专称：大夫（医生）、大王（首领）、大黄（草药）、大城（地名）。

1. 夫，fū 甲🉑金🉑篆🉑

象形字。甲骨文像一个头上插簪子的大人形。古代男子二十行加冠礼，将头发束起来别上簪子，表示成人。本义为成年男子。又特指女子的配偶。有时也用作语气词。

规，guī 篆🉑

会意字。篆文从夫（成人），从见。古人认为"女智莫若妇，男智莫若夫；夫也者，以智帅人者也"，故用成人之见会有法度之意。本义为法度。引申为典范。又引申指画圆的工具。用作动词，表示谋划。

2. 天，tiān 甲🉑金🉑篆🉑

象形字。甲骨文像突出了头部的正面人形，意在表示人的头顶。金文将头简化为一横。本义指头顶。人头在上，故引申指位置在上的：天窗。又引申指天空、天气、季节、自然等。也指天空下的某一空间：天各一方。日月在天空运行形成有规律的昼夜，故又引申指一昼夜，也单指白昼。古人缺乏科学知识，认为自然界有某种神灵在主宰，故又引申指天神、主宰者。引申比喻依靠的事物：民以食为天。

蚕，cán 甲🉑篆🉑

象形字。甲骨文上部是头，很像一条大蚕。篆文改为从𧈢，朁声的字。隶变后楷书写作蠶。如今简化为蚕。从虫，天声。本义为能吐丝的蚕。所谓蚕食，就是说像蚕吃桑叶一样，一点一点地前进，多比喻逐渐侵占。

3. 夭，yāo 甲𠂇 金𣥐 篆𠑹

象形字。甲骨文像一人两袖低昂起舞的样子。金文大同。篆文又令其屈首，以突出婀娜起舞之姿。隶变后楷书写作夭。本义为摆袖屈首婀娜起舞。引申指姿态轻盈娇媚。再引申指草木幼嫩茂盛而艳丽：桃之夭夭，灼灼其华。又引申指屈曲。物屈则折，又引申指早死、夭殇：夭折。

（1）乔，qiáo 金𠩺 篆喬

会意字。金文从止（脚），从高，会踩高跷之意。篆文改为从夭（低昂起舞的人），从高省，也是表示高高地踩高跷舞蹈之意。本义为踩高跷之舞。引申泛指高而曲：乔木，指枝干高大的树木；乔迁，原指鸟儿飞离幽谷，迁移到高大的树上去。现用以表示祝贺别人迁居或升官的话（乔迁之喜）。跳踩高跷之舞，当然要装扮，所以引申指装假：乔装打扮。

"桥、娇、骄、矫"是一组以"乔"作声兼义符的字。桥从木，指架在水上或空中供通行的建筑物。娇从女，本义指姿态美丽可爱。骄从马，本义指雄壮的高头大马之意。马骄逸不受控制，进而引申指人傲慢、放纵、猛烈等。矫从矢，本义指把箭杆揉直的一种器具。引申为"正曲使直"，即使曲的物体变直。引申为纠正、假托等。矫正要用强力，故又引申指强壮、勇武：矫健。

（2）幸，xìng 篆𡴘

会意字。篆文从夭（头屈，表不直），从屰（倒"人"，表相反），会反屈为直之意，当然是侥幸了。隶变后楷书写作𡴘，俗写作幸。本义为意外地得到好处或免去灾害：幸免于难。引申为幸福：幸运。又引申为高兴：幸灾乐祸。

（3）奔，bēn 金𢍁 篆𡗄

会意字。金文上边是前倾甩手快跑的人形，下边是三止（脚），用脚印连连，会快跑之意。读bēn，本义为快跑。又特指逃跑、流亡。又读bèn，指朝着特定的目标急走，投向：投奔。

（4）妖，yāo 篆𡡗

会意兼形声字。从女、从夭会意。夭也兼表声。本义指容貌艳丽。引申用作贬义词，表示怪异：妖怪。进而引申指邪恶而迷惑人：妖言惑众。又引申指装束奇特，作风不正派：妖媚。

（5）笑，xiào 篆𥬇

笑是人类最基本的情感表达方式之一，"笑"字按理应该很早便有了。可在商周甲骨文和金文里，至今还未发现有这个字。篆文的上部是竹。笑原本指人高兴时露出愉快的表情，发出欢喜的声音。竹似乎跟这个字关联不大。徐铉的解释是"竹得风，其体夭屈，如人之笑也"。意为竹子临风，被吹得弯体哈腰的，就像人笑得前俯后仰。"夭"在"笑"字中既表意，又表音。本义指欢笑。引申指讥笑、嘲笑。

4. 太，tài 篆 肏

指事字。古作大，后语音分化，在大字下添加符号，成指事字。本义为过于。用于空间，也指高：太空。用于时间，表示最早：太古。用于身份，指地位辈分高的：太公。用作副词，表示极端、过分：太匆忙。

5. 矢，cè 篆 夨

象形字。矢与夭同源。在甲骨文中也是一个人倾头甩袖低昂婀娜起舞形。隶变后楷书写作矢。作偏旁时如今简作天。

吴，wú 甲 夨 金 吴 篆 吴

会意字。甲骨文和金文从矢（歪头婀娜起舞之人），从口，表示边舞边唱，会歌舞娱乐之意。是娱的初文。本义当为歌舞娱乐。引申为大声欢唱喧哗。后借为国名。又借为地名：吴牛喘月。也用作姓。

6. 亢，kàng 甲 亢 金 亢 篆 亢

指事字。甲骨文从大（大人），一横象征两腿之间加着桎（古代撑在两脚之间的刑具），当是桎的初文。金文大同。篆文整齐化，就看不出原意了。本义当为撑在两脚之间的刑具，指桎。桎是撑在两脚之间的刑具，以使两腿挺直，行走不便。挺直则高，故读kàng，引申为高：高亢。用于抽象意义，指高傲、强硬、极度等意。

7. 央，yāng 甲 央 金 央 篆 央

会意字。甲骨文从大（人），像人脖颈上戴枷形，表示灾殃，是殃的本字。金文上边枷形稍讹。篆文整齐化。本义为灾殃。戴枷则脖颈处其中，故引申指中央：溯游从之，宛在水中央。由灾殃又引申指尽：夜未央。后又引申为要求、恳求。

8. 亦，yì 甲 亦 金 亦 篆 亦

指事字。甲骨文从大（人），在腋下加两点，指出腋窝之所在。本义指腋窝。后借作副词，相当于又：亦步亦趋。又相当于也：人云亦云。又相当于已经。后来，由于"亦"为引申义所专用，腋窝之义便另造了"腋"字来表示。

9. 立，lì 甲 金 篆

指事字。甲骨文从大（正面人形），从一（表示地），用以指明一人站在地上不动之意。既表示站立，也表示站立的地方。金文大同。篆文文字化。隶变后楷书写作立。本义为站立不动：坐立不安。引申泛指竖起：立竿见影。又引申指抽象的建立，建树：三十而立。由立着不动引申为存在：自立。又引申指帝王或诸侯即位。由站立引申用作副词，指时间不长，立刻：立即。

位，wèi 甲 篆

指事字。位在甲骨文和金文中同立，是一人站在地上之形，既表示站立，也表示站立的处所。为分化字义，篆文另加义符"亻"专用以表示人站立的位置。本义为朝廷中群臣所处的位列。引申指职位、官位：不在其位，不谋其政；又指抽象的名分地位。也泛指所在的位置：座位。又作量词，指敬称人：诸位。

10. 竝，bìng 甲 金 篆

会意字。甲骨文从二立，会二人相并立之意。隶变后楷书写作竝，俗作並，如今规范化都归入"并"。本义指并排、并列。

替，tì 金 篆

会意字。金文上边是屠宰后的二祭牲，下为容器，会容器中放有祭牲之意，表示废置。篆文讹为从竝，白声。本义为废弃。引申为衰败：以古为镜，可以知兴替。有废则有兴，故引申指代，代理：代替。虚化为介词，表示为、给：大家都替你高兴。

潜，qián 金 篆

形声兼会意字。篆文从水，暜声。暜也兼表插入之意。隶变后楷书写作潛，俗省作潜。本义为在水下行走：潜水。引申指藏伏水中：潜龙勿用。又引申指隐藏：潜伏。又引申特指沉下心来：潜心。用作修饰语，又引申指秘密不露地、不露痛迹地：随风潜入夜，润物细无声。

11. 屰，nì 甲 篆

象形字。甲骨文是"大"字的倒转形，会一个人倒逆之意。篆文文字化。屰是逆的本字，本义指倒逆不顺。如今"屰"字不单用，只作偏旁。

朔，shuò 篆

会意兼形声字。从月，从屰（倒"子"，表倒逆），会月亮晦后重又生之意。屰也兼表声。本义为农历每月初一。又引申指凌晨。又引申指初始。

据说日月合朔（月亮运行到太阳与地球之间，跟太阳同时出没，地球上看不到月光）于北，故北方谓之朔方，引申指北方：朔气传金柝，寒光照铁衣。

12. 交，jiāo 甲 金 篆

象形字。甲骨文从大，像一人两腿交叉盘腿而坐形。金文大同。篆文整齐化。隶变后楷书写作交。当是"骹"的本字。本义为两腿交叉。引申泛指交叉、互相、一齐、交往、朋友、交合、托付等。

校，从木、从交，表示用两木相交制作的刑具枷。读jiào，引申指对比考订、比较、相比、计较。古代比箭叫"校射"，故习射的地方或教射的官员都称"校"。读xiào，特指学校。

13. 尢，wāng 篆

象形字。篆文像人瘸一腿之形。隶变后楷书写作尢，异体作尣。如今简作尢。本义指人一腿瘸。引申指短小。常用字中，尴尬二字以之为义符，大概人感尴尬，两腿不知如何措置也。

14. 无（無），wú 甲 金 篆

象形字。在甲骨文中，無、舞、无为同一字，像一人手持舞具举手投足舞蹈之形。金文繁化。篆文分为三形：一形加"亡"（ ）写成" "，加"亡"（ ）强调歌舞仪式的目的是祭奠战士阵亡；二形加双足"舛"（ ）写成" "，强调双足踢踏跳跃；三形简化，只留下一个舞人之形。隶变后楷书分别写作無、舞、无。如今规范化，無简化用作无，舞蹈之意仍用舞。無的本义为舞蹈，借用以表示没有。用作副词，相当于一般的不。

舞，wǔ 篆

会意兼形声字。从無、从舛（双脚）会意。無也兼表声。本义指跳舞，乐舞。也指舞蹈。引申指挥舞：项庄舞剑，意在沛公。引申用于抽象意义，指耍弄：舞文弄墨。

15. 夸，kuā 甲 金 篆

会意兼形声字。甲骨文从大，从于（表示乐声婉转），会乐声张大高扬之意。于也兼表声。金文调整为上下结构。篆文下的"于"变弯曲。本义当为乐声张大。引申泛指夸张：夸夸其谈。用于张大别人，指赞美：夸奖。又用作姓。

16. 夹，jiá 甲 金 篆

会意字。甲骨文是两人从腋下夹持一个大人之状，会从左右两腋相持之意。读jiā，本义指从左右相持。引申指辅佐。又引申指在两旁：忽逢

桃花林,夹岸数百步。又引申指从两旁用力使不动:夹菜。用作名词,指夹东西的器具:画夹。又引申指掺杂、混杂:雨夹雪。人们多用腋下夹东西,故又读gā,引申指腋窝:胳肢窝。由两旁引申,又读jiá,表示双层的:夹袄。

17. 奇,qí 篆奇

会意字。篆文从大(人),从可(与从丂同义,表示以棍支撑),会拄棍以一只脚站立的瘸人之意。读jī,本义指人一只脚站立。引申泛指独一、单数:奇数。又读qí,引申泛指奇异、与众不同、特殊:奇装异服。又引申指出人意料:出奇制胜。

18. 奄,yǎn 金𡘻 篆奄

会意字。金文上从申(闪电),下从大(人),会闪电覆照着人头顶之意。篆文将大移到上面,并整齐化。本义为覆盖。引申指包括、占有。也指关闭。受宫刑的人精气掩闭,又引申为丧失生殖能力的人。

19. 奢,shē 金奢 篆奢

形声字。从大,者声。本义为张大。引申指花费大量钱财追求过分享受:成由勤俭败由奢。又引申指过度、过分:奢求。又引申指夸张。

20. 爽,shuǎng 金爽 篆爽

会意字。金文从㸚(交叉窗棂),从大(人),会人在窗前感到明亮之意。本义为明亮:神清目爽。由明亮引申指爽快、开朗、豪迈:直爽。由透气透亮,引申为凉爽、清凉:秋高气爽。用于人的感觉,指畅快、舒适:人逢喜事精神爽。由窗棂交叉,引申指差错、违背:毫厘不爽。

21. 乘,chéng 甲𠅘 金乘 篆乘

会意字。乘与桀由同一个字分化而来。甲骨文从人,从木,会人两脚登在树上之意。金文画出双脚,以突出升登。篆文将双脚与树连在一起。隶变后楷书写作乘。本义当为两脚登在树上。引申泛指升、登。又引申指骑、坐:李白乘舟将欲行。又引申指凭借:乘机(此意现代口语中多说成趁)。又指佛教的教义:大乘、小乘。又指一种计算方法:乘法。又读shèng,用作名词,指古代四马拉一车的总称:千乘之国。

22. 耷

会意字。从大、从耳,耳大容易下垂,本义指耳朵下垂。引申泛指下垂。

（二）"文"和从"文"诸字

文，wén 甲🗚 金🗚 篆🗚

象形字。甲骨文的形体是一个开脚张臂的人，在宽阔的胸脯上，镂刺着各种形状的花纹，以此表示文身。文是古代文身的写照。引申泛指所有的花纹、纹理、纹路。汉字最初是按照事物形象画下来的，也是一种花纹。故又引申指象形字、汉字。文章是由文字组成的花纹，故又引申指文章。"花纹"是美丽悦目的，所以后来引申指文采和文雅的文。古代铜钱的面上铸文，故称一枚钱为一文。

彦，yàn 金🗚 篆🗚

会意兼形声字。金文从文，从弓，用文武双全，会才德出众的人之意。厂声。篆文将弓讹为"彡"，变成彬彬有文采。本义为才德出众的贤士。

"纹"和"吝"是以"文"作声兼义符的字。纹，从糸、从文会意。文也兼表声。本义为丝织品上的花纹，引申泛指花纹、纹路。吝，从口、从文（身上的花纹），会恨惜之意，现于形色之意。文也兼表声。本义为遗憾。引申为舍不得：不吝赐教。又引申为吝啬。

四、其他与人的形体有关的部首

（一）民，mín 甲🗚 金🗚 篆🗚

象形字。甲骨文像以锐物刺目形。上古时代，奴隶主对奴隶的统治压迫，所用的酷刑是很惨毒的。奴隶来源于俘虏。对于男性俘虏，对顺从勤谨的就保留他们的双眼，不把眼刺盲；对于暴戾反抗的，不是砍杀、活埋、做人牲（祭天地山川神祇祖宗时作为牺牲供品），就是用尖锐的东西把左眼刺瞎，作为最下贱奴役的标志，驱使他们去做无休无止的苦役，并把这些刺瞎了左眼的奴隶称为民。到了小篆，原来的尖器和眼珠子变成了民字中间的一横了，尖器变成了斜弯竖。隶变后写作民。本义为奴隶。引申指被统治的庶人百姓。也泛指人、人类：食者，民之本也。

眠，mián 金🗚 篆🗚

形声兼会意字。从目，从冥（昏暗）。冥也兼表声。隶变后楷书写作瞑。俗作眠。改为从目，民声。民也兼表目盲之意。本义指闭眼。引申指睡眠。又引申特指某些动物的一种生理状态：冬眠。后来，由于"眠"为引申义所专用，闭眼之义则由瞑来表示：死不瞑目。

氓，máng 篆𱊂

形声兼会意字。从民，亡声。亡亦有表意作用，指自彼来此之民。读méng，本义指外来的百姓：氓之蚩蚩，抱布贸丝（《诗·卫风》）。后来引申指品质恶劣、不务正业、为非作歹的人。

（二）臣，chén 甲𠃊 金𠃊 篆臣

象形字。甲骨文像一只竖着的眼睛形，人低头屈服时才有竖目而视的样子。古代战争将抓获的俘虏捆绑起来牵着走，故用以表示屈服的俘虏。金文大同，篆文整齐化。本义当为战俘。古代战俘多转为奴隶，故也指男奴隶。奴隶是供役使的，故又引申指役使。官吏侍奉君主犹如奴隶侍奉主人，又引申指君主时代的官吏：权臣。进而引申指国君统属下的民众：臣民。又引申指古人谦卑的自称：臣本布衣。

宦，huàn 金𱊂 篆宦

会意字。金文从宀（房屋），从臣（奴隶），会在贵族家里当奴仆之意。官吏与君王的关系也是奴仆与主子的关系，故引申指在宫内侍奉的官、太监。后泛指官吏或做官：与君离别意，同是宦游人。

（三）士，shì 甲𠆢 金士 篆士

象形字。士的甲骨文像雄性生殖器形。金文填实，上边类化为十。引申为未婚的青年男子。又泛指男子：士不可以不弘毅，任重而道远。又特指士兵。今又指军人的一级：上士。古代指贵族的最低一个等级。士者，事也。指靠自己的知识和能力为社会服务的，最早的知识分子阶层：天子、诸侯、卿、大夫、士。如今用作对人的美称，指具有某种技术学识或品德的人：志士仁人。后来，由于"士"为引申义所专用，雄性生殖器之义便借"势"来表示。

1. 圭，guī 金圭 篆圭

会意字。金文从两个 士（雄性生殖器），用来表示像雄性生殖器形状的玉器。古人崇拜生殖器，故将玉做成"士"形以为礼器，在生活中广泛使用。正因如此，古代生男孩则"弄璋"（半圭形），望其成大器。本义为用作礼器的瑞玉。引申指高贵的人品，像圭样的东西。又用来喻称古代测日影的器具：圭表。

"闺"是以"圭"作声兼义符的字。从门，圭声。圭亦具有表意作用。本义指上圆下方的小门。引申指内室。又特指女子居住的内室。

2. 吉，jí 甲𠮷 金𠮷 篆吉

会意字。甲骨文从口，从士，是容器内盛有一个士形玉器的形象，表示正在举行一个求福的祭典。本义为福祥：万事大吉。引申指美、善：吉人自有天相。又引申指吉利的：吉凶祸福。又用作音译字：吉普。

3. 壮，zhuàng 金壯 篆壯

会意兼形声字。金文从爿（板筑床，象征建筑劳动），从士（雄性生殖器，象征男人），表示男子可以参加建筑劳动，说明已经长大成人。爿也兼表声。隶变后楷书写作壯，如今简作壮。本义为人体高大。

莊（庄），zhuāng 金𤖕 籀牀 篆莊

会意字。庄有三个来源：一个是金文𤖕，从爿（板筑），从𠙴（甾，筐），会用筐向筑板里填土之意，并以𠙴（口）助劳。表示壮实。

二是籀文牀，左边是尸床，右上是占（歹，残骨），象征尸体，右下表示祭奠，会向尸床上的尸体进行祭奠之意，表示庄重严肃。

三是篆文莊，改为会意兼形声字。从艹，从壮（大），会草壮大茂盛之意。壮也兼表声。隶变后楷书都写作莊。如今简化作庄。本义为庄重、严肃：临之以庄则敬。引申为恭敬。又指草壮大茂盛。由盛大引申指大道：康庄大道。村落多树木繁茂，故引申指村庄、庄园。由盛大又引申指较大的商店：钱庄。又指庄家：轮流坐庄。

4. 牡，mǔ 甲𤘪 篆牡

会意字。甲骨文左边是牛，右边是雄性生殖器的形象，即"士"，会雄性动物之意。篆文整齐化，"士"讹为"土"。本义为雄性的鸟兽。古人又用来比喻丘陵：丘陵为牡，谿谷为牝。如今用于牡丹、牡蛎等词中。

（四）弟，dì 甲弟 金弟 篆弟

会意字。弟与吊同源。甲骨文从弋，从乙（生丝绳缠绕于弋上之形），会次第缠绕之意。金文大同。篆文文字化。隶变后楷书写作弟。本义为缠绕的次序。引申泛指次序、次第。兄弟之生有先后，故又引申指同辈中比自己小的男性或女性（今主要指男性）。弟居下，故又用为朋友间的谦称。又引申指弟子、门徒。

梯，tī 篆梯

形声兼会意字。从木，弟声。弟也兼表次第之意。本义为木梯。引申泛指登高用的器具或设备。引申也指形状像楼梯的：梯田。

（五）巴，bā 甲 𢀖 篆 𢀖

会意字。甲骨文一像一个人长着不成比例的、又大又长的手，表示手大手长、善于攀爬的人。有人认为是指远古时代生活在西南高山丛林地区，手大手长、善于攀爬的人。甲骨文二将"人"（𠂉）和"爪"（爫）混合连写，以致"人""爪"不辨。篆文在甲骨文二形基础上进一步弱化手的形象，至此，字形面目全非。《说文解字》：巴，蟲也。或曰食象蛇。象形。很明显，这是从小篆字形上去解释。根据《说文解字》的解释，巴为古代传说中的一种大蛇：巴蛇食象，三岁而出其骨（《山海经·海内南经》）。

目前，对于"巴"字的来源，尚无定论。但"巴"字不管是指善于攀爬之人，还是大蛇之形，它们都有爬之共性。巴由此引申出粘贴、依附、靠近（巴结）、黏附着的东西（锅巴）等意。由附着物后来逐渐虚化为词尾：眨巴、尾巴、哑巴。

（六）甶，fú 甲 甶 金 甶 篆 甶

象形字。甲骨文像歌舞愉神时戴的假面具的简形，大多是狰狞可怖的猛兽头形。本义为假面具。

1. 鬼，guǐ 甲 鬼 金 鬼 篆 鬼

象形字。鬼原是上古时代的巫人在祭典上头戴像猛兽头的假面具，屁股上系着假兽尾巴在蹒跚作舞的形象，头角嶙峋，鼻口相连，不仅样子丑怪，而且舞姿骇人，这就是鬼。因此鬼的本义指初民在祭舞中祈祷平安和丰收的活生生的人扮演的，可现在我们一般把鬼理解成想象中的似人非人的怪物。甲骨文字形中，下面是个"人"字，上面像一个可怕的脑袋（非"田"字）。

鬼的本义，原是戴假面具跳祭舞的巫人。后来变为贬义词，说心肠阴险恶毒的人是鬼；喻沉迷恶习的人为鬼，但也用作昵称，如机灵鬼、小鬼。

魂，hún 篆 魂

形声兼会意字。从鬼，云声。云也兼表云气之意。本义为灵魂。古人认为魂是阳气，附身则人活，离身则人死。故视为离开肉体而存在的精神。引申泛指精神：魂牵梦萦。又特指国家民族的崇高精神：中国魂。

魄，pò 篆 魄

会意兼形声字。从鬼，从白。白也兼表声。本指人初始生时即依附于人身的若隐若现的精神：魂魄。进而引申指精力：体魄。借为"霸"，又用以表示月初始生的月亮。

魅，mèi 甲🗚 篆🗚 🗚

甲骨文在鬼（戴面具的巫师扮演的精灵）的头部前面加四点指事符号，表示祭祀时巫师扮演的精灵挥泪如雨，真切感人。篆文误将甲骨文的四点指事符号写成"彡"（头发），表示巫师长发飘散。篆文异体字左边为"鬼"（巫师扮演的精灵），右边为"未"（"妹"的省略，表示处女），表示年轻的女巫。远古时代担任巫师的通常是智慧美丽的女子。本义为迷信传说中的精怪。

2. 黑，hēi 甲🗚 金🗚 篆🗚

象形字。甲骨文像人头上有饰物形。金文是一个头上戴有四只眼睛的假面具的人在舞蹈作乐，正跳得大汗淋漓，脖子两边和左右胳肢窝下，汗滴都飞出来了。人类早期发展阶段，为避免兽害，先是把头面涂抹得花花点点，作为保护色；后来又将一定的图形刺在头面上作为同族的标志；后又发展为假面具。小篆却把假面具讹为烟囱口，烟囱口下面是相叠的二火，即"炎"字。竟把大汗淋漓的舞人讹为了熊熊的大火烈焰。隶变后，更是把"炎"字的上火变成了与烟囱相连的"土"，把炎的上火变成了横四点的火。于是，就成了今天我们所看到的"黑"字。

黑的本义，是煤炭般的墨样的颜色。引申指光线昏暗：黑夜。常与白对比，用以比喻非、错误：黑白颠倒。又表示隐秘的、非法的：黑市。又引申指狠毒、反动：黑心。

黨（党），dǎng 篆🗚

形声兼会意字。从黑（刺在人身上的同族人的共同标志），表示亲族；尚声。尚也兼表尊崇之意。隶变后楷书写作黨，如今简作党。本义为亲族。又代替"鄽"，表示古代的一种地方组织：五百家为党。引申指集团、同伙、朋辈：结党营私。又引申指政党：共产党。用作动词，指偏袒：党同伐异。

墨，mò 篆🗚

会意兼形声字。从土，从黑，会石墨类黑色矿物颜料之意。黑也兼表声。本义为书写用的黑色矿物颜料。引申泛指黑色：墨镜。引申也指非黑色的颜料：蓝墨水。写字绘画用墨，故又引申指书法、绘画、诗文：文人墨客。古代在罪人面上刺字后涂上墨，作为惩罚的标志，故又引申指墨刑。

3. 畏，wèi 甲 金 篆

会意字。甲骨文是一个人头戴恐怖的假面具，手持树枝欲扑打的样子。本义为形象丑恶。引申泛指恐惧、害怕：人言可畏。又引申指险恶的、可怕的：视为畏途。又引申指憎恶、嫉妒。也指可敬、敬佩：后生可畏。

（七）囟，xìn 篆

象形字。篆文是甲骨文"子"字的省形，"子"字省去头发和身子，只留下了大头囟门。隶变后楷书写作囟。本义为囟门。本义指婴儿头顶骨缝未合处的囟门。

思，sī 篆

会意兼形声字。篆文从心，从囟，（音xìn，读信），囟亦声。囟，指囟门，又叫顶门，是婴儿头顶骨未长拢缝的地方。古人认为"心脑并用才成思"，因此用囟代替脑，"囟"下加"心"，表示心脑合作，考虑问题，开动脑筋，这便是思的本义。后因与心脑有关的缘故，又引申出想念、挂怀、思想、文思、思路等意思来。隶变后，把"囟"讹为"田"。于是思变成了心上田。

（八）心，xīn 甲 金 篆

心是一个象形字。甲骨文完全是人或动物心脏的轮廓。隶变后楷书写作心。心，本来是心脏，但古人认为，心是思维的器官。因此，把思想、感情、性情都说作心，如好心、谈心、恶心、小心等。又因为心在人体中部，所以又引出"中央"之意，如手心、地心引力等。花蕊是花的心，故又引申指花蕊。

1. 意，yì 金 篆

会意兼形声字。金文从曰，从音。表示言语所传达的心声。音也兼表声。篆文从心，从音，用心音会心思之意。音也兼表声。本义为心思、心中的想法：词不达意。引申指情趣、情意。

憶（忆），yì 金 篆

形声兼会意字。从心，意声。意也兼表心思之意。楷书繁体写作憶。如今简作忆。本义为思念、回想。引申指回忆：能不忆江南？又引申指记住不忘：记忆。

2. 應（应），yìng 金 篆

形声兼会意字。金文借"雁"（俗省作 雁，指臂架鱼鹰之意）来表示适合心意之意。篆文另加义符"心"，以突出合于心意之意，雁也兼表声。如

今简作应，取其轮廓。读yīng，本义为心里认为应当如此：应有尽有。应当自然有回应，故又引申指应承、答应。又读yìng，引申指回答、应和：响应。由应和引申指对付：随机应变。由应诺引申指接受：应邀。又引申指适合等。

3. 志，zhì 金㞢 篆志

会意兼形声字。从㣺（心，思想），从㞢（之，前往），用心所向往会意向、意念之意。之也兼表声。篆文整齐化。隶变后楷书讹为志。上边讹为士声。本义为意向、意念、志向。人立下志向后，便时时在心，故又引申指记住、记录、记载，如永志不忘。用作名词，指记号、标记，如标志。

4. 忌，jì 金忌 篆忌

形声字。从心，己声。本义为憎恨、怨恨：忌恨。引申指嫉妒：猜忌。猜忌则心有不安，又引申指畏惧、顾忌：投鼠忌器。由顾忌又引申指禁戒、避讳。

5. 念，niàn 金念 篆念

会意兼形声字。金文从心，从今（朝下的口，有的还画出了舌），会心中所想口中念叨之意。今也兼表声。本义为常常念叨、思念：念念不忘。用作名词，也指念头：一念之差。由口中念叨，引申指诵读：念经。

6. 性，xìng 篆性

形声兼会意字。篆文从心，从生会意。生也兼表声。本义为人生而有的特质：人之初，性本善。引申泛指事物本身具有的性质：酸性。又引申指生命。由生命又引申指欲望：食、色，性也。又引申指性格。又指脾气：性情古怪。也指性别。

7. 忍，rěn 金忍 篆忍

会意兼形声字。我们常说"忍字心上一把刀"，的确如此。金文和篆文皆从心，从刃，用心能容刀，会能容受之意。刃也兼表声。本义指容忍、忍耐、抑制：忍痛割爱。忍受坏事则是残忍，不又引申指残忍。

（九）冎，guǎ 甲冎 金冎 篆冎

冎的甲骨文、金文均像脊梁骨中的一段骨架：一横画像骨，左右的小短竖像骨的两头骨节粗大的地方。在两骨之间用一条斜线（好比是筋）连起来，构成骨架。这就是最早的"冎"字。篆文讹为"冎"。指剔去肉的骨架子。

1. 冎（别），bié 甲冎 篆冎

会意字。甲骨文从刀，从冎，会以刀剔骨上之肉之意。篆文整齐化。隶

变后楷书写作剐，俗作别。读bié，本义为分解肉和骨。引申泛指分离：离别、道别。又引申为明辨、区分：区别，天壤之别。也指类别、分类：性别。又引申指另外的：别人。也指特异的：特别。又引申指用东西卡住或插住：别上校徽。又引申指不要：别紧张。又读biè，表示不顺：闹别扭。

2. 咼，wāi 篆咼

会意兼形声字。从口，从冎（表示残缺），会口歪斜不正之意。冎也兼表声。隶变后楷书写作咼。如今简化作呙。咼，读wāi，指口歪斜不正，此义后加口写作"喎"来表示。又读wō，用为古国名。

"祸"是以"呙"（咼）作声兼义符的字。从示（礻，标志鬼神），咼声。咼也兼表摧残之意。本义为天灾、灾殃：大祸临头。引申指危害：祸国殃民。

（十）骨，gǔ 甲乙 金乙 篆骨

骨的甲骨文、金文和"冎"同。冎下加"月"就成了小篆的"骨"字。会着肉的骨头之意。骨，本义指骨头，引申指人的尸骨。骨头起支撑作用，故又比喻人的品质、气概：风骨奇伟。又比喻文学作品的体干和风格笔力雄健：蓬莱文章建安骨。今又指支撑物体的架子：主心骨。

體（体），tǐ 金體 篆體

形声字。从骨，豊声。隶变后楷书写作體。如今简化作体，变成从人从本的会意字。本义指全身的总称。引申指根本、本体、实体。又引申泛指物体等。

（十一）歺，dǎi 甲歺 篆歺

象形字。甲骨文像剔去筋肉后的残骨形，小点为碎屑。篆文整齐化。隶变后楷书写作歺，俗作歹。如今规范化以歹为正体。读è，本义为剔去筋肉后的残骨。大概残骨总给人以不好的印象吧，俗又读dǎi，借用以表示坏、恶：为非作歹。

死，sǐ 甲 金 篆

死是一个会意字。甲骨文从歺，从人，像一人痛苦地跪拜于朽骨之旁。以此会死之意。死的本义是人之生命之终结，和生相对，和活相反。后来孳乳出不少词义，有拼命（死战、死守）、表示坚决（死不悔改）、呆板（死板）、不流不通（死水、死胡同）、形容极甚（高兴死了）、不可调和的（死对头）。

葬，zàng 甲 [字形] 篆 [字形]

会意字。甲骨文像人在棺中以草掩埋之形，会埋葬之意。篆文繁化，变为死尸躺在 ━━ （垫子）上，四周以草蒙覆之形。隶变后楷书写作葬。本义为掩藏、埋藏。泛指用各种办法处理尸体：火葬、水葬、天葬。用为葬送，比喻断送、毁灭。

（十二）歮，guāi 篆 [字形]

象形字。篆文像脊骨之形。中间为脊柱，两边为肋骨。是脊的象形字。本义为脊骨。由于表义不太明确，后又另加义符"月"写作"脊"。

脊，篆文写作 [字形]，是象形兼会意字。上像脊骨之形，下从肉（月），表示人或动物背部中间的骨肉之意。本义为脊柱。

（十三）肉，ròu 甲 [字形] 金 [字形] 篆 [字形]

象形字。甲骨文像切下的一大块供食用的禽兽的肉形。金文偏旁多加出一道瘦肉的纹路。隶变后楷书单用时写作肉。作偏旁时多数则写作"月"。本义为切成大块的供食用的禽兽的肉。引申指人的肌肉。也指瓜果的可食部分。

1. 肖，xiāo 金 [字形] 篆 [字形]

会意兼形声字。从肉，从小，会细小的肉丁之意。小也兼表声。本义为细小、细微。凡从肖取义的字皆与细微、细小等意有关。

胡，hú 金 [字形] 篆 [字形]

形声字。从肉，古声。本义为牛颔下的垂肉。引申泛指兽颔下的垂肉。兽胡垂在头颈下，大多长着长毛，故又引申指胡须。胡子是长久生长的结果，故引申指长寿。胡子散乱，唐以后又引申指任意胡来：胡言乱语。或许中国古代西北地区的少数民族多长大胡子吧，所以又用以泛称古代西北地区的少数民族：胡椒。

2. 隋，suí 甲 [字形] 篆 [字形]

会意字。甲骨文是一人双手揪碎祭品弃置于示（神主）前进行祭祀之状。小点表示掐下的碎屑。篆文将示换成阜（墙上供上下的脚窝），另从手，从肉，或又从土，小点象征碎肉，以强调用手揪下碎肉抛在地下之意。本义为撕肉抛地进行祭祀。

这个字发展为两类意思，一类读duò，引申泛指坠落、垂下。二类读huī，表示毁坏。又读suí，用以表示朝代名，指隋朝。

堕, duò 篆𡑶

会意兼形声字。从土, 从隋（坠落）。隋也兼表声。表示坠落。用作堕落, 指道德品行败坏。

(十四) 毛, máo 金🌱 篆🌱

象形字。金文像一撮毛茸茸丝状兽毛形。篆文整齐化。隶变后楷书写作毛。本义为兽毛。引申泛指禽兽的毛及植物皮上像毛的丝状物: 毛桃。也指人的须发: 嘴上没毛, 办事不牢。又指地上生长的植物或像毛的东西: 不毛之地。也引申指细小、粗糙、粗心、不纯净等。

毫, háo 篆𣯶

毫与豪同源。从毛, 高省声。豪猪长着硬而尖的长毛, 故引申指细而尖的毛。引申泛指细毛: 明察秋毫。又用以比喻极细微的东西: 失之毫厘, 差之千里。毛笔用细毛制作, 故又用以指代笔: 挥毫泼墨。

耗, hào 篆𣎧

形声字。篆文从禾, 毛声。隶变后楷书写作秏。俗作耗, 从耒, 毛声。如今规范化以耗为正体。耗, 本义为一种稻类植物, 后又表示庄稼歉收、亏损。引申泛指减损、亏损: 消耗。由损耗引申指消磨: 耗时间。老鼠损耗粮食, 故北方又用以指老鼠。

(十五) 彡, shān 甲彡 篆彡

彡, 与其说是一个象形字, 不如说是一个指事符号。甲骨文或像五撇, 或像四撇, 或像三撇, 用为彭, 表示击鼓而祭, 据此"彡"当为鼓声之象征符号。后引申泛指毛发、画纹、雕刻、彩饰、垂穗、飘带、声响、光影、气味等各种各样条状细软、晃动之物的象征符号。

1. "彡"表声——彭, 彰

彭, péng 甲彭 金彭 篆彭

彭是一个会意字。甲骨文左边是一个鼓形, 下面是承鼓的鼓架, 古代叫作簴, 读jù, 是垫鼓和悬挂钟磬等乐器的木架两旁的柱子；中间是鼓面；上面是鼓身上安插的花穗一样的装饰品。至于鼓的右边部分的三撇（上古"三"也表示多的意思）, 则是敲鼓时发出的嘭嘭的声音。这种用几个小小的短线点来表示音响的手法, 三千年前和三千年后的今天在图画中的表声手法, 完全一致, 这是一件很奇妙的事！因此, 彭的本义是鼓声。以后才借来表示姓和地名。

彰，zhāng　金彰 篆彰

会意兼形声字。从彡（鼓声远传，明显张扬），从章会意，章也兼表声。指显著、明显：相得益彰。用作动词，使显扬、表明：表彰。

2. "彡"表光——影、参

影，yǐng　篆景

晋朝之前，没有"影"字，只有"景"字。因此，说"彡"能表光，得从景谈起。景，是个会意兼形声字。从日、从京会意，京也兼表声。而京（甲骨文 ），本是上古时代筑在高高的土台上一可防洪、二可远望的叫作京观的宫室形象。因为京观一则地位高，二则看得远，所以周代以后，便把国家的首都叫作京。景，上从日，下从京，本是日光照耀宫室之意，故景的原意是日光。后来引申为景色。进而引申为景况、情况：远景规划。因景也从京取义，因此，又表示高大：高山仰止，景行（大路）行止。进而引申为仰慕：景仰。当然，景也表影子之意：景因光而生，即影子因光线照耀而生之意。

到了东晋初年，才出现了"影"字。影，从景、从彡会意，景也兼表声。表示日光所照，影点斑驳。"彡"在这里是表示光线的符号。现在，凡是物体挡住光线时所形成的四周有光中间无光的形象，都叫作影。以后又由此引申出形象、描摹、电影等意义来。

参，cān　金 篆

会意字。金文一从人，从头上有三星，会参宿三星之意。金文二简化人形，在左边加上义符"彡"，表示星光闪烁。读shēn，本义为参宿三星。参宿中三颗亮星排成一排，故又读sān，表示数目三。又读cān，指配合、参加、加入等。又引申指进见：参见。又引申指参考、研讨。也读cēn，表示长短、高低不齐：参差荇菜，左右采之。借作蓡，读shēn，用作人参、党参的总称。

3. "彡"表色——彩、彪

彩，cǎi　篆彩

采是彩的初文。从采的甲骨文 ，我们不难看出，采原是用手（ ）采摘叶芽的形象。采的本义是摘取。古代染色多取自植物，故又引申指颜色，颜色富有光泽，故又引申指神色、精神：神采奕奕。后来为了分化字义，颜色之意便在"采"字基础上另加义符"彡"写作彩来表示，表示"多种颜色"和由颜

色诞生出来的文采、光泽的意思。"彡"在这里是表示颜色的符号。

彪，biāo 金彪 篆彪

会意字。从虎，从彡（老虎身上有色的斑纹），会虎身上的花纹之意。引申泛指文采鲜明：彪炳千秋（形容伟大的业绩流传千秋万代）。又比喻身材高大：彪形大汉。也用作量词：一彪军从外呐喊杀入。

4."彡"表毛——须、髟（鬓、髪）

须，xū 甲须 金须 篆须

象形字。甲骨文像人脸上长胡子形。本义为胡子。引申泛指像胡须的东西：触须。胡须到了一定年龄必定长出。故又引申指等待，进而引申指须臾，也指必定：务须。

髟，biāo 金髟 篆髟

会意字。金文从长，从彡（毛发），会长发飘垂的样子。在髪（如今简化发）、鬓等字中，髟都作为一个毛发的符号。

"鬓"和"髪"都是以"髟"作义符的字。鬓，从髟，宾声。本义为颊发，指面颊两旁近耳的头发。髪，从髟，犮声。本义为人类头上的毛。

5."彡"表文采——彬

彬，bīn 篆彬

会意兼形声字。从彡（表文采），从林，会文质兼备之意。林也兼表声。多连用为彬彬，本义指文质兼备（文采和实质相当）：文质彬彬，然后君子。

6."彡"表装饰——修、弱、雕、形

修，xiū 篆修

会意兼形声字。从彡（表装饰），从攸（表整治），会进行修饰整治之意。攸也兼表声。本义指修饰。引申指整治、修理：修补。又指修造：兴修水利。用于文字，指书写、创作：修书。修饰的目的是臻于完美，故又引申用于抽象意义，指品德、学问的研修：修养。

弱，ruò 篆弱

象形字。篆文像两缕柔软屈曲飘动的缨穗形。本义为细小柔软：弱不禁风。引申指微薄、不强：微弱。又指年纪小：弱冠。

雕，diāo 籀雕 篆雕

形声字。从隹，周声。本义指鹫鹰。借作彫（音diāo），从彡，周声。指

44

雕刻，刻镂。用彩画装饰等。也借作指琱，从玉，周声。指治玉，引申为雕刻、刻镂。

形，xíng 篆形

形声字。从彡，开声。本义为形体、实体：形影不离。引申指形状、样子。引申用于抽象意义，指事物体现出的抽象情状、特征。用作动词，指显现其形，即显露、表现：喜形于色。事物显露出来则可以比较，故又引申指对照、比较：相形见绌。

（十六）工，gōng 甲凸 金工 篆工

象形字。甲骨文、金文皆像一种原始工具形，至于这种工具具体指什么，众说纷纭：一说是"规矩"之矩形；一说是古人筑墙用的石杵形，上边为木质横把，下为石质杵头。金文填实，篆文线条化。但不管什么形，本义还是工具。

工的本义是工具，后来引申出凡使用工具干活的人都叫作工：工欲善其事，必先利其器。以后，还派生出工作、工程、工业、工夫、精巧、擅长等意。

工也是个部首偏旁，读gōng，古代有时转音读作gāng，因此有些以工为声旁表音的字，如江、缸、杠、项的韵母都发ang音。

1. 巧

从工，丂声。工为筑杵，表示建筑有技巧。引申为技能。又指灵巧：巧妇难为无米之炊。又引申为美好：巧笑倩兮，美目盼兮。也指巧诈，虚浮不实的话：巧言令色。用作副词，表示正好：碰巧。

"窍"是以"巧"作声符的字。从穴，巧声。本义指孔、洞。引申指耳鼻目口等器官之孔：七窍。也用来比喻事情的关键或要害：窍门、诀窍。

2. 巨，jù 金 王 篆巨

会意字。金文是一个成年人一手持筑杵形，表示力气大正在夯筑。后来向两个方向发展：一个只留下杵和手；另一个人与手、杵分离。篆文承接金文，也发展为两个字：其一是巨，隶变后楷书写作巨；其二是榘，将金文之"人"讹为"矢"，并在金文基础上加义符"木"，表示筑墙要用木板。隶变后楷书写作榘，俗省作矩。

巨，本义指一个成年人一手持筑杵用力夯筑。成年人力气大，举得动杵，故巨引申为大。建筑有一定的法规，故又引申为法则、规则。为了表义清晰，

于是进行了分工：用巨专表示大；用矩表示法则、法规。

3. 式，shì 篆式

形声字。从工（筑墙杵），弋声。表示建筑有法度、规矩。隶变后楷书写作式。由法度、规矩引申为榜样。又引申指物体外形的样子：形式。又引申指一定的规格：格式。也指典礼、仪式：开幕式、阅兵式。又指自然科学中表明某些规律的一组符号：公式、方程式。

4. 塞，sāi 甲 金 篆

会意兼形声字。甲骨文从宀（房屋），从二工（筑墙杵），从双手，会双手持筑墙杵将窗户堵住之意，即所谓"塞向墐户"。金文多加了两个工。篆文又加了义符"土"，表示用土堵塞。窦 也兼表声。读sāi，本义为阻塞、堵住：塞车。引申指放入、暗中给：塞进口袋。用作名词，指堵住器物口的东西：瓶塞。又读sài，指用来阻隔的屏障，边界上的险要地方：塞翁失马、边塞。用于复合词中，读sè，表示堵住：阻塞。

5. 巩，gǒng 金 篆

会意字。金文从丮，从工。丮为人举着双手有所操持形，工为筑杵，表示人双手持杵筑墙之意。篆文稍讹。隶变后楷书写作巩。"丮"讹为"凡"。本义为双手持杵进行夯筑。引申为坚实、坚固。人心情郁结不开，也犹如筑实一样，故又引申指心绪郁结的样子。又引申指惧怕。

后来，由于"巩"作了偏旁，坚固之义便又另加义符"革"写作"鞏"来表示，表示用皮革束牢。引申指巩固。如今简化仍写作巩。

惧怕之意另加义符"心"写作"恐"来表示，本义指恐惧。引申指担心。

夯筑之义则以"筑"（一种乐器）为基础，另加义符"木"写作"築"来表示，表示筑墙要用木板。如今简化作筑，与乐器之义合用了同一个字。并由夯筑泛指一切建筑。

6. 功，gōng 金 篆

会意兼形声字。功与攻同源，金文皆从攴（手持棍，表操作），从工（筑墙杵），会从事盖房等各种各样的工作之意，工也兼表声。篆文改为从力，突出用力做功。本义指从事盖房等各种各样的工作。引申指做事的成效、功效：徒劳无功。引申指工夫、功力、技能、修养：基本功。又引申指功绩、功劳：丰功伟绩。

7. 攻，gōng 金𢼄 篆𢼄

会意兼形声字。从攴（手持棍，表操作），从工（筑墙杵），会捣击使坚固之意。工也兼表声。本义指捣击使坚固。引申指攻击、进击。进而引申指用言辞指责：群起而攻之。又指对疾病的治疗：以毒攻毒。也指对器件的加工治理：他山之石，可以攻玉。进而又引申指专心研究、学习或从事某项工作：日夜攻读。

（十七）方，fāng 甲方 金方 篆方

象形字。据说这起源于新石器时代的一种翻土工具的象形，名叫"耒"。最初的耒，是祖先们在一根尖头木棒离尖稍高处卡上一根短横木 ，以脚踩横木用力把棒尖压入土中翻掘土壤的工具，其作用就像今天的锹。后来，"耒"改进了，在木棒尖端装上一齿或两齿的尖石或尖骨，以提高翻掘的效率。徐中舒先生在《耒耜考》中写道："按'方'字，像耒之形。上短横像柄首横木，下长横即足所蹈履处，旁两短画或即饰文。古者秉耒而耕，刺土曰推，起土曰方。故当训为翻土工具，谓之坂。"后来，人们把犁上的木把也称为耒。

"方"的主要作用为起土，遂引申为计量沙、土、石料的量词：日挖土三方。进而引申为方形：不以规矩不成方圆。又引申指方圆面积：太行王屋二山方七百里。由方形引申为正直：是以圣人方而不割。古人认为天圆地方，故引申指大地。又引申为地方：有朋自远方来，不亦说乎？地有方位，故引申指方向。由方向引申指途径、方法，也特指药方。虚化为副词，指正在、将要。

房，fáng 篆房

形声兼会意字。从户，方声。方也兼表旁边之意。本义为正室两旁的房间：凡堂之内，中为正室，左右为房，所谓东房西房也。引申泛指房屋：书房。引申也指形状像房的东西：蜂房。家族的分支住在不同的地方，犹如在两旁之房，故又引申指家族的分支：远房亲戚。又特指妻室：正房。古又读páng，用于阿房宫。

放，fàng 甲放 金放 篆放

会意兼形声字。金文和篆文从攴（手持刑杖），从方（远方），会驱逐、流放到远方之意。方也兼表声。本义指驱逐、流放。引申为放纵，不拘束：豪放。又引申为解除约束、发出、搁置等意。

旁，páng 甲旁 金旁 篆旁

会意兼形声字。甲骨文从凡（井盘），从方，会井盘之四帮之意。方也兼

表声。读páng，本义指井帮。引申泛指边、侧。引申为偏的、不正的：旁门左道。又引申为非主要的、非正式的：旁听。也指另外的、别的：旁人。事物主体至四旁包容则广，故又引申指普遍、广泛：旁征博引。又读bàng，指依傍。

（十八）夲，niè 甲🔲 金🔲 篆🔲

象形字。甲骨文像古代的械手刑具形，即后来的梏，如今的手铐。金文线条化。篆文稍简并整齐化。隶变后楷书写作夲。本义为木质刑具。由于夲与夭相混，俗皆写作幸。所以也表示侥幸。不为桎梏所缚，自然是幸运之事。

1. 执，zhí 甲🔲 金🔲 篆🔲

会意兼形声字。甲骨文从丮（跪人），从 🔲（手铐）。🔲 也兼表声。是一个跪着的人双手戴铐之状，会捕捉罪人之意。金文大同。篆文整齐化。隶变后楷书写作執，如今简作执。本义为捕捉罪人。引申指拿着，持某种主张。又引申指坚持（己意）：执迷不悟。

2. 報（报），bào 甲🔲 金🔲 篆🔲

会意字。甲骨文和金文左边是一个刑具，右边是一只手给其加上刑具之状，会治人之罪之意。篆文整齐化。隶变后楷书写作報。如今简作报。本义为按律判决罪人。判决罪人需要上报，故引申指报告。由报告引申指回复、回答：回报。由根据罪行定罪，又引申指报应：善有善报，恶有恶报。进而引申指回报，报恩或报仇。汉唐时地方长官在京师设邸，邸中传抄诏令奏章等报告给地方，故又引申指邸报。由此引申，即为现在的报纸、杂志。如今又扩大泛指传达消息或言论的信号、文件：电报、情报、警报。

第二节　与"页"有关的部首

一、页，yè 甲🔲 金🔲 篆🔲

象形字。甲骨文是一个突出了头部的人形。人头特大，眼、耳、口、鼻、额、发，无一不全，构形与线条凝练而简朴。到了金文以后，线条化，头部已讹变为"首"字，原来的跪坐之形也讹为站立不稳之形。于是在这基础上，又讹变为小篆，头顶已全秃，没有头发了。隶变后楷书写作页。本义为头。

页，读yè，本义指头。每个头都有一张面孔，借作枼（叶），用为量词，表示书册的一张：扉页。由于"页"作了偏旁，并借为量词，于是头的意思便另加声符"豆"写作"頭"来表示。如今简化作头。

1. 頭（头），tóu 金𩑋 篆𩠐

形声字。从页，豆声。如今简化作头。本义指脑袋：头顶。引申指器物的顶端：山头。又引申指事物的起点或终点：从头做起。又引申指首领、第一等。

2. 颠，diān 篆𩕳

会意兼形声字。篆文从页（朝上的头），故颠表头顶。又从真（人头朝下），故又会颠倒之意。真也兼表声。本义为头顶，又表示颠倒。由头顶引申为山顶。后来，由于"颠"为引申义所专用，山顶之义另加义符"山"写作后来，由于"巅"来表示。由颠倒引申为坠落、上下簸动，又引申指生活不安定，又引申指疯狂。后来，由于"颠"为引申义所专用后，头顶之义便另造了形声字"顶"来表示。顶，从页，丁声。本义指头顶：秃顶。引申指物的最上部：山顶。用作动词，指用头顶支撑：顶碗。进而引申泛指用物支撑：顶住胸部。由顶住又引申指对面迎着：顶风开船。进而引申指顶撞：顶嘴。由物的最上部，引申用作副词，表示最。

3. 颜，yán 金𩒼 篆𩔞

形声字。从页，彦声。本义为两眉之间。俗称印堂，引申泛指额头。又泛指面容：颜色憔悴。用于抽象意义，指面子：和颜悦色。面容常显人的气色，故又引申指色彩：五颜六色。

4. 题，tí 金𩔰 篆𩔉

形声兼会意字。篆文从页，是声。是为正，也兼表义。额头为头之正。本义为额头。引申泛指事物的端头：题目。题目在文字的前面，故又引申指题目：标题。用作动词，指题名、题写：题词。

5. 颈，jǐng 篆𩓾

形声兼会意字。篆文从页，巠声。巠也兼表竖直之意。本义为脖子：长颈鹿。又特指脖子的前部：刎颈之交。

6. 项，xiàng 篆項

形声兼会意字。篆文从页，工声。工（筑杵，象征颈项）也兼表义。本义为脖子的后部：项链。引申泛指脖子。引申指条目、条款：逐项落实。又特指经费：款项。又用作量词，指分项目的事物：三大纪律，八项注意。

7. 领，lǐng 篆领

形声字。从页，令声。本义为脖子。引申也指围绕脖子的衣领：翻领。由衣领引申指事物的主要部分：提纲挈领。抓住衣领就能提起整件衣服，故又引申指带领、率领：领导。又引申指统属、管辖、领有：领土。又引申指领受、接受：领情。由领有又引申为了解、领会：领悟。

"嶺"是以"领"作声兼义符的字。从山，领声。领也兼表岭起意。隶变后楷书写作嶺。如今简化作岭（从山，令声）。本义指山深小的样子。借用作"嶺"的简化字，又表示山之肩岭可通道路者。引申泛指孤立的山峰：崇山峻岭。也指连续的山脉：横看成岭侧成峰。又特指五岭：岭南。

8. 顷，qǐng 篆顷

会意字。篆文从匕（人歪头），从页（头），会人歪头之意。本义为头歪斜。读qīng，由本义头歪斜，引申泛指偏侧、倾斜：采采卷耳，不盈顷筐（倾斜口的竹筐。形似今之畚箕）（《诗·周南·卷耳》）。此意后另加义符"亻"写作"倾"。一歪头是很短的时间，故又读qǐng，指短时间、不久。又引申指不久以前、近来。又皆作量词，指土地的计量单位。

"倾"是以"顷"作声兼义符的字。从亻、从顷会意。顷也兼表声。本义指倾斜。引申指倾向、偏向。又指倾覆，全部倒出来。

9. 颇，pō 篆颇

形声字。从页，皮声。本义为头偏。引申泛指偏，不正：偏颇。用作副词，表程度，相当于略微。又相当于很、甚：颇为顺利。

10. 顺，shùn 金顺 篆顺

会意字。金文从页，从川，会人的思路像水一样顺循之意。本义当为顺应、依顺：归顺。引申指沿着同一方向：顺风顺水。又引申指趁便：顺手牵羊。又引申指符合事理，有次序：顺理成章。由顺序又引申指通顺：文从字顺。

11. 预，yù 篆预

会意兼形声字。从页，从予（表伸前），会伸到前头之意。予也兼表声。本义为预先、事先：凡事预则立，不预则废。由预先引申指干预、相干。

12. 顾，gù 金顾 篆顾

形声字。篆文从页，雇声。隶变后楷书写作顧。如今简作顾。本义指回头看、转头看：瞻前顾后。引申泛指看：顾名思义。又引申指看望、拜访：三顾茅庐。又引申指关心、照顾：顾此失彼。发展为敬辞：惠顾。又引申指考虑、顾惜：奋不顾身。

13. 颤，chàn 金𩒹 篆𩒹

形声字。从页，亶声。读zhàn，本义指头摇动不定。引申指身体抖动：颤栗。又读chàn，引申泛指短促而频繁地振动。

14. 颁，bān 篆𩒷

形声字。从页，分声。本读fén，本义为脑袋很大的样子：鱼在在藻，有颁其首。又借作"攽"（从攴、从分），读bān，表示分。进而引申指颁布：颁告朔于邦国（每年冬季天子把次年的历书颁布给诸侯）。又引申指颁发：颁奖。

15. 颂，sòng 篆𩒸

形声字。从页，公声。读róng，本义指容貌、仪态。又读sòng，引申表示赞扬：歌功颂德。又指《诗经》中的一类诗。

16. 显，xiǎn 甲𩒹 金𩒹 篆𩒹

会意字。甲骨文右边是在架子上晾的两把丝，左边是滴下的水。金文另加"日"，表示在日下晒丝；又另加"页"，表示人在日下清楚地看丝。篆文大同。

显，会日中视丝之意。本义指光明、明显：显而易见。用作动词，指表现、露出、显扬：大显身手。由显露引申指高贵、显赫：显要。

17. 烦，fán 篆𩒸

会意字。篆文从页，从火，会头发烧得像火一样之意。本义为热头痛。由热头痛引申指苦闷、急躁：心烦意乱。心烦多因事多而杂乱，故又引申指繁多杂乱：烦琐。由繁多杂乱引申指劳乏。虚化为副词，表示请托的敬辞：烦您帮个忙。

18. 顽，wán 篆𩒷

形声兼会意字。篆文从页，元声。元也兼表头顶之意。本义为难劈开的木头疙瘩。引申指未加工的和鲁钝不锐利的东西。由物鲁钝引申指人愚妄无知：愚顽。人未经教育则不懂规矩，故又引申指性情顽劣、暴戾：凶顽。又进而引申指喜欢嬉戏、淘气：顽皮。由不易劈开，又引申用于贬义，指固执、不易改变：顽固不化。用于褒义，比喻坚硬、坚强：顽强。

19. 颗，kē 篆𩒸

形声兼会意字。从页，果声。果也兼表小而圆之意。本义为小头。引申泛指小而圆粒状的东西。主要用作量词，用于颗粒状的东西：颗粒归仓。

20. 类，lèi 篆 糷

会意兼形声字。从犬（种类相似，唯犬为甚）、从頪（会意字，读lèi，从页、从米，米细小难辨，会事物相似难以分辨之意）会意。頪也兼表声。隶变后楷书写作類。如今简作类。用以表示种类。又特指同类。由种类又引申指相似。

二、首，shǒu 甲 金 篆

象形字。首的甲骨文是一个以简练的笔画所作的人头的形象：发、额、眼、鼻等俱全。金文把头皮和颜面分开。篆文把眼、耳、鼻变成"自"的样子，头发、头皮却照旧保存。隶变后楷书分别写作𦣻、首、百。三字与页同为人头形。只是𦣻、首下边少了身子，上带有头发，意在强调头部；页则多出了身子，少了头发；百则是省形。如今规范化用首。

首的本义指头：昂首阔步。引申指首领：元首。又引申指开端：首创。又引申指最早、首先、第一、最重要的：首当其冲。又作量词，指诗歌：一首诗。

枭，xiāo 金 篆

会意字，就金文縣（ ）字看，篆文枭当是一颗倒挂的人头形，下面是头发，会枭首示众之意。隶变后楷书写作 梟 ，作偏旁时写作枭。是枭的本字。本义为枭首示众，是古代的一种刑法。

縣（县），xiàn 金 篆

会意字。金文 从 （木，木桩），从 （糸，悬吊的绳索），从 （倒首，人头），会悬首高杆示众之意。古代官府将被处决的死刑犯的头颅悬挂在城门前的木桩上，用以示警戒恶。篆文省去木杆，将悬绳置于倒首右边并整齐化。隶变后楷书写作縣。如今简化作县。读xuán，本义为悬首示众。引申泛指悬挂。由悬挂高处，又引申指相差距离大。古代邦国之外的地方皆统系于国（"挂系"之意），故又读xiàn，引申指地方行政区划名称。周代县（天下地方千里，分为百县而系于国）大于郡，秦以后县属于郡；如今为省、自治区或市下的一级行政区划。"县"后为行政区划之义所专用，悬挂一类的意思便另加义符"心"写作"懸"来表示。

"懸"是以"县"作声兼义符的字。从心，从縣，会心中挂念之意。縣也兼表声。本写作懸，现简作悬。本义指挂念。也表示悬挂。由悬挂失去依据，又引申指凭空设想：悬想。又引申指悬空，无着落：悬案。由高挂示众，又引申指公开昭示：悬赏。

三、面，miàn 甲 󰀀 篆 󰀁

象形字。甲骨文像人脸形。外为脸的轮廓，脸上最传神的是眼，故内画一目表示脸。篆文将"目"讹为"百"。隶变后楷书写作面。本义指脸。用作动词，指面对面、面向：耳提面命。又指面朝向：背山面水。由面的朝向，又引申指事物的侧面、方面、部分：独当一面。又作量词，指有平面的事物：一面鼓。如今又作了"麵、麪"的简化字，表示面粉、面条、粉末：挂面。

四、白，bái 甲 󰀀 金 󰀁 篆 󰀂

象形字。甲骨文像一粒白米形，中间两画（也有一画的）像胚芽。本义当为白米粒，借上等纯白之米的颜色表示白色：白雪。引申指洁净：洁白。又引申为明亮：东方发白。也指清楚：真相大白。用作动词，表示使清楚，于是引申为陈述：表白。古代丧服用白色，又引申为有关丧事的：红白喜事。也指反动的：白匪。白色俗称无色，又引申为空空的：白卷。也指徒然、别字等。

百，bǎi 甲 󰀀 金 󰀁 篆 󰀂

会意字。甲骨文上边是一把尺子，下边是一粒黍米，表示摆下一尺长的米粒。远古计算长度用米粒，称为黍尺，即把黍米百粒摆起来，其长度就算一尺。故百的本义为黍米一百粒。

的，dì 篆 󰀀

今天我们用得最多的字，要排名次，"的"字名列第一。篆文的左日右勺，是一个以日表意（表示明亮），以勺表音的形声字。

很久以前，我们的祖先发明了弓矢（箭）。练习射箭用的靶子，最早叫作鹄（音 gǔ，读作谷）或质。靶的中心用鹄（音 hú，即白天鹅。这个字，作射击目标时读 gǔ，作水鸟时读 hú）毛做成。这种箭靶，后来叫的，本义是箭靶的中心。因为用鹄毛做成，从远处练射瞄准时，看上去既白亮又明净、清晰，所以的便派生出明明白白的意思来。

后来又读 de，既作代词：吃的；又作表示形容词性的语助词：伟大的汉字。也在判断句里用于句末表示肯定的语气：日子会好起来的。还用作表示所属关系的词：我的书。总之，"的"字的用途非常广泛，几乎讲话写文章都要用上"的"字。因此，"的"字理所当然地在汉字里荣居榜首了。

下面一组字貌似跟白有关，其实不然。下面试析之：

皂，zào 金 𣎳 篆 㿈

象形字。皂与早本为一字。金文像未成熟的栎实形，因其壳像斗，故称为橡斗。篆文讹为"日"在"甲"上。隶变后楷书分别写作皂和早。皂俗作皂。如今以皂为正体，本义为栎实或栎树。栎实可以染帛为黑，遂引申为黑色：不分青红皂白。皂也指皂荚树的果实，即皂角，富含胰皂质，可去除污垢。

皇，huáng 金 𨈐 篆 皇

象形字。金文像点着的一盏灯形，下边是灯座，中间是灯碗，一点表示里面盛满了油，上边是灯焰，会光焰盛大明亮之意。篆文整齐化，上边讹为"自"，下边讹为"王"。隶变后楷书写作皇。实际上，皇既不从自，也不从王，更非从白。

皇的本义为灯火辉煌，是煌的本字。由灯火辉煌引申泛指辉煌。又引申指伟大：皇天后土。又敬称天神、先人。又特指远古的帝王：三皇五帝。也泛指君主：皇帝。凤凰羽毛盛美，遂用以指雌凤。灯火除了有辉煌的特点外，还有晃动不定的特性，所以古代也用皇来表示匆忙不安定或惊惧恐慌等义。

为了分化字义，后来"皇"专用以表示盛大、君王等意，灯火辉煌之义，便另加义符"火"写作"煌"来表示；匆忙不安定之意便写作"遑"或"惶"来表示；雌凤之意写作"凰"来表示。

鲁，lǔ 甲 𩶘 金 𩶘 篆 鲁

会意字。甲骨文从口，从鱼，会鱼味嘉美之意。金文在口中加一点成甘，进一步强调味道醇厚可口。篆文将"甘"讹成"白"。隶变后楷书写作鲁。如今简作鲁。本义指鱼味醇厚嘉美。由味道醇厚，引申指迟钝：鲁钝。又用为周代诸侯国名。如今也做山东省的简称。

五、自，zì 甲 𠂤 金 𠂤 篆 𦣹

象形字。自的甲骨文是一个鼻子形。那么，鼻子是怎么变成自己的呢？今天，人们称自己为"我"。可上古时代，"我"是杀人的重武器——刃上有锋利锯齿的大斧，并非第一人称，倘要表达自己这意思时，怎么办呢？初民往往点点自己的鼻子来表示。所以聪明的先民便以鼻子的形象创造了"自"字，以鼻子表示自己之意。

我们来看自的甲骨文：🐾，顶上一竖是鼻梁；两旁往下卷曲的线条是鼻体和鼻孔；中间的横是鼻梁上的横纹，多为两横形，也有一横形的。到了金文，线条慢慢拉直。篆文进一步拉直，表示鼻孔的两边弯钩线连在一起，没有鼻孔了。隶变后楷书写作自。

自，本为鼻子。后引申为本来、自然：自当如此。虚化为介词，相当于从、由：自古至今。人说到个人时常指自己的鼻子。故又引申指自己：自言自语。后来，由于"自"为引申义所专用后，本义便加声旁"畀"写作"鼻"来表示。鼻，从自，从畀，表示用鼻子把气吸进来闻一闻。畀也兼表声。本义指用鼻子闻。动物出生时先露出鼻子，故引申指创始：鼻祖。

臭，xiù 甲🐾 篆🐾

会意字。甲骨文从自，从犬。用狗鼻子来会闻到气味之意。因为狗鼻子嗅觉最灵敏。本义为用鼻子辨别气味。引申泛指闻。用作名词，指气味：无色无臭。为了分化字义，后来专用臭表恶味，读作chòu：臭气熏天。引申为丑恶：遗臭万年。又引申为狠狠地：臭骂。

息，xī 金🐾 篆🐾

会意字。金文和篆文大同小异，皆从心，从自。自为鼻子，表示心气从鼻出。古人认为心与鼻息息相通。自也兼表声。本义为喘气。引申泛指气息：屏息。又引申指叹气：长太息。喘气是有生命的标志，故又引申指生长、繁育：休养生息。又进而引申指儿女：子息。又引申为利钱：利息。人在不劳动时一呼一吸地舒缓喘气，又引申为歇息：休息。又引申为停止：息怒。引申为消灭：息火。用作使动，表示使……安宁：息事宁人。

六、耳，ěr 甲🐾 金🐾 篆🐾

象形字。甲骨文像一只耳朵形。金文大同。篆文整齐化。本义为耳朵：耳闻目睹。用作动词，指闻、听。引申指形状像耳朵的：木耳。也指位置在两旁的：耳房。古又借作语气词，相当于而已、罢了：技止此耳。

以"耳"为义符的字有很多，下面分类试析之。

1. 听，闻

聽（听），tīng 甲🐾 金🐾 篆🐾

会意字。甲骨文从耳，从口，会口有所说耳有所闻之意。金文和篆文繁化，加出了王（挺立之人）、直、心，用以强调人耳有所闻心已领悟之意。隶

变后楷书写作聽，如今简化借用听来表示。

听，本读作yín，从口，斤声。本义为笑吟吟的样子。借作聽的简化字，又读tīng，表示用耳朵接收声音，由听而后从引申为听从：言听计从。由听从又引申为听任、任凭、允许等意。如今又用作译音词，指装物品的筒子或罐子：一听饼干。

闻，wén 甲 金 篆

会意字。甲骨文右边是只耳朵，左边是一个举手附耳谛听的人，会人听到声音之意。金文将耳朵移下，人头上加点，象征声音。篆文改为从耳，门声的形声字。闻强调的是听到的结果，本义指听见：耳闻目睹。引申指闻名、名誉、声望等：默默无闻。用作名词，指听到的东西、听闻、知识等：博闻强识。后又表示用鼻子嗅气味：如入芝兰之室，久而不闻其香。

2. 声

声音，只能用耳去听，用眼看不见，用手摸不着，用鼻子又嗅不到，又没有具体的声的形象可以用象形造字法去画成其物。那么，怎样可以造一字，把声音的"声"表现出来呢？我们勤劳智慧的祖先用"耳听打磬"来表示声音的意象。这个字，造得巧妙至极！

聲（声），shēng 甲 篆

声的甲骨文写作，我们不妨对这个字进行细细分解， 是磬，是我国上古时代用石片制成的一种乐器， 是磬身， 是悬磬的绳索和磬顶的装饰物； 是殳，即人手拿槌击磬的样子； 是耳朵； 是表声音的一个义符。这四个独体合起来，便表示：用手拿槌击磬，用耳去听，听到的自然便是磬所发出的"声"了。因此说"耳听打磬便成声"。可是，"聲"的笔画太多，共有十七画，后来就简化成了"声"字。

声的本义指耳朵听到的乐音。引申泛指声音。用作动词，指发出声音：声明。又引申指声誉、名望。也指声调、声母等。

3. 聰（聪）、聖（圣）

聪和圣，都代表优秀。它们的共同之处在于都有一双听觉灵敏的耳朵。

聪，cōng 金 篆

聪本作聰，是一个会意兼形声字，从耳、从悤会意。悤也兼表声。悤的篆文写作，从心从囱（窗户透明），会心里明亮清楚通透之意。心思通透，再加上听觉灵敏，自然是聪明之人！引申为智慧、明智，也指悟性强。

聖（圣），kū 甲🝰🝰篆🝰 shèng 甲🝰金🝰篆🝰

圣本读作kū，从又，从土，会手用力挖地之意。因其少用，后来作了"聖"的简化字。

聖是个会意字。甲骨文像一个人竖起耳朵倾听的样子，旁边有口，表示说话，会听觉灵敏之意。金文人变为壬（挺立之人），以强调耸耳而听。篆文整齐化，变为从呈声。隶变后楷书写作聖。如今简作圣。

聖的本义为听觉灵敏，引申指明达事理，无所不通：圣明。又引申为最崇高的：神圣。封建时代又用为对帝王的谀称或称颂有关帝王的事物：圣旨。由无所不通引申指具有最高品德或智慧的人：圣贤。又指对某一学问或技术有极高成就的人：诗圣。

"怪"是以"圣"作声符的字，从心，圣（kū）声。本义指奇异的、不常见的。

4. 取，qǔ 甲🝰金🝰篆🝰

取，在古代是一个很血腥的字。从又（手），从耳，会抓住野兽或战俘时割下左耳之意。因此，取的本义指割耳朵，是"获"之意。后来便从这个本义中派生出捕捉、擒拿、获得、收获、选取、拿出等多种意思来。

最，zuì 篆🝰

最是一个会意字。篆文从冃（冒，帽子，表蒙覆），从取（割取敌人左耳作为考核军功的依据），用冒犯而取会考核军功最多之意。由军功最多引申用作副词，表示极：最少、最快、最好。

5. 联，lián 甲🝰古🝰篆🝰

用怎样一个字来表示两个事物之间有联系呢？我们的祖先给出的答案是"耳朵上面挂饰物"。联是一个会意字。甲骨文🝰表示🝰（耳）上系挂耳饰🝰之意。古文🝰像是在耳朵两侧系连着饰品。篆文同样从耳，从丝，表示以绳贯穿器耳之意。本义为连缀。引申指互相结合：联欢。诗文中对偶的两句联合成一个完整的意思，称一联，故又指对联。

6. 耿，gěng 金🝰篆🝰

会意字。从耳，从火，会面红耳赤之意。由面红耳赤引申指光明、明亮。由光明引申为光明正大、正直。连用为耿耿，有三种含义：一为微明的样子；二为心中不安的样子（内疚则面红耳赤）：耿耿于怀；三为忠诚的样子：忠心耿耿。

7. 耽，dān 篆

形声兼会意字。从耳，冘声。冘也兼表像担子一样下垂之意。本义指两耳垂肩。用作"酖"（从酉、从冘会意。冘也兼表声。本义为嗜酒），又表示好嗜、沉溺、迷恋：耽乐。后又表示延迟：耽误。

8. 聂，niè 古 篆

聂是一个非常好玩的字。我们都知道，在生活中，有些话需要大声说，有些话却宜轻声地说。怎样去表达小声说话这样一个动作呢？"聂"字非常传神地诠释了这个答案：聂原本作聶，即三只耳朵聚合在一起，会附耳小声说话之意。后来简化作聂。本义为附耳小声说话，现主要用作姓。

9. 职，zhí 篆

职本作職，后简作职，是一个会意兼形声字。从耳、从哉（zhí）会意。哉也兼表声。那么哉又是什么意思呢？哉的甲骨文写作 ，像戈上挂有饰物形，犹如后代刀上的环、铃，作以标志。金文 上的饰物稍繁。篆文 将饰物变为"音"。哉的本义为兵器上的饰物，后引申为标志。加了标志即可记住。因此，職（职）的本义为听而记之，此意后由识来表示。于是，"职"遂被借作"檶"来使用。

七、臣，yí 甲 金 篆

象形字。甲骨文像竖起的宽下巴形，一三齿衬托，当是咧开嘴笑时的下巴。金文将牙变得像厚嘴唇了。篆文整齐化。"臣"字如今不单用，只作偏旁。因此，宽下巴之意便另加声符"巳"写作"配"来表示。

熙，xī 篆

形声兼会意字。从火，配声。配也兼表和乐之意。要正确理解"熙"字之意，必须从"配"字说起。配，音yí，从臣，巳声。因此，配的本义为宽下巴。也指喜悦。引申指和乐。因此，"熙"字也有和乐之意：众人熙熙，如享太牢，如登春台。又借作嬉，表示嬉戏：熙熙攘攘。

八、皃，mào 篆

象形字。篆文是一个突出的人面轮廓形，本义指仪态容貌。由于"皃"作了偏旁，便另加声符"豸"（猫）写作"貌"来表示。貌本作皃。本义指容貌：花容月貌。引申指样子、神态：未见全貌。又引申指有礼貌。

九、色，sè 篆

会意字。篆文上从立人，下从跪人，用立人在训诫跪人，会怒形于色之意。本义为怒色。引申泛指神情、气色。又引申特指妇女的容貌。进而引申指情欲：食、色，性也。由脸色又引申指颜色、色彩：五色令人目盲，五音令人耳聋。金银的纯含量不同，其颜色也不一样，又引申为物质的成分：音色很好。又读shǎi，指色子。

"艳"是以"色"作义符的字，从丰，从色，会丰满而美丽之意。

十、而，ér 甲 金 篆

象形字。甲骨文像颔下有垂须之形。金文大同。篆文整齐化。隶变后楷书写作而。本义为颔下胡须。胡须皆大同，故引申为如、好像。又进而引申为就是。借作副词，相当于才、只、还：不患贫而患不安。借作连词，表示并列、承接、假设：学而时习之。

1. 耑，duān 甲 金 篆

象形字。甲骨文上像草木枝叶初生之形，下像根须。金文稍讹。篆文整齐化。本义为植物初生的头，引申泛指物体的一头。

端，duān 篆

会意兼形声字。从立、从耑。耑也兼表声。本义指端直、端正。引申指品行端庄正直。用作动词，指以手托东西。借作"耑"，又表示物体的一头：末端。引申指事情的开头：发端。

2. 耐，nài 篆

耐本作耏，从而、从彡会意。而也兼表声。本义指一种剔去颊须的轻刑，刑有法度，故后改为从寸。如今规范化以耐为正体。后借为"能"，表示禁得起、受得住：吃苦耐劳。引申指抑制：耐着性子。

耍，会意字。从而，从女，会挑逗戏耍之意：玩耍。词义加重，表示戏弄、玩弄。引申指施展：耍花招。

十一、秃，tū 篆

象形字。指人的头发像稀疏的禾苗之状。本义为没有头发：秃顶。又引申指羽毛脱落：秃鹰。又比喻山无草木：光秃秃。也指树无枝叶：秃树。又引申指物体没有尖：秃笔。

"颓"是以"秃"作声兼义符的字。从页、从秃。本义为头秃。引申指萎靡、消沉。

十二、冄，rǎn 甲〡〡 金〢〢 篆〡〡

象形字。甲骨文像从脸颊两侧垂下的毛发形。还有一说认为像草编的蓑衣柔软下垂的样子。隶变后楷书写作冉，异体作冄。如今以冉为正体。用于冉冉，引申指缓慢渐进的样子：冉冉上升。

那，nà 篆〢

会意兼形声字。从邑，从冄（rǎn，在这里表胡须），会人多长毛发的西部国邑之意。冄也兼表声。本义为西夷国名。借作指示代词，表示远指。

第三节　与"目"有关的部首

一、目，mù 甲〡〡 金〡 篆目

象形字。甲骨文像眼睛形。金文大同。篆文将眼竖起来并整齐化。本义为人的眼睛：美目盼兮。由眼睛引申指孔眼：纲举目张。由网的纲目又引申为要目、条目：项目。由要目又引申为事物的名称：名目。眼睛在头的前面，故又引申指标题：题目。又引申为头领：头目。用作动词，指用眼看、注视、示意：令人侧目。

以"目"作义符的字有很多，我们不妨分类析之。

1. 看、艮、相

看，kàn 篆〡

会意字。上从手，下从目，像是用手在目上搭个遮棚，眼睛注视较远的东西或方向，带有往远处瞧的意思。读kàn，本义指远望：看万山红遍。也指细看、观察：醉里挑灯看剑。又进而引申指认为、想、看待、探望、访问等意。又读kān，引申指看守、守护：看门。

艮，gèn 甲🅇 金🅇 篆🅇

会意字。甲骨文从人，从朝后看的目，会人扭头向后看之意。金文将目移到人背后，其义更明显。篆文整齐化。隶变后楷书写作艮。

艮，读gèn，由扭头瞪视眼光定止，引申为静止。进而引申为止境、界限。由瞪视又引申为艰难、坚硬。又读gěn，由扭头瞪视引申为性子直，也指食物坚韧不松脆。又借为八卦之一，象征山。又读hén，由扭头瞪视，引申为牵拉、不顺从。

"眼、限、很、恨"是一组以"艮"作声兼义符的字。眼，从目，从艮会意。艮也兼表声。本义指瞪视。瞪视用眼珠，故也指眼珠，引申指眼神，引申指目力、见识。限，从艮（人扭头看），从阝（阜，表示山），会视线被山阻隔之意。本义为阻隔，引申指限制。很，从彳、从艮会意。艮也兼表声。本义指不顺从。恨，从心，艮声。艮也兼表瞪眼之意。本义指遗憾、后悔，后词意强化，表示仇恨、怨恨。

相，xiàng 甲🅇 金🅇 篆🅇

会意字。甲骨文从目，从木，会用眼睛端详树木够什么材料之意。在前期甲骨文中，目在上，木在下。到了后期，变成左木右目。读xiàng，本义为察看。察看可以帮助判断事物，故又引申为辅助之意。所以古代把专门辅助帝王的大臣称为相。又把人的形貌引申为相。

也读xiāng，由观察时以目加于木上，虚化引申指动作交互或单方或递相加于对方等意：相亲相爱、互相帮助。在此基础上，又引申出相当、相信等意。

2. 眉（媚）

眉，méi 甲🅇 金🅇 篆🅇

象形字。甲骨文像眼上有眉毛形。本义为眉毛。眉在眼的上端或旁侧：眉批。

媚，mèi 甲🅇 金🅇 篆🅇

象形字。甲骨文像一个女子长着大眼睛长眉毛非常好看、令人喜欢的样子。金文大同。篆文改为从女、从眉会意。眉也兼表声的字。本义当为美好、好看：春光明媚。引申指讨好取悦他人：谄媚。

3. 睪、蜀、属

睪，yì 古🅇 篆🅇

会意字。古文从目（表眼线），从幸（刑具），会吏役带着眼线（通风

第一章 以人体为内容的部首

报信和指认罪犯的人）去伺视、侦查、抓捕罪犯之意。隶变后楷书写作睪。也用于表示睾丸。如今作偏旁简作 ⺀。

本义为伺视、侦查、抓捕罪犯。引申而有抽引、选择、分别诸义。由于 ⺀ 作了偏旁。抽引之义便由形声字"绎"来表示；选择之义则由形声字"择"来表示；分别之义则由"释"来表示；睾丸之义便多加一撇写作"睾"来表示。

蜀, shǔ 甲𤔔 金𤔔 篆𤔔

象形字。甲骨文像一条突出了头部的蚕蠢蠢蠕动之形。金文因字形不明显，便又另加一虫以示意。本义为蚕。引申泛指蛾、蝶类的幼虫。大概川西之地多养蚕出丝吧，其首领叫蚕丛，成为蜀王。所以用作古族名、国名。又用作朝代名：魏、蜀、吴。今为四川的别称。

属, zhǔ 篆𤔔

会意兼形声字。篆文从尾，从蜀（蚕似的毛毛虫），表示尾巴像毛毛虫一样连在躯体之后。蜀也兼表声。读zhǔ，本义为连接、连续。又读shǔ，由连接引申为归属、隶属：属于。进而引申为同一家族的：家属。再引申为类别：金属。用作动词，表示系、是：查明属实。又表示属相：属牛。

二、见，jiàn 甲𤔔 金𤔔 篆𤔔

会意字。甲骨文是一个端坐之人，上面用一只特别强调的横放的大眼来表示平视（正视）前方，以会眼睛向前平视之意。读jiàn，本义指看到：见贤思齐焉，见不贤而内自省也。引申为了解、知道；又引申指主张、看法：固执己见。又读xiàn，表示被看见、显现、推荐等：图穷匕见。

觀（观），guān 甲𤔔 金𤔔 篆𤔔

会意兼形声字。甲骨文和金文都借雚（瞪着眼的猫头鹰）来表示。金文或另加义符"见"，变成从见、从雚的会意字，表示有目的地仔细观看之意。雚也兼表声。隶变后楷书写作觀。如今简作观。读guān，本义为有目的地仔细观看：坐井观天。引申指观赏。用作名词，又表示观赏的景象：蔚为壮观。也指对事物的认识和看法：世界观。又读guàn，指道教的庙宇：白云观。

覓, mì 金𤔔 篆𤔔

会意字。金文从见，从爪（覆手），会寻找之意。篆文从见从 𤔔（水支流），会斜视之意。本义指寻找：觅食。也指斜视。

视，shì 甲[骨文] 篆[视]

会意兼形声字。甲骨文上从示，下从目，会目观天象之意。示也兼表声。篆文改目为见，含义相同。本义为看：视而不见。引申指观察：视察。由看引申指看待、对待：一视同仁。

三、亡，wáng 甲[文] 金[文] 篆[文]

象形字。甲骨文与"臣"同为侧目之形，只是"亡"为无眼珠的臣。当是盲的本字。甲骨文 [臣]（臣）省简眼珠则成 [亡]，再省简则成甲骨文"亡"。金文大同，篆文整齐化。本义为亡，即瞎子。

由挖去眼珠的瞎子，引申泛指失去：亡羊补牢。由失去引申指外出、不在。进而引申为逃亡。由失去引申为死亡。再引申为灭亡、消亡。又读wú，引申为没有。用如无：人皆有兄弟，我独亡。

忘，wàng 金[文] 篆[文]

会意兼形声字。金文和篆文从心，从亡（亡失），用心有所失会不记得之意。亡也兼表声。忘的意思主要有两种，一是不记得：忘年交。不记得一般是一种不自觉的行为，如果是自觉、主动的行为，那就是第二种意思，即舍弃。

芒，máng 篆[文]

形声兼会意字。从艹，从亡（无），会似有似无的植物上的细刺之意。亡也兼表声。本义为植物上的细刺：麦芒。引申指刀剑的锋芒。又引申为光芒。

妄，wàng 金[文] 篆[文]

会意兼形声字。从女，从亡（盲目），会没有看见而无根据地胡猜乱想之意。本义为荒诞，无事实根据。引申指胡乱、狂乱、随意：狂妄自大。

四、眣，miè 篆[文]

象形字。由甲骨文 [形]（人眼有眵目糊形）演变而来。篆文写为 眣，用以表示目不明之意。隶变后楷书写作 眣。本义指眵目糊。引申指目不明。由于"眣"作了偏旁，眵目糊之义便由"蔑"来表示。

梦（夢），mèng 甲[文] 金[文] 篆[文]

梦的甲骨文写作 [形]，本像一个睡在床上的人以手指目，表示睡中有所见，意指人睡着了，"神有所遇，恍兮惚兮，见物成梦"。这个字的造字法巧妙至极！仅用一个以手指目的睡人，一张床，便使人见而识意——这就是梦

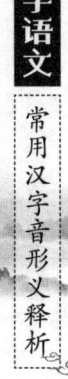

了。金文省去甲骨文字形中的"![]"（丬，床），加"![]"（夕，夜晚），点明做梦的时间。篆文将金文字形中的![]变形成![]。隶变后楷书写作梦。本义为做梦。也引申指虚幻、空想。

蔑，miè 甲![] 金![] 篆![]

会意字。甲骨文从苜，从伐，会人持戈杀伐劳顿，眼上有眵目糊困倦睁不开，引申指小视、轻侮：蔑视。由眵目糊糊住了眼，又引申指涂污、污染：污蔑。

第四节 与"口"有关的部首

一、"口"和从"口"诸字

口，kǒu 甲![] 金![] 篆![]

象形字。甲、金、篆大同，皆像张着的人嘴形。隶变后楷书写作口。本义为人嘴。众所周知，口于人，最重要的功能为发声、吃东西。因此，从口的字大多与发声、吃有关。人有嘴，动物也有嘴，口也泛指动物的嘴或像口的东西：瓶口。每人有一张口，故又指人、人口：三口之家。引申指通道的进出口：门口。又引申指破裂的地方：伤口。也指锋刃：刀口。

在上古文字里，口既表示人的嘴巴，也可以用来表示一个意向，它既可以表示釜形和方形的器具，也可以表示建筑物的一部分，如门槛、台基、窗洞、供桌等。在下文中，将会结合具体事例加以说明。下面试分类析之。

（一）口表嘴巴

1. 召，zhào 金![] 篆![]

会意字。金文是两手捧起放在桌子上的酒樽形，上边是双手持匙，表示挹取，中间加口，表示召请他人来饮。篆文简化，讹为从口，刀声的字。本义为召请他人饮酒。引申特指君王或长辈呼唤臣下或晚辈：召见。也泛指召唤或招呼：号召。

绍，shào 甲🔲 篆絳

会意兼形声字。甲骨文从糸，从刀，会接续断丝之意。刀也兼表声。篆文改为从召声。本义为接续、继承。引申为双方相接，则指引荐、介绍。也用作地名：绍兴。

照，zhào 金🔲 篆🔲

形声兼会意字。金文左边像手持火把的样子，右边是昭声。篆文改为从火，昭声。昭也兼表明亮之意。本义指照耀、照射：明月何时照我还。引申指照射出形象：照镜子。又引申指拍照，用作名词，指照片。

2. 加，jiā 金🔲 篆🔲

会意字。金文从力，从口，会强以谎言相诬枉之意。本义为诬枉、夸大。引申泛指增益、增多：增加。又引申指加上去、另加：加标点。也指施行某种行动：多加小心。又指数学的加法。

3. 否，pǐ 金🔲 篆🔲

形声兼会意字。从口，从不，会予以否定之意。读fǒu，本义为否定。又读pǐ，用作卦名，表示天地不交，闭塞不通。引申泛指坏、恶：否极泰来。

（二）口表吃

1.吃，chī 篆🔲🔲

形声字。篆文有两个来源。一个从口，气声。本义指口吃。另一个从口，契声。本写作喫，现简作吃。本义指吃东西。也指喝、饮。又引申指吸收等。

2. 司，sī 甲🔲 金🔲 篆🔲

会意字。甲骨文从倒匕（匙），从口，会用匙向口中送食之意。是饲的本字。本义为进食，在氏族社会中，食物为共同分配，主持食物分配者为司。故引申指掌管，主持：司令。由掌管引申指官吏，也指官府。

3. 谷，gǔ 甲🔲 金🔲 篆🔲

现在的谷有两个来源。其一是会意字。甲骨文🔲上🔲像水流，下🔲像山涧泉口，会泉水流出山涧泉口之意。金文大同。篆文整齐化。隶变后楷书写作谷。本义为山涧泉水。引申指山谷：虚怀若谷。又用以比喻困境：进退维谷。又读yù，用于吐谷浑，是西北少数民族名。

其二是用作穀的简化字。穀，音gǔ，形声兼会意字。古穀字形🔲从🔲，从🔲（表壳），会带壳的禾谷之意。🔲也兼表声。本义为庄稼粮食的总称，也指谷物。如今简化作谷。

浴，会意字。甲骨文 ⚋ 上从 ⚋（身上溅着水花 ⚋ 的人 ⚋），下从 ⚋（皿，水盆），会人在盆中洗身之意。有的甲骨文 ⚋ 加"止"（⚋），表示洗脚。有的甲骨文 ⚋ 将"人"（⚋）写成"倒人"（⚋），表示洗头。篆文改为从水，谷声。本义指洗澡。用作沐浴，既表示洗澡，又用以表示承受恩泽或得到某种恩惠。

"裕"是以"谷"作声符的字。从衣，谷声。衣物丰饶。本义为富饶、财物多。

4. 含，hán 金 ⚋ 篆 ⚋

形声兼会意字。金文和篆文从口，从今（饮），会将东西放在口中之意。今也兼表声。本义为把东西放在口中：含英咀华。引申为包容在里面：窗含西岭千秋雪。又引申为宽容，带着某种思想感情不表露出来：含情脉脉。又引申为忍受：含辛茹苦。

（三）口表说话

1. 啻，dì 甲 ⚋ 金 ⚋ 篆 ⚋

形声兼会意字。甲骨文、金文和篆文皆从口，从帝（表示集结扎束），以会高声之意。帝也兼表声。本义为高声。如今不单用，只作偏旁。

2. 启，qǐ 甲 ⚋ 金 ⚋ 篆 ⚋

会意字。甲骨文一像以手开门形，表示打开门。甲骨文二从户，从口，表示像开门一样以言语启发教导。甲骨文三把一、二综合起来。金文将"手"讹为"戈"。篆文分为二体。隶变后楷书分别写作 启、启、啟。如今简化为启。

就甲骨文分析，启应为开门之义，启为教导之义，啟则为从口、从启会意，表示以言语相教导。启 也兼表声。这样，作为如今简化字的启也就有了开门和教导两个本义。

启，本义指开门。引申泛指打开：启封。又引申为开始、开拓：启动。由以言相教导，又引申为开导：启蒙。再引申为陈述：启齿。又用作自谦：启禀。

3. 问，wèn 甲 ⚋ 金 ⚋ 篆 ⚋

形声字。从口，门声。本义为询问：问长问短。引申指问候：问好。又引申指追问、查究：审问。引申指干预、拘管：不闻不问。

4. 名，míng 甲 ⚋ 金 ⚋ 篆 ⚋

会意字。甲骨文从夕，从口。许慎在《说文解字》中对名的解释是："名，自命也。从口，从夕。夕者，冥也。冥不相见，故以口自名。"这段话的意思是：到了晚上，黑乎乎看不出人的脸面，相遇之时，便只好以口自报名字，以免发生误会。可以想象，后来军队所传的口令，大概便是由此而来吧。由呼叫名字又引申指命名、名叫。也指讲出，表达。用作名词，指人或事物的名称、名分、名号、名望等。现在也指出名：名师。还用作量词，表示人或名次：第一名。

5. 同，tóng 甲 〔形〕 金 〔形〕 〔形〕 篆 〔形〕 同

会意字。同与兴（興）同源。甲骨文一形为舆，从凡，从舁（四手共举），从口，会一声号子四手共同抬起一个井盘放到井口上之意。省去四手的简形是"同"字。金文大同。篆文整齐化。隶变后楷书分别写作舆与同。舆如今简作兴。二字表义各有侧重：兴重在强调合力共举；同重在强调聚合众人之力。

同，音tóng，由聚合众人之力，引申泛指会合、聚集：同流合污。又引申指共同、一起。也指相同、一样。又读tòng，用于胡同，指巷子、街。

6. 吾，wú 金 〔形〕 篆 吾

形声字。金文从口，五声。用作第一人称，表示我：吾日三省吾身。

7. 咒，zhòu 篆 〔形〕

咒，原作呪，呪由祝分化而来。祷告求福是祝，祷告给人降祸也是一种祝。为了分化字义，褒义的祝福用祝来表示，而贬义的祝祸则用呪来表示。

呪，本是把祝的"示"旁改为"口"旁写作呪来表示，以突出用口诅咒之意。俗写作咒，将左口移上，与右口平，"口"下的"儿"也讹为"几"。本义指祝祷。后专用以贬义，表示诅咒。后迷信指僧道、方士自称可以驱鬼降灾的口诀密语等。

8. 句，jù 甲 〔形〕 金 〔形〕 篆 〔形〕

会意兼形声字。甲骨文从口（表语声），从丩（勾曲），会言语曲折之意。丩也兼表声。读gōu，古人读书，于语句停顿处钩以止之，故用言语曲折来表示句子停顿之意。本义为语句勾曲。引申指钩子。引申用作动词，指勾连、牵挂：勾留。又用于古国名或古人名：高句丽。又读jù，指语句。也用作量词。

（四）口表唱歌、乐声

唐，táng 甲 〔形〕 金 〔形〕 篆 〔形〕

会意兼形声字。甲骨文从口，从庚。庚也兼表声。那么庚是什么呢？庚

的甲骨文写作 ，是指有两耳有把可摇的响铃一类的乐器形。金文大同。篆文讹为两手捧干形。本义指摇动连续发声的响铃类的乐器。后来，由于"庚"为借义（天干的第七位，年龄）所专用，响铃之义便另加义符"用"写作"庸"来表示，后来又另加义符"金"写作"镛"来表示。镛指大钟。庚是镛的本字。

因此，唐用上庚下口会说话像钟铃一样响大，即说大话之意。本义为大言，也就是说，大而无边际的空话，此意主要用于"荒唐"一词中。摇铃时，其舌乱撞，又引申指冲撞：唐突。又用作朝代名：唐诗。也用作姓。

（五）口表喧闹

口，既可单用，也可作偏旁。以"口"不断叠加，可组成一系列的字：双口为"吅"，指二人争讼；三口为"品"，指人多嘴杂；四口为"朤"，会众口喧哗。下面试析之。

1. 吅，xuān sòng 篆

会意字。篆文从二口，会二人大声争讼之意。隶变后楷书写作吅（二口）。本义为争讼。此义后作讼。引申为惊呼、喧哗。此义后作喧。讼，从言、从公会意。公也兼表声。本义指争辩。引申特指打官司：诉讼。喧，从口、从宣会意。宣也兼表声。本义指众人大声嘈杂。

（1）咢，è 甲 金 篆

咢，由甲骨文丧发展而来。丧，甲骨文写作 ，从 （众口），从 （桑），会众口喧哭于桑枝之下之意。古代丧事用桑枝作标志，如今丧事所用的纸幡即是古代桑枝的遗制。俗有"宅前不种柳，宅后不栽桑"之语，就是因为桑与丧音同用同。

后来由于表意侧重不同，遂分化为不同的字形。上列金文桑枝已有简化，一形为丧，更简略些的二形为器（是泣的会意字）。篆文进一步讹变，桑枝都变成了犬形。下边另加声符"亡"的为"丧"，侧重表示死亡。二形为"咢"，有四张口的为"器"，本义侧重在表示悲极而哭不出声来，后来被借用表示器具之义，这样只好用省去两张口的哭来表示哭丧之义了。

隶变后楷书分别写作丧（丧）、咢、器和哭。

哭，本义指哭丧。引申指吊唁。也泛指因悲伤或激动而流泪发声：哭泣。

丧，如今简作丧，读sāng，本义指死亡。引申指与死亡有关的：丧礼。死亡与逃亡皆为不见，故又读sàng，引申指逃亡。又引申指失去。

器，读qì，本义指哭丧。借用以表示器皿、器物：容器。器物有使用之功能，故又引申指能力、才干：大器晚成。用作意动，表示认为有才干，看重：器重。器具有容量，故又引申指人的气量：器宇轩昂。后来，由于"器"为借义所专用，哭泣之义便另造了"泣"字来表示。本义指小声哭。从口的字中，哭、泣、号都是表示哭的字。哭是有声有泪地哭，泣是小声有泪地哭，有声无泪叫作号。

噩，本义为众口惊呼，引申为争辩。又惊讶、惊恐。

（2）严，yán 金𠃊𠃊 篆𠃊

形声兼会意字。金文从叩，从厃（山崖险峻不可犯），会教令紧急俨然不可犯之意。厃也兼表声。隶变后楷书写作嚴。现简作严。本义为教命紧急。引申泛指紧急、不放松。又引申为严厉、严格。又引申为威严、端庄。俗谓父严母慈，故又用以指父亲：家严。又引申为紧密、没空隙：严谨。

（3）单，dān 甲𠃊 金𠃊 篆单

象形字。甲骨文单与干同源。甲骨文像带杈的木棍形，在丫杈两端和分叉处各捆上石头，以增加袭击力量，用以攻取野兽，是原始的狩猎和战斗工具。金文大同。篆文上边讹为"叩"（二口）。隶变后楷书写作單。如今简作单。读dān，本义为一个狩猎和战斗的工具。引申为单独、单一：单枪匹马。引申指奇数：单数。又引申为微弱：势单力薄。又引申指简单、单纯。也指单薄：单裤。由单薄引申指记载事物的纸片：账单。用作副词，指只、仅。又读chán，用于单于，指中国古代匈奴最高首领的称号。也读shàn，用作姓。

兽，shòu 甲𠃊 金𠃊 篆𠃊

会意字。兽与獸本为一字。甲骨文从单从犬，会带上猎叉和猎犬打猎之意。隶变后楷书写作獸和嘼。獸今简化作兽，是动词，为打猎之意。嘼是名词，是禽兽之义。嘼，读chù，本义指牲畜。也指畜养。此义后借作畜来表示。獸，读shòu，本义指打猎，引申泛指野兽：珍禽异兽。又用作比喻，指像野兽一样残暴、兽形的等。

2. 品，pǐn 甲𠃊 金𠃊 篆品

会意字。甲骨文从三口，会人多嘴杂之意。金文大同。篆文整齐化。本义为人多嘴杂，引申泛指众多。人一多，就会有各种各样的人，故又引申指事物的种类、等级：上品。又引申为官阶、品级：九品县令。由品类引申为物品、物件：产品。由各种各样的人，引申指人的德行风貌：人品。用作动词，指辨别出类别等级的高下：评头品足。又特指品尝：品茶。

桌，zào 金🔲 篆🔲

会意字。金文从品，从木，会众鸟在树上鸣叫之意。本义为众鸟鸣于树上。"噪"是以"桌"作声兼义符的字。从口、从桌会意。桌也兼表声。本义指鸟叫。引申泛指虫鸟喧叫。又引申指声音嘈杂。也指人声喧闹。也指声名远扬：名噪一时。

3. 晶，jí 篆🔲

会意字。篆文从四口，会众口喧哗之意。本义为众口喧哗。

嚣，xiāo 金🔲 篆🔲

会意字。金文从页（人头），从晶（四口），会众口喧哗之意。本义指众口喧哗：甚嚣尘上。引申指轻狂、浮躁。又引申指嚣张、放肆：气焰嚣张。

（六）口表部位名称

1. 舌，shé 甲🔲🔲 金🔲 篆🔲

象形字。甲骨文一像张口伸舌有所舔动形。甲骨文二在 🔲 上加上点，表示唾液。篆文整齐化。隶变后写成舌。本义为舌头：瞠目结舌。说话用舌，故引申指言辞：白费口舌。又引申指像舌的物体：火舌。

敌，dí 金🔲 篆🔲

敌本是个会意字。从舌、从攴会意，表示用舌舔尽之意。借用作"敵"（从攴，啻声）的简化字，表示仇敌：敌我双方。用作动词，指抵抗、对抗：寡不敌众。后来，由于"敌"为引申义所专用之后，用舌舔之义便用"舔"来表示。舔，从舌忝声。本义指用舌取物。也指像舌舔：舔笔。

（七）口表其他

1. 告，gào 甲🔲 金🔲 篆🔲

会意字。甲骨文从口，从牛，会用牛羊祭祀祷告神灵求福之意。金文大同。篆文整齐化。隶变后楷书写作告。本义当为祷告神灵。引申为上报。又引申泛指告诉，说给别人听。祷告意在求福，故又引申为请求。由告诉又引申为检举、上诉：告状。又引申为宣布或通告某种情况等：宣告。

2. 各，gè 甲🔲 金🔲 篆🔲

各是个会意字。甲骨文从 🔲（倒"止"，迎面而来的脚趾），从 🔲（古人穴居的洞口），会到来之意。本义当为到来。《大学》里有句很有名的话，叫作"格物致知"，是讲关于"知识论"的问题。中国的知识，强调从实践而来。从实践中得到的知识，才是真知。"格物致知"中的格通"各"，表示我出去了，又回来了、回家了、到了。"格物"就是指深入物体中，获得第一手真知之意。这里的"各"就是指深入进去之意。又借为特指代词，表示群体中的不同个体。也用作指示代词，表示每个。

格，gé 甲 金 籀 篆

会意兼形声字，从木、从各会意。各也兼表声。本义指树木的长枝条交错相抵触。由木枝长出，引申指木栅栏：连云列战格（作战时防御的栅栏），飞鸟不能逾（杜甫《潼关吏》）。由栅栏的空格引申指方格、格子。进而引申指规则、标准等。由枝条交错引申指相抵触，又引申指匹敌、对抗。进而引申指击杀：格杀勿论。又引申指推究。

3. 尚，shàng 金 篆

关于"尚"字的来源，有两种说法。其一是象形字。尚与商、赏同源。在甲骨文中都是个酒器形。甲骨文和金文"尚"即是甲骨文"商"（ ）的省形。本义当为酒器，表示举杯致敬之意。引申为尊崇、崇尚：礼尚往来。引申指侍奉帝王的事务，主管：尚书。用作副词，表示还、尚且：年纪尚小。

还有一种说法认为"尚"（ ）是"向"（ ，向北的窗户）字上面加上饰笔，窗户很高，尚即为上下的上之意。

堂，táng 篆

形声字。篆文从土，尚声。尚也兼表上义。本义为殿堂。引申指正房。也泛指供活动用的高大的房屋：礼堂。殿堂高大明亮，故又引申为盛大、庄严、高显的样子：富丽堂皇、仪表堂堂。古代明堂是同族人祭祀神祖、揖让修礼的地方，故又引申指同祖父的亲属关系：堂兄弟。又用以尊称他人的母亲：令堂。

"膛"是以"堂"作声兼义符的字，从月，堂声。堂也兼表高起之意。本义指胸膛肉肥厚，后用以表示胸膛。引申也指某些器物的中空部分：灶膛。

4. 合，hé 甲 金 篆

会意字。甲骨文从亼，从口，会器盖与器体相扣合之意。本义为扣合。引申指聚合、会合，两军交锋等。

5. 呆，dāi 金 篆

"呆"是由"保"独立出来的分化字。保的甲骨文写作 ，从人，从子，会人背负孩子之意。金文 （保）将手臂与人断开，误将搂孩子的手写成一撇（ ）。金文中那个孩子后来独立出来，读作dāi，用以指婴儿呆头呆脑的样子。引申泛指傻、笨，不灵活：呆头呆脑。

6. 周，zhōu 甲🔲 金🔲 篆🔲

象形字。甲骨文像钟体上雕满乳突形，表示雕刻周密之义，当是彫（雕）的初文。金文加上口（徐中舒认为"示国家政令所出，是为姬周之周"）。本义当为彫，指雕刻周密之义。引申泛指周密、完备、普遍等。

二、"言"和从"言"诸字

言，yán 甲🔲 金🔲 篆🔲

会意字。言与音同源。甲骨文从口，上像箫管乐器形，会口吹乐器之意。金文大同。篆文整齐化。隶变后楷书写作言。如今作左旁时写作讠。本义指吹奏乐器。也指所吹奏的乐器。吹奏乐器与说话皆表现为有意义的声音，故引申指说、陈说：知无不言、不言不语。用作名词，指说出来的话或一句话：一言九鼎、一言为定。也指说出、写出的一个字：五言绝句。

1. 训，xùn 金🔲 篆🔲

形声兼会意字。金文从人，从二言，从川，会谆谆教导使人心思如川顺畅之意。川也兼表声。篆文简为从言，川声。川也兼表顺畅义。隶变后楷书写作训。本义为教导、教诲。用作名词，指训导的话：家训。

2. 讯，xùn 甲🔲 金🔲 篆🔲

会意字。甲骨文从口，从糸，从人，会用绳反缚敌俘以口审问之意。金文大同，只是加出了人足。篆文改为从言，卂声的字。隶变后楷书写作讯。本义为审问。引申泛指询问：问讯。用作名词，指询问的内容、音信、消息：通讯。

许，会意兼形声字。从言，从午（捣杵），会春米时呼喊以助劳之意。午也兼表声。本义为共同劳动时发声以助劳。共同劳动时一般是一人呼而众人应，故又读xǔ，引申指应允。又引申指答应、给予。心意相合才应允，故又引申指赞同、认可。

三、其他与"口"有关的字及所从诸字

（一）曰，yuē 甲🔲 金🔲 篆🔲

指事字。甲骨文从口，一短横指明张口出气说话。金文大同。篆文整齐化。隶变后楷书写作曰。本义为说。引申指叫、做。古代又用作语气词。后来，由于"曰"为引申义所专用，说话之义便借本当喜悦讲的"说"来表示。

沓，tà 甲㳫 篆㳫

会意字。甲骨文从口，从水，会话多如流水滔滔不绝之义。篆文改为从曰，从水。读tà，本义为话多。引申为重复、纷乱：纷至沓来。又引申指松懈：拖沓。也读dá，用于量词，指叠起来的纸张或其他薄的东西：一沓儿纸。

曹，cáo 甲𣊬 金𣊬 篆𣊬

会意字，甲骨文从𣊬（两个灯笼），从口，是门口悬两个灯笼形，表双偶。金文口误为甘。篆文误为曰。隶变后楷书写作曹。本义指双、偶。又指古代分科办事的官署或部门：功曹。古代又指诉讼的原告和被告：两曹。

（二）乃，nǎi 甲㇠ 金㇠ 篆㇠

象形字。乃是由甲骨文𦣞（像妇人双手抱子于胸前喂奶形）简化而来的。将子、手臂省去，只留下人身和突出的奶头，就成了甲骨文的乃，正像妇女奶头的侧视形。本义为喂奶，是奶的本字。生育喂奶是人类代代相传、子孙相因的基本条件，故乃有相因之义。后来乃借为代词尔，表示你、你的：家祭无忘告乃翁。又借为副词，表示于是、就，又表示才。也表示判断，相当于是、为：失败乃成功之母。

（三）丂，kǎo 甲丁 金丁 篆丁

象形字。甲骨文像古代一种支撑工具形，在微曲的长木棍上安一个短横棍，用以支撑重物。如今山区背负重物上山的人，途中休息时，就是用这种工具支撑在重物之下作短暂休息的。本义为支撑重物的工具。这个工具，可以用来支撑背篓，如粤；也可以给老年人作拐杖，如考；还可用以击节歌唱，如可，在不同的字里起着不同的作用。

1. 宁，níng 甲𡨚𡨚 金𡨚𡨚 篆𡨚𡨚

象形字。宁和贮本为一字。甲骨文一像存放物品的橱柜匣子形，甲骨文二在其中加"贝"表示积聚之义。金文大同，将"贝"移出匣外。隶变后写作宁和贮。如今贮简作贮。"宁"作偏旁时简作"丶"。宁则成了寕的简化字。

2. 可，kě 甲可 金可 篆可

会意兼形声字。甲骨文从口，从丂（代表劳动的工具），会歌以助劳之意。丂也兼表声。是歌的本字。由歌以助劳引申为肯定、许可：认可。虚化为副词，表示能够：牢不可破。又表示值得、应该：可爱。用作连词，表示转折：可是。用作语气副词，强调出乎意外、反问、劝导、感叹、疑问。又读kè，用于专名，指可汗。

后来，由于"可"为引申义所专用，歌唱之义便再加一个"可"，写作"哥"来表示。后来，由于"哥"又用以表示兄长之义，于是另加义符"欠"，写作"歌"来表示。

哥，gē 篆哥

会意字。篆文从二可，会声声相续之义。由声声相续引申为歌唱。魏晋后鲜卑族进入今华北地区，其语称兄和父辈为"阿干"，后讹为阿哥，于是哥用来表示父兄。唐以后哥渐代替兄专用以表示兄长之义。

何，hé 甲 金 篆

会意字。甲骨文一是一个肩上扛着戈以手拿着戈柄下端的人，正在行进，这就是最早的负荷的"何"字。读hè，本是扛、担、背、负之义：何蓑何笠（《诗经·小雅·无羊》）。甲骨文二中，字首变得像张口喘气。金文讹变，将甲骨文字形中的"口"（ ）与"戈"（ ）构成的合写成"可"（ ），至此，戈形消失。篆文变成从人、可声的形声字。本义为担、扛，是"荷"的本字。"何"的另一个读音是hé，通常作疑问代词用，表示"谁""什么""为什么"等。也用作副词，表示"多么"。同时，"何"也是一个上古至今的姓氏之一。后来，为了把"何"字的用法区别开来，便另造了以艹表意，以何表音的形声字"荷"，表示负、背之义和作为荷（音hé）花的名称。

（四）亏，kuī 甲 金 篆

指事字。甲骨文左边像一种吹奏乐器，或许是最早的简单竽形，右边象征着乐声的宛转悠扬。金文省去标志乐声的符号。篆文是甲骨文的讹变。隶变后楷书分别写作于与亏。本义指吹竽时乐声宛转悠扬。引申泛指声气舒徐。也指迂回曲折。吹奏乐器则气损，故又可表示气损。后来分化字义，乐器的意思加上"竹"写作"竽"来表示；舒徐曲折之义另加义符"辶"写作"迂"来表示；亏损之义以"亏"为基础，加上义符"雇"写作"虧"来表示。

1. 平，píng 金 篆

会意字。金文从亏（于，表乐声婉转），从八（表平分），会乐声平缓之意。本义为乐声平缓。引申泛指安舒、安静、安定：心平气和。用作动词，指……使平静、使……安定：平息。由平静引申指不倾斜：平坦。又引申指齐一、均等：公平。由不倾斜，引申指一般的、经常的：平庸。

蘋（苹），pín 篆莘

形声兼会意字。从艸，从平，会平浮于水面之草之意。平也兼表声。隶变后楷书写作苹，是萍的本字。如今作了蘋的简化字，表示苹果。苹，本义指浮萍。又指艾蒿：呦呦鹿鸣，食野之苹。

虧（亏），读kuī，从亏，雐声。如今简作亏。本义指气损。引申泛指亏损：盈亏。又引申指差欠、短少：理亏。又引申指毁坏、亏负。也指幸而：幸亏。

2. 粤，yuè 篆雩粤

会意兼形声字。本作雩，从雨，从于（亏，吹竽奏乐）。古代天旱，祭神求雨，执羽而舞，吹竽而号，故用以会以乐舞祭神祈雨之意。于也兼表声。"雩"的讹体为"粤"，从亏、从宷。借用为语气助词。又用为我国古代南方沿海民族名。如今专用作广东的别称。

（五）兮，xī 甲丫 金兮 篆兮

指事字。甲骨文下边是一种乐器形，上边两点象征吹奏时上扬的声气。金文将声气讹为"八"。篆文将乐器进一步弯曲。隶变后楷书写作兮。本义当为吹奏时的乐声上扬，引申用作语气助词，表感叹，相当于现在的"啊"。

1. 乎，hū 甲丫 金乎 篆乎

指事字。甲骨文与兮相近，下边是一种乐器，上边像吹奏时发出的声气，只是声气比兮多一点，表示乐声袅袅。金文上边又多了一画。篆文则又少了一点。本义当为乐声袅袅，余音不绝。引申为呼吸或拖长声呼叫。后借作语气助词，表示疑问、猜测、反问、祈使、感叹、赞美等语气。又借作介词，相当于"于"，出乎意料。用作形容词或副词，相当于"然"：胖乎乎。后来，由于"乎"专用作语气助词和介词，呼吸、呼喊之义便另造了"呼"字来表示。

2. 羲，xī 甲 金 篆

会意字。甲骨文上边从我（刀锯），下边是个截去头的简猪形，两小点表示宰割的碎屑。与甲骨文"義"（义）造意相同，都是用刀宰杀祭牲之意，只是一个宰的是猪，一个宰的是羊而已。金文将甲骨文的"羲"和"義"合为一字，便成了既宰猪又宰羊了。只是下边的猪形已经不像样了。篆文承接金文并整齐化，简猪形变成了"兮"。本义当为杀牲以祭。是"犧"（牺）的本字。

羲，本义指杀牲以祭，用作名词，指宰杀的祭祀牲。杀牲以祭，祭牲的香气升腾，达于上天，由此引申出气舒展而出。由于"羲"后来多用作人名并且作了偏旁，祭牲之意便又另加义符"牛"写作"犧"来表示，这就成了猪羊

牛俱全了。

犧，从、牛从義会意。義也兼表声。如今简化为"牺"，本义为古时宗庙祭祀用的毛色纯而不杂的牲畜。如今，牺牲指为正义而献出生命：为国牺牲。也指放弃或损失些利益。

（六）音，yīn 甲金篆

会意字。音与言同源。是由同一个甲骨文演变而来的，本是口吹箫管喇叭等乐器之状，表示发出了声音。这声音可以是语音，也可以是乐音。为了分化字义，金文在口中加上一横，表示口含物发出的乐音，用不加横的表示语音。篆文承接金文并整齐化。隶变后楷书分别写作音与言二字。本义为乐音、乐曲。引申泛指声音：话音。引申指言辞。又引申指消息。

"竟"是以"音"作义符的字。竟、竞、兢三字同源。

竟，jìng 甲 篆

会意字。下从人，上像口中吹乐器状，会演奏乐曲终止之意。隶变后楷书写作竟。本义为乐曲终止。引申泛指终了、完毕。引申指从头到尾，周遍，整个：竟夜无眠。又引申用作副词，表示终究、终于：有志者事竟成。由于事情结果出乎意料，又引申指居然、竟然。由到终结，引申用作动词，表示追究到底。国界是国土的终止，故引申指边境。

竞，jìng 甲 金 篆

会意字。两竟相并，会比赛谁吹得强之意。金文繁化为二人争言。隶变后楷书写作競。如今简作竞。用以表示竞赛、争辩、强劲之意。竟和竞是形近字，可引导从意思上去区分。竟的主要意思为终了，其余均从此意衍生。"竞"字的主体意思在于竞赛。

兢，jīng 金 篆

侧重于表示竞赛中小心谨慎。也用以表示强劲。

（七）誩，jìng

会意字。从二言，会争论之意。本义为争论。

善，shàn 甲 金 篆

会意字。甲骨文从（羊，即"祥"），从（目，眼睛），表示眼神安详温和，所谓"慈眉善目"。金文把"目"变成"誩"，会连连称美之意。篆文整齐化，或简化从一"言"。隶变后楷书写作譱，异体简作善。本义为美好：尽善尽美。用作名词，指美好的行为、品质。又指善人、善行：善有善报。用作动词，指使……变美好：善始善终。进而引申为善于、擅长：循循善诱。又引申为容易、好：多愁善感。用作形容词，表示友好：友善。又指熟悉：这人好生面善。

（八）龠，yuè 甲龠金龠篆龠

象形字。甲骨文像一种编管组成的乐器形，中部有孔，上有吹口。金文大同。篆文整齐化。隶变后楷书写作龠。本义为一种用竹管编成的乐器。

歙（吹）， 甲金篆

会意字。甲骨文从口，从欠，会人合拢嘴唇用力呼气之意。引申泛指空气流动拂动物体。又引申指吹奏乐器。隶变后写作歙。现简化为吹。

龢（和），hé 甲龢金龢篆咊

形声字。甲骨文从龠，禾声。金文大同。篆文省作从口，禾声。龠，读为yuè，甲骨文作龠，是一种乐器，也叫编管，即现在排箫的前身。一般用三根竹管编成一排，上有三孔，用口吹时，发出"和和"的声音。古代行礼奏乐时，编管是以和众声的，起和声作用。龠发出的声音，是古代无声音阶里的自然和弦。这种乐器发展到今天，已发展成为排箫、笙、芦笙等乐器。

因此，"和"字的字源，是从上古乐队用作和声的排箫演变而来，从和众声这个本义引申出和谐、协调、温和、和缓等词意来。

（九）齿，chǐ 甲齿金齿篆齒

象形字。甲骨文像口中有门牙形。金文另外加上止声。篆文承接金文并整齐化，遂成为形声字。本义为门牙：明眸皓齿、唇亡齿寒。引申泛指牙齿。牙齿状况随年龄而变化，故引申也指人或牛马的年龄。引申为同类：君子不齿（不以为同类）。又引申为说及、提起：何足挂齿。

"龄"是以"齿"作义符的字。从齿，令声。本义为年龄。引申指年限：教龄。

（十）牙，yá 金牙篆牙

象形字。金文像凹凸不平上下相错的大牙（臼齿）形。本义为大牙，臼齿。引申泛指牙齿：青面獠牙。牙是动物的利器，故又引申指帮手：爪牙。

"芽"是以"牙"作声兼义符的字。从艹、从牙会意。牙也兼表声。本义指植物刚长出的幼体：草芽儿。用作动词，指发芽。又比作像牙的东西：肉芽。

（十一）旡，jì 甲旡篆旡

象形字。甲骨文像一人吃饱饭扭头张口打嗝形。篆文讹误。隶变后楷书写作旡。本义为吃饱打嗝。

恿，从心，从旡（吃饱打嗝出气），会嘘寒问暖关心人温饱之意。旡也兼表声。本义为惠爱。

（十二）甘，gān 甲☐ 金☐ 篆☐

指事字。甲骨文从口，其中一点指明口中含有甜美的食物。本义当为甜美。引申泛指美好、美味、乐意、情愿等。

甚，shèn 金☐ 篆☐

会意字。金文上从☐（甘，品味），下从☐（匕，食匙酒勺），会用匙送美味入口之意。篆文下边变为匹，成了沉溺声色了。隶变后楷书写作甚。本义为异常安乐：是以圣人去甚，去奢，去泰（《道德经》）。引申为过分、胜过。

某，mǒu 金☐ 籀☐ 篆☐

会意字。金文从木，从甘，会树上结有甘酸的梅果之意。读méi，本义为酸梅子。后借为代词，读mǒu，指不确定的人和事。后来也指代自己。后来，由于"某"为借义所专用，酸梅子之义便另加义符"木"写作"楳"或借作"梅"来表示。

甜，会意字。从甘，从舌，会舌尝到甘味之意。引申泛指美好。

第五节 与"手"有关的部首

一、单手之形

（一）手，shǒu 金☐ 篆☐

手是一个纯粹的象形字。在甲骨文里，至今还未发现有"手"。金文"手"就是一只手的正视之形，上是五指，下是腕肘。篆文大同。到了汉隶阶段，中指变成了顶上的一撇，食指和无名指变成了一横，拇指和小指变成底横，手腕肘变成了竖弯钩状。手的本义是手掌、手臂：手舞足蹈。引申指擅长某种技能或做某种事的人：神枪手。也指技艺、手法、手段：眼高手低。

拜，bài 甲☐ 金☐ 篆☐

会意字。甲骨文是双手持禾麦奉献给神祖，会向神祖祭拜祷告、祈求丰收之意，金文另加义符"手"以突出祭拜。篆文文字化。隶变后楷书写作拜。本义指拜揖。引申泛指行礼祝贺：拜年。又引申指表示恭敬：拜读。也引申指用一定的礼节授予某种名义或结成某种关系：拜把兄弟。

失，shī 金𠂆篆𠂆

会意字。金文从手，像有物从手中滑落之状，会遗失之意。篆文整齐化。隶变后楷书写作失。本义为遗失。引申指遗漏、消失、损失。引申指没控制住：失眠。

（二）又，yòu 甲𠃌金𠃌篆𠃌

象形字。甲骨文是手的象形。这只手，在上古时代，既表示右（手），是"右"字，又表示左（手），是"左"字。在商周时期，"又""有"同字，以"又"代"有"。后借为虚词用，表示同一动作行为的重复、连续：野火烧不尽，春风吹又生。也表示几项并列：又惊又喜。也表示再加上、递进、补充等意。

1. 叉，chā 篆𠃌

指事字。篆文从又（右手），在手指缝中加一点，指明手指分张相交错之处。读chā，表示手指互相交错。引申泛指交叉：交叉路口。又指有歧头的器具：鱼叉。又读chǎ，指分张开：叉开腿。

2. 反，fǎn 甲𠂆金𠂆篆𠂆

会意字。甲骨文从又，从厂（山崖），会以手推转山石之意。本义为翻转：反败为胜。引申指相反、对面、反面。

"返"是以"反"作声兼义符的字。从辶、从反。反也兼表声。本义指返回。引申指归还。

3. 尤，yóu 甲𠃌金𠃌篆𠃌

象形字。甲骨文从又（手），一斜画像手上有赘疣形。金文大同。篆文讹为从乙，又声。隶变后楷书写作尤。本义指赘疣。赘疣是身上多余的瘤子，是种乱常的特异现象，故引申指特异的、突出的：尤物。又引申指过失、罪过：言寡尤，行寡悔。用作动词，指责怪、怨恨：不怨天，不尤人。虚化为程度副词，表示更加：尤其。

扰，rǎo 篆𩨧

会意兼形声字。从手，从夒（náo，猴类动物，好动），会劳烦不宁之意。夒也兼表声。隶变后楷书写作擾，改为从憂（yōu）。如今简化借"扰"

来表示。扰，本读yòu，从手，尤声。义为福。用作"擾"的简化字，读rǎo。本义为烦劳不宁。引申指侵扰、扰乱：庸人自扰。引申用于表示客气，指叨扰：打扰了。

就，jiù 篆 就

会意兼形声字。篆文从京（于高处建亭），从尤（多出），会达到极高之意。本义为达到极高。引申泛指趋向、靠近：避重就轻。由靠近引申指依从而不离开：半推半就。又引申泛指到达、从事：就寝。由达到引申指完成：功成名就。

犹，yóu 甲 金 篆 楷

形声字。甲骨文从犬，酋声。是一种像狗的猿类动物。隶变后楷书写作猶。如今简化为犹。本义为一种像狗的猿类动物，即犹猢。由"似猴"引申为如同：过犹不及、虽死犹生。虚化为副词，表示既成状态的持续，相当于仍然、还：记忆犹新。用于"犹豫"一词，表示迟疑不决。

4. 父，fù 甲 金 篆 楷

象形兼指事字。甲骨文像手持石斧形，表示这是石斧。金文画出石斧之形。隶变后楷书写作父。本义指手持石斧。既表示石斧，也表示把持。石器时代，石斧是重要的生产工具，也是兵器，是权力的象征，自然由生活中主事的长者执掌，故遂引申为对男性长辈的通称：祖父。后来专指父亲：父母。

5. 尹，yǐn 甲 金 篆 楷

会意字。甲骨文从又（手），从丨（针），会手执针治病之意。隶变后楷书写作尹。本义当为手执针治病。引申泛指治理、主管。用作名词，指治事的官员。

"君"是以"尹"作义符的字。上从尹，下从口。从尹表示以手掌令治事，从口表示发令。两者结合会掌管治理能发号施令之人的意思，古代即指大夫以上据有土地的各级统治者之通称。因此古代把帝王（天子）、诸侯、大夫称为君，从而派生出主宰、统治等引申义来。战国时期，"君"是一种封号，如孟尝君、平原君等也是一种尊号。后来，君也变成一种敬称，下对上、上对下、朋友之间可用君，妻妾和丈夫彼此互相敬称都用君。在帝制国家，一国之首叫"君主"，君主的女儿也叫君，所以古代很多人都以"君"字为女孩命名，望其高贵，如孟丽君、王昭君等。

"伊"是以"尹"作声兼义符的字。甲骨文写作 伊，从人，从尹（手执针），会治病的人之意。文言中多用作指示代词，相当于此、彼：蒹葭苍苍，白露为霜。所谓伊人，在水一方。中古后又借作第三人称代词，相当于他。五四时期又专用以表示她。后来，由于"伊"为引申义所专用，治病之人便用"医"来表示。

6. 叒，ruò 甲[字形] 金[字形] 篆[字形]

象形字。甲骨文像一跪坐之人举双手梳理头发使柔顺形，表示和顺之意。金文加上义符"口"，强调顺从应诺。篆文整齐化并分为二形：简形省去人身；繁体头发讹为草，人与口讹为右。隶变后楷书分别写作叒和若。叒是若的初文，本义为梳理头发使顺，引申泛指顺从、和顺。

7. 𠬝，fú 甲[字形] 金[字形] 篆[字形]

会意字。甲骨文从又（手），从卩（跪人），会手按一人跪下令其屈服之意。金文大同。篆文整齐化。本义当为治服。引申为服从。又引申指敬佩。后来，由于"𠬝"作了偏旁，其义便借"服"来表示。

服，fú 甲[字形] 金[字形] 篆[字形]

会意字。甲骨文从人，从手，从凡（盘），会人持盘操办事物之意。由于形近，金文"盘"变为"舟"，成了人操舟了。篆文承接金文并整齐化。隶变后楷书写作𦩍。俗作服。读fú，本义为用事、从事。引申为做、担任：服务。又引申为穿用、佩带。用作名词，指穿用的衣裳。又引申为习惯、适应：水土不服。用作量词，指中药，读fù。服也用作𠬝，表示治服、慑服。进而引申指顺从：屈服。也指敬佩。

8. 乃，gǔ 篆[字形]

会意字。篆文从乃（奶的侧视形），从夂（脚，表流动），表奶水充盈多得自动流出之意，即俗所谓奶惊了。由奶水多得自动流出引申指买卖多得利。

盈，yíng 甲[字形] 古[字形] 篆[字形]

会意兼形声字。甲骨文是一人在盆中洗浴，水充溢形。古文省去水。篆文变为从皿，从乃，会器满之意。由器满引申指充满：恶贯满盈。又引申指丰满：体貌丰盈。又引申指满、圆满：月盈则亏。也指自满。因用作"乃"，故也表示盈余、超过：盈利。

9. 厷，gōng 甲[字形] 古[字形] 篆[字形]

指事字。甲骨文像在臂肘上加指事符号以表示臂肘之义。古文省去手，直像肘弯以上的大臂形。篆文综合了甲骨文和古文，成了象形兼会意字，用以表示从胳膊肘到肩的大臂部分。隶变后楷书写作厷。本义指由胳膊肘到肩的大臂。由于"厷"作了偏旁，大臂之义便另加义符"月"写作"肱"来表示。胳膊肘之义写作"肘"来表示。凡从"厷"取义的字皆与大臂或大等意有关。

宏，hóng 甲🔲 篆🔲

形声兼会意字。从宀，厷声。厷也兼表大之义。本义为房屋深广说话有回声。引申泛指广大：宏大、宏观。

10. 夬，jué 甲🔲 篆🔲

会意字。甲骨文上从手，下从㕁（jué，射箭时的钩弦器），会扣㕁射箭之意。㕁，圆而有缺口，故引申表示缺。将㕁卡在弦上，以手扣之而射，势在必发，故又引申读guài，表示分决、必定。又表示迅速。后又借用以表示六十四卦之一，表示明法决断之象。

"决、诀、快"都是以"夬"作声兼义符的字。开凿壅塞、疏通水道是决，引申为决定、决断，也指一定、肯定等。跟人辞别、告别、长别，都叫作诀。夬在此表离开之意。心气畅行叫作快。引申指舒服、可心、豪爽、爽直、迅速、赶紧等义。

11. 度，dù 篆🔲

形声字。篆文从又（手），表示伸张两臂量长短。庶省声。隶变后楷书写作度。当是"庹"的本字。读duó，本义指伸张两臂量长短。引申指计量、计算。再引申指抽象地揣测。又读dù，指计量长短的器具或单位：度量衡。引申为依照计算标准划分的单位：温度。再引申为程度、限度。又指法度、制度、气量、风度等。度量由此及彼，故又引申指度过。

顺便讲一下"度"和"渡"的区别："度"，由度量来，用于时间上的度过：度日如年、欢度春节。

"渡"，由跨过水引来，用于空间上的越过。引申指通过：过渡时期、渡过难关。用作名词，指过河的地方：渡口。

后来，由于"度"为引申义所专用，伸张两臂量长短之义便另造了"庹"字来表示。从尺从度省会意。度也兼表声。本义指成人两臂左右伸直时两手间的距离。

12. 叟，sōu 甲🔲 篆🔲

会意字。叜是叟的本字，会从又（手）持火在宀（房屋）中。古人穴居，在探测新居时持火把的人，即引路人，必是经验丰富的老年人，因为"老马识途"，故"叟"是对老人的尊称。

因"叟"是老人，所以年长的女子为"嫂"；病得久了则"瘦"；在某处查找时间长了叫"搜"。

"嫂、瘦、搜"都是以"叟"作声兼义符的字。"艘"是以"叟"作声符的字。从舟，叟声，指船只。

13. 叚，jiǎ 金[篆][篆]

会意字。金文左上是山崖，右边是一上一下两只手，会凭借山崖攀援而上之意。篆文整齐化。隶变后楷书写作叚。是假的初文。本义为凭借山崖攀援而上。

由于"叚"作了偏旁，其义便另加义符"亻"写作"假"来表示。假，从人、从叚会意。叚也兼表声。读jiǎ，本义为借助：假公济私、假手于人。引申指借用、借出。由借用引申指非正式的。进而指非真的：假仁假义。又引申指据理推断，假定、假如：假设。借用之物则非己有，故又读jià，引申指古代官员离开职位休息或办私事，即告假，就是向公家借点时间之意。发展为今天的假期。

14. 秉，bǐng 甲[甲]金[金]篆[篆]

会意字。甲骨文从又（手），从禾，会手持一禾之意。金文大同。篆文整齐化。隶变后楷书写作秉。本义为一把禾谷。引申用作动词，指拿、持：秉烛夜游。引申为掌握、主持、坚持：秉公处理。

15. 彗，huì 甲[甲]古[古]篆[篆]

象形字。甲骨文像扫帚形。古文下边另加了一双手，小点则象征脏物，以突出双手持帚扫除脏物之意，成了会意字。篆文讹变，只剩一只手。隶变后楷书写作彗。本义为扫帚。用作动词，指用扫帚扫。古时候，先民夜观天象，看到一颗星曳着长长的扫帚似的亮尾巴掠空而过，认为这是"妖星"，是不祥之兆。于是把这种绕太阳运行的天体叫作扫帚星，学名叫彗星。

雪，xuě 甲[甲]篆[篆]

象形兼会意字。甲骨文上从雨，下从羽（像鹅毛大雪形），会天下大雪之意。篆文将雪片讹为彗（手持帚），成了手可扫之雨了。隶变后楷书写作䨮。以雨表意，以彗表音兼表意。全字的意思是"凝雨须用帚扫方能去之"。如今简作雪。本义为空中降下的白色晶体：雪中送炭。引申指像雪的颜色或白色的东西：高堂明镜悲白发，朝如青丝暮如雪。由雪的洁净，引申指洗去蒙受的耻辱：报仇雪恨。

（三）ナ，zuǒ 甲[甲]金[金]篆[篆]

象形字。甲骨文像手指朝右的左手形。金文大同。篆文整齐化。隶变后楷书写作ナ。本义为左手。左手与右手相反，故引申也指违背。由于"ナ"作了偏旁，其义便由当佐助讲的"左"字表示。在甲骨文中，由于字的左右向尚未固定，"ナ"在单用时也可表示右。只在左右对举中才表示"左"意。

1. 友，yǒu 甲𠂇 金𠂇 篆𠂇

会意字。甲骨文是方向相同的两只右手握在一起，会志同道合的朋友之意。古代同志曰友，同门曰朋。本义为朋友。引申指相好、相亲近。

2. 右，yòu 甲𠂇 金𠂇 篆𠂇

象形字。右的甲骨文就是手的象形。这只手，在上古时代，既表示右（手），是"右"字，又表示左（手），是"左"字。在商周时期，"又""有"同字。到了金文，在手下边加了一个区别性符号"口"。为什么要加"口"来构形呢？因为从古至今，人们绝大多数是以右手持器物（"口"，在这里是一个区别性的符号，既表嘴巴，也表示釜形和方形的器具，还表示建筑物的一个部分等）工作劳动的。

"右"，本表示右手，又表示右边。古代崇尚右方，把右方视为较高的位置："无出其右"一词便是"没有谁能够在他之上而胜过他"之意。汉代还出现了一个"佑"字，以人表意，以右表音，表示亲近、照顾、帮助之意。

3. 左，zuǒ 甲𠂇 金𠂇 篆𠂇

象形字。甲骨文是一只手伸向右边，表示左手。金文从ナ（左手），从言或从工，就成了左手帮助右手（人们做工干活时，大多以右手为主，以左手为辅，左手是协助右手做工的）操持筑杵筑墙了。隶变后楷书写作左，是佐的本字。本义为帮助、辅佐。后来借为"ナ"，故又表示左手、左边、向左。古代尚右，左为下，故又引申为贬谪：左迁。又引申指邪僻不正：旁门左道。又进而引申指相背、不顺、不和：意见相左。

由于"左"为借义所专用，辅佐、帮助之义便另加义符"亻"写作"佐"来表示。佐，从亻、从左会意。左也兼表声。本义指帮助：辅佐。

以"左"为义符的字还有"差"，金文写作 𢀍，上面是 来，是麦穗；下面是左，表示两手相搓，会以手搓麦粒之意。读 cuō，引申泛指搓磨。又读 chā，指差错、差别、差数等。由差别不大引申指大致还可以：差强人意。又读 chà，指不正确。引申指不相当：差不多。也指不好：很差。又读 cī，指不整齐：参差不齐。还读 chāi，指由前后来回搓，引申指派遣：差遣。也指被派遣的人：邮差。由搓麦粒的事又引申为差事：出差。

后来，由于"差"为引申义所专用，搓磨之义便另加义符"扌"写作"搓"来表示。本义指用手来回搓磨：搓衣服。

4. 卑, bēi 金𪓐 篆𪓐

会意字。金文像左手持一酒器形，会执事供役使之意。篆文上边酒器讹为"甲"。执事役使是奴辈下人之事。引申为地位低贱：位卑未敢忘忧国。又引申指地势低。也引申为低劣：卑鄙无耻。又引申为谦辞：卑职。

（四）寸, cùn 篆𪓐

寸的篆文是𪓐，从又（手），一横指明寸口所在之处，意思为寸口，亦称寸脉，是中医把脉之处。寸脉至手掌恰为一寸，故又指一寸。引申比喻为极小或极短。因此，凡从寸取义的字皆与手的动作或尺寸标准等意有关。

1. 付, fù 金𪓐 篆𪓐

会意字。金文从人，从手，会持物予人之意。本义为交给：交付。引申指寄托：托付。用作量词，指成套的东西：一付中药。

符, fú 篆𪓐

形声兼会意字。从竹，付声。付也兼表交付之意。隶变后楷书写作符。本义为古代朝廷封爵、置官、命使及调兵将用的凭证。用竹木或金玉制成，上书文字，剖分为二，朝廷和有关官员各执一半，以便相合验证：信陵君窃符救赵。又引申指相合：符合。今又引申指代表事物的标记：符号。

府, fǔ 金𪓐 篆𪓐

形声兼会意字。金文从广（简易房），从付，从贝，会储藏财物之意。付也兼表声。篆文省"贝"并整齐化。本义为储藏财物或文书的地方：府库。引申泛指事物或人物会集之处：学府。也指官员办公的地方或官署、达官贵人的住宅：官府。又指旧时行政区划的划分：兖州府。

2. 守, shǒu 金𪓐 篆𪓐

会意字。金文从𪓐（宀，房屋），从𪓐（寸），会依法掌管官府职事之意。引申指遵守、依照。又指掌管、护卫。

3. 寺, sì 金𪓐 篆𪓐

会意兼形声字。金文从又（手），从之（脚站在地上），会站到那里听候使唤操持杂物之意。之也兼表声。篆文将手改为寸，并整齐化。本义当为操持，是持的本字。引申也指操持杂物的近寺内臣，即寺人。寺舍也就是官府了，故寺又引申成为官署名，如太常寺、大理寺。从汉明帝置白马寺后，寺又用以指佛教庙宇。

等，děng 篆 䇸

会意字。篆文从竹，从寺（整肃），会齐整竹简之意。隶变后楷书写作等。由齐整竹简引申指齐同、等同：相等。又引申为等级：头等。属于同一等级的自然地位相同，故又引申为辈、类。虚化为副词，表示列举不尽。寺为在旁伺候之意，故唐以后又用以表示等待。

4. 寻，xún 甲 篆

会意字。甲骨文像一个人伸开手臂丈量席子的长度。篆文从又，从寸，再加一把尺子"工"，突出丈量之意。丈量就是探求长短，故又引申为探求等意；探求要用口，便又另加了"口"，再加上声符"彡"。本义指长度单位，引申为探求、寻找等。

5. 寿，shòu 甲 金 篆

会意字。甲骨文为耕耙过的田地的纹路，像老人脸上的皱纹。金文从老省，或再加声符"口"和"又"，含义相同。篆文从老省， 声。隶变后写作壽。如今简化为寿。本义为年纪老：人寿年丰。引申泛指年岁、生命。再引申指长久。高年可贺，也指生日。

铸，zhù 甲 金 篆

会意字。甲骨文像双手（）将鼎鬲（）中的熔液灌注到另一个作为模子的器皿（）中，器皿中的（）表示模型，会铸造器物之意。金文在当中另加出声符""。篆文改为从金，壽声的形声字。本义为将金属熔化后倒进模子里制成器物。引申也指造就人才。进而泛指造成：铸成大错。

6. 封，fēng 甲 金 篆

象形兼会意字。甲骨文像用手将一棵树植于土堆之上形，表示在这里推土植树为界。隶变后楷书写作封。本义为推土植树为界。为什么接受封地与树苗有关？古人封邦建国是在边境种上树苗作为疆界的标志。故守边境的官吏称"封人"。

7. 将，jiāng 甲 金 篆

会意兼形声字。将与酱同源。甲骨文从鼎，从肉，爿声，会从鼎中取肉奉献祭享之意。隶变后楷书写作將。如今简作将。读jiāng，本义指奉献祭享，引申为养息。又引申为带着、率领等。又读jiàng，指将官。也读qiāng，表示请、愿：将进酒，杯莫停。

酱，jiàng 甲🗚古🗚篆🗚

会意兼形声字。酱与将同源。甲骨文从鼎，从肉，爿声，会从鼎中取肉奉献祭享之意。古文省去肉，把鼎换为酉（酒），以突出用酒调和肉酱之意。篆文重又加肉。隶变后楷书写作酱。如今简作酱。本义指肉酱。引申指用发酵后的豆、麦做成的一种调味品。也指像酱一样的糊状食品。

8. 尃，fū 金🗚篆🗚

会意兼形声字。从手，从甫（苗圃），会以手在苗圃中种植幼苗之意。本义为将幼苗布种于地上。引申泛指铺开、散布。又引申指普遍。

傅，fù 金🗚篆🗚

形声兼会意字。金文从人，尃声。尃也兼表铺开之意。本义为辅佐、辅助。用作名词，指负责教导或传授技艺的人：师傅。用作动词，又表示使附着，搽抹：这两人面如傅粉，唇若涂朱。

博，bó 金🗚篆🗚

会意兼形声字。从十、从尃会意。尃也兼表声。本义指分布得很广大。引申指广泛，多：地大物博。又引申特指知道得多：博闻强识。引申指赌博。

9. 得，dé 甲🗚🗚金🗚篆🗚

会意字。甲骨文从又（手）持贝（钱币），会有所得之意。或又加"彳"（街道），表示行有所得。

10. 尊（尊），zūn 甲🗚金🗚🗚篆🗚🗚

会意字。甲骨文从酉（酒杯），从廾（双手），会双手高举酒杯敬酒之意。金文承接甲骨文字形，或加"八"，表示里面盛满了酒要流出的样子。篆文或将双手省为寸。隶变后楷书写作尊与尊。如今规范化用尊。本义指举杯敬酒。引申为尊奉、敬重：尊师重教。用作形容词，指地位或辈分高的：尊贵。又用作敬辞。也用作量词：一尊佛像。

11. 爵，jué 甲🗚金🗚篆🗚

象形字。甲骨文像古代的一种酒器形。下有三足，侧有流有鋬（pàn，器物上备手把握的部分），中为腹。隶变后楷书写作爵。本义为古代的酒器，用于盛酒或温酒。也用以借代酒。酒器有等，故又用以表示爵位：公、侯、伯、子、男五等。

"嚼"是以"爵"作声符的字，从口，爵声。读jiáo，本义指咀嚼。

（五）有，yǒu 甲🗚金🗚篆🗚

甲骨文借"又"表示。金文改为从又（手），从肉，用手中有肉会持有之意，成了会意字。本义当为持有，与无相对。又表示存在：门前有两棵树。又表示发生、出现：有病。又用在某些动词前，表示客气：有请。

"贿"是以"有"作声兼义符的字。从贝，有声。有也兼表具有之意。本义为财物。引申指赠送财物。又引申特指以钱财收买：行贿。

（六）丸，wán 金 篆

象形字。金文是一人用手抟揉一物形，表示抟揉之义。篆文讹变。隶变后楷书写作丸。本义为抟揉。引申指小而圆的物体：弹丸之地。

（七）史，shǐ 甲 金 篆

会意字。史、吏、事三字同源。在甲骨文中，都是手持一猎叉形，古代狩猎是大事，故以此会做事之意。金文大同。篆文整齐化并分化为史、吏、事三字。

史：本义为做事。引申指在王身边担任记事的人：太史。由记事引申指自然或社会以往发展的进程：历史、史无前例。也指记载历史的书籍。

吏：本义为从事打猎。引申指做事的人。再引申泛指官员。

事：古代狩猎是大事，故以此会做事之意。

（八）聿，yù 甲 金 篆

象形字。甲骨文像手持笔形。金文更是手握笔之状。篆文加出一横，表示其用是刻写。隶变后楷书写作聿和肀。二者本是一字。本义为笔，如今一般作人名。

1. 書（书），shū 甲 金 篆

会意字。甲骨文上边是手持笔，下边是器物，会手持笔在器物上刻画之意。金文改为从聿，者声。篆文承接金文并整齐化。隶变后楷书写作書。如今简作书。本义为书写。用作名词，指装订成册的书籍：图书。书写用文字，故引申指文字。进而指字体、书法、书信、文件等。

2. 晝（昼），zhòu 甲 金 篆

会意字。甲骨文从日，从聿（用笔画），会白天与黑夜的界线之意。金文大同。篆文改为从日，从畫省，含义相同。隶变后楷书写作晝。如今简作昼。本义为白天。

3. 筆（笔），bǐ 篆

会意字。筆是聿的加偏旁字。甲骨文本作聿，像手持笔形。由于"聿"作了偏旁，篆文便另加义符"竹"写作"筆"。从竹、从聿会意。指写字画图

的用具。也指笔迹、笔画等。

4. 肃（肅），sù 金 篆

会意字。肅当是由"建"演化而来的一个字。建的甲骨文 是手持篙撑船形。肅与建一样，在金文中，人持篙撑船形讹变为"聿"（手持笔形），省去了船形，而加上了行船的深渊。会战战兢兢如履薄冰、如临深渊、小心谨慎之意。篆文承之。于是成了"聿在 （渊）上"了。隶变后楷书写作肅。如今简作肃。本义为行船小心谨慎。引申为恭敬，肃然起敬。又引申为庄重、威严等。

萧，xiāo 篆

形声字。从艹，肃声。本义为艾蒿，即香蒿：彼采萧兮，一日不见，如三秋兮（《诗·王风·采葛》）。引申指冷落，没有生气的样子：萧条。又借为"肃"，表示肃静。又用于"萧萧"，作象声词。

（九）畫（画），huà 甲 金 篆

会意字。甲骨文上边从聿（手持笔形），下边是画出的图形，表示手持笔画图之意。金文下边变为"田"。篆文承接金文并画出田四界。按照甲骨文分析，本义为绘画。《说文解字》解释为像田四界，故又表示划分界限。

"劃"（划）是以"畫"作声符的字。从刀，戈声。读guò，本指镰。又读huá，指用刀或尖物割开东西。引申为擦抹：划火柴。也表示用桨拨水使船前进：划船。也表示划算。又读huà，表示分开：划清界限。也表示计谋：筹划、计划。

（十）隶，lì 甲 金 篆

会意字。甲骨文从又（手）持一兽形，会手捕获一兽加以整治之意。金文稍讹，只剩兽尾。篆文整齐化。隶变后楷书写作隶。是逮的本字。读dài，本义为捕获一兽加以整治。由于"隶"作了偏旁，后来便由这一形象分化出五个字，表示五类含义：

第一个以"隶"为基础，加上声符"柰"写作"隸"。读lì，表示奴隶。如今简化仍然写作隶。宰杀牲体自然是奴隶们的事，所以"隶"如今专用以表示奴隶。奴隶是附属于主人的，故又引申用作动词，表示附属：隶属。据说隶书是秦朝隶人所用之省简字体，故又特指隶书。

第二个以"隶"为基础，加上义符"辶"写作"逮"。从辶、从隶会意。隶也兼表声。仍读dài，本义指及、到：力所不逮。引申指逮捕。又读dǎi，口语表示捉拿。

第三个以"隶"为基础,另加义符"巾"写作"䘏"。隶变后楷书写作肆。本义指修治、整治。引申为学习、研习、练习。

第四个以"隶"为基础,再加一个陈设猎物写作"䑃"。篆文写作"䯁",隶变后楷书写作肆。本义指极陈祭牲以祀。引申指陈设。又指陈设物品的商铺:茶肆。由极陈又引申指纵恣,不受拘束:肆无忌惮。

第五个则以"䑃"为基础,另加一个器皿写作"䙷",表示将剔好的牲体放在容器内。篆文讹作 䙷、䙷。隶变后楷书写作替。本义指废弃。引申指衰败。又指代、代理等。

(十一) 攴,pū 甲 金 篆

会意字。甲骨文右下是一只右手,其上部是一根带杈的棍棒形,会手持棍棒击打之意。金文、篆文大同。隶变后楷书写作攴。作偏旁时,有的写作"攵"。本义为击打。

1. 收,shōu 篆

形声兼会意字。篆文从攴(手持刑杖),从丩(表纠结),会拘捕犯人之意。丩也兼表声。隶变后楷书写作收。本义为逮捕:收监。引申为收敛、聚拢:收藏。进而引申指收获、获得:麦收。又引申指收取、接纳:收徒弟。由收拢引申为结束:收工。

2. 改,gǎi 甲 金 篆

会意字。甲骨文左边从巳(蛇,有血水滴下),右边从攴,会驱鬼避邪之意。金文大同。篆文改为从攴、从己(来回纪物状)。驱鬼避邪为改变厄运,编织纪物,线绳来回变动,也是一种改变。本义指变更。又特指主动改正错误:改过自新。又引申指修改:改错别字。

3. 攸,yōu 甲 金 篆

会意字。甲骨文从攴(表操持),从人,会修治之意。金文另加义符"水",以突出洗沐修治。本义指洗沐修治,也指水流的样子。由水安流引申指安然自得的样子。又引申指久长、长远。由行水又引申指迅疾。

悠,yōu 篆

会意兼形声字。从心、从攸(久长,长远)会意。攸也兼表声。本义指长长的忧思:悠哉悠哉,辗转反侧。又表示遥远:悠悠苍天!此何人哉?又表示娴静的样子:采菊东篱下,悠然见南山。

條（条），tiáo 篆 [篆形]

形声兼会意字。篆文从木，从攸（表示长），会树木细小的枝条之意。攸也兼表声。隶变后楷书写作條。如今简作条。本义指细小的枝条：柳条。引申指长条形物体。又引申指分成的项目、条款：条约。又引申为秩序、条理：有条不紊、井井有条。又引申为量词，用于某些长条形的东西。

4. 牧，mù 甲 [甲形] 金 [金形] 篆 [篆形]

会意字。甲骨文从攴（手持棍），从牛，会放牧之意。本义为放牧牲畜。

5. 败，bài 甲 [甲形] 金 [金形] 篆 [篆形]

会意字。甲骨文左边是鼎或贝形，右边是手持棍，用敲击鼎或贝会毁坏之意。金文叠为二贝。篆文承接金文省去一贝。隶变后楷书写作敗。如今简作败。本义为毁坏。引申指破烂，破旧；凋残，衰落：枯枝败叶。由毁坏进而引申指事情不能成功，失败：一败涂地。又引申指打败仗。

6. 更，gēng 甲 [甲形] 金 [金形] 篆 [篆形]

会意兼形声字。甲骨文从攴（手持杖），从丙（饼铛），会持杖翻饼之意。丙也兼表声。金、篆大同。读gēng，本义为翻饼。引申指更换。汉代宫中值夜，分为五个班次，按时更换，故又引申指计时单位，一夜分五更，每更约两小时。由更次的变化引申指更迭、替代、交替。又引申为改变：万象更新。也指经历：少不更事。又读gèng，虚化为副词，指另外，又表示再、又、更加等。

便，biàn 篆 [篆形]

会意字。篆文从人，从更（指烙饼时不断翻动按压，使饼子与锅平贴），会妥帖、安适之意。便，本读pián，指妥帖、安适。如今用于便宜一词，表示价格低。又读biàn，指有利、合宜、方便。由方便又引申为简便，非正式的：便餐。又引申为敏捷：便言多令才。排除屎尿则安适，故又引申指大小便。虚化为副词，指动作随即进行或反问。相当于就、即。用作连词，指即使。

7. 故，gù 篆 [篆形]

会意字。从古（前人所做之事），从攴（表操作），以强调使人做事之意。本义为使人做事。引申指做出的事。

8. 敝，bì 甲 [甲形] 篆 [篆形]

会意兼形声字。甲骨文从巾（表衣物），从攴（手持棍），或在巾上加点，象征破洞，会破败之意。篆文整齐化。尚也兼表声。本义为破衣。引申泛指破旧：敝帚自珍。又引申为衰败、疲困。也用作谦辞：敝居。

"弊"是以"敝"作声兼义符的字。从廾（双手），敝声。敝也兼表疲困之意。本义指弊病：兴利除弊。又引申指欺蒙人的坏事：营私舞弊。

9. 敞，chǎng 金 篆

会意兼形声字。从攴（表操作），从尚（表高举），会平治高土，筑成平台用以远望之意。引申泛指宽阔、高朗：宽敞。用作动词，指打开、露出：敞开。

10. 寇，kòu 金 篆

会意字。金文从攴（人持棍），从宀（房子），从突出了头的人，会手持棍在屋中向人行凶之意。篆文大头人变为元（头），以突出击打头部之意。本义为行凶劫掠。引申指进犯、侵略。用作名词，指盗贼、侵略者。

11. 散，sǎn 金 篆

会意字。散有两个来源：一个是手持酒器形，即金文一。左边所持是古代散（爵形）类酒器，右边攴意为手持之。金文二右边所从"攴"表示手在操作，左边所从为披麻的形象，会以手剥麻之意。篆文的前一个散，实际上是金文手持酒器的散和以手剥麻的散的混合之形，将酒器的两个柱误为披麻形，将器体误为一块肉。隶变后楷书分别写作散和㪔。如今规范化用散。

散，读sǎn，表酒器，如今此意已不用。又读sàn，表示分离、分散：烟消云散。用作使动，表示使……分散：散传单。进而引申指抒发、排遣：散心。又读sǎn，指松散，不受约束：披头散发。又引申指零碎的、不集中的：零散。

12. 数，shǔ 篆

形声兼会意字。篆文从攴（表用手操作），从娄（表连续），会一一点数之意。娄也兼表声。读shǔ，本义为点数、计算：不可胜数。又引申为一一列举罪过加以责备：数落。计算是一种比较，由此引申出比较起来算最突出的：数她最聪明。又读shù，指数目：不计其数。引申指几、几个：阔别数年。引申指算数。也指数学概念：单数。

（十二）攴，zhī 古 篆

会意字。古文从 ）（又，手）持 （是"竹"的上下结构写法，像断开的竹子。 表"竹"的一半， 表另一半），本义为劈下的一根竹枝。引申泛指枝条（此义后作枝），肢体（此义后作肢）。用作量词，多指条状或分支的事物。又引申指支撑、支持、调配、分散、分离等意。

（十三）爪，zhǎo 甲☒金☒篆☒

象形字。甲骨文像覆手有所抓挠形。是抓的本字。金文画出了指甲，以突出抓挠之意。篆文整齐化。本义为以爪抓挠。引申也指人的指甲、趾甲。也指鸟兽的脚趾：鹰爪、爪牙。

1. 孚，fū 甲☒金☒篆☒

会意字。甲骨文从爪，从子，会抱子哺乳之形，当是"乳"的简化字。金文大同。篆文整齐化。隶变后楷书写作孚。本义为抱子哺乳。引申指鸟孵卵。人生子和鸟孵卵皆有定期而不失信，故引申为诚信。用作使动，引申指使人心服：深孚众望。鸟孵卵必浮于蛋上而出于壳中，故又引申指浮在面上。人抱子和抓俘虏有相似之处，故又引申指俘获。

为了分化字义，后来专用"孚"表示诚信之意。孵卵之意则另加义符"卵"写作"孵"来表示。浮在水面之意便另加义符"水"写作"浮"来表示。俘获之义则另加义符"亻"写作"俘"来表示。

2. 妥，tuǒ 甲☒金☒篆☒

会意字。甲骨文从爪（覆手），从女，会以手相安抚，令女安坐下来之意。本义指安坐。引申泛指安稳、安定。又引申指合适。又引申指完备、齐备：谈妥。

3. 采，cǎi 甲☒金☒篆☒

会意字。甲骨文从爪（覆手），从木上有果形，会以手采摘树上的果实之意。金文省去果实。篆文整齐化。隶变后楷书写作采。读cǎi，本义为摘取。又特指发掘：开采。引申为收集、采取、采用。古代染色多取自植物，故又引申指颜色；颜色富有光泽，故又引申指神色、精神：神采奕奕。采集植物果实或叶子可供食用，故又读cài，引申指古代卿大夫的封地：采邑。

4. 䍃，yáo 篆☒

会意兼形声字。从缶（用杵制作瓦器），从肉（不合乐用口徒歌），会一边摇动木杵制作瓦器一边歌以助劳之意，所谓"劳者歌其事"。肉也兼表声。隶变后楷书写作䍃，作偏旁时简作"䍃"。本义为边制作瓦器边歌。后来分化为一组同源字：就制作物来说，表示瓦器。分化为后来的罂和瓮；

就制作劳动来说，表示摇动、劳作。分化为后来的"摇""徭"；

就烧制来说，表示烧瓦器的灶。分化为后来的"窑"；

就边劳动边唱歌来说，表示徒歌，分化为后来的"谣"；

"遥"是以"䍃"作声符的字。从辵，䍃声。本义指远。用于逍遥，指

不受拘束。

5. 为，wéi 甲 金 篆

会意字。甲骨文是以手牵象形，会役使大象以帮助劳动之意。金文大同。篆文讹变。隶变后楷书写作爲。如今简作为。本义指役象以助劳。引申指做、干等。又引申表示治理、建成、成为等。

二、双手之形

（一）𠬢 biào 篆

指事字。篆文上像覆手以物与人，下像以又（手）承之，表示相授受之意。隶变后楷书写作𠬢。当是受的本字。本义为相授受，包括付与和接受。

1. 受，shòu 甲 金 篆

会意字。甲骨文像上下两手相互给予和接受一盘之形。金文大同。篆文将盘形简化。隶变后楷书写作受。本义指两手相授受。包括给予和接受两方面。从给予方面讲，是指付给：七月流火，九月授衣。从接受方面讲，可以引申为容受、忍受、遭到等意。由容受可以引申指适合、可心：好受。

为了表意清晰，后来用"受"专表接受之义，给予之义便另加义符"扌"写作"授"来表示。授，从扌、从受会意。受也兼表声。本义指给予。

2. 爭（争），zhēng 甲 金 篆

会意字。甲骨文表示两手各自用力将物拉向自己一方。金文承续甲骨文字形。篆文调整成交叉结构。隶变后楷书写作爭，俗作争。本义为两手夺取一物。

3. 爰，yuán 甲 金 篆

会意字。甲骨文像上边一只手（爪）持棍或绳子，让下边的人用手（又）抓住，将其缓慢拉引上去之状。篆文中间讹为于。隶变后楷书写作爰。当是援的本字。本义指拉引，也指缓慢的样子。

"援"和"缓"是以"爰"作声兼义符的字。援，从扌、从爰会意。爰也兼表声。本义指拉引。引申指帮助：孤立无援。又引申指拿过来、引用。缓，从糹、从爰会意。爰也兼表声。本义指宽松、宽大。引申指缓慢。

4. 敢，gǎn 甲 金 篆

会意字。甲骨文像 （手）持猎叉 （干）迎击野猪 （倒"豕"形）的样子。会勇敢进取之意。金文稍讹，猎叉只剩下一个头，豕形已不太像。籀文"豕"讹为" "，猎叉变为" "，手变为" "（攴，持械攻击）。篆文

进一步讹变，猎叉变为"古"，上边的"豖"形变为"爫"（爪，抓）。隶变后楷书承接籀文写成敢。承接篆文写成敌。如今规范化用敢。本义为用手持干刺豖。引申泛指勇于进取：刚毅勇敢。又引申指有胆量做某事：敢想敢说、敢作敢为。后用作谦辞，指自言冒昧：敢问、敢请。口语中用如莫非、大概：敢情。

（二）斗（鬥），dòu 甲ㄨ 篆鬥

象形字。甲骨文像两人揪在一起对打搏斗形。篆文整齐化。隶变后楷书写作鬥。如今简化借用"斗"来表示。本义为对打、搏斗。引申指战斗、竞争、比赛、批判、揭露等。

斗，dǒu 甲子 金弓 篆톽

象形字。甲骨文像带把的舀酒的勺子形。金文大同。篆文讹变。隶变后楷书写作斗。读dǒu，本义为舀酒勺。引申为量器，像斗状的器物。斗相对于大物，则用以比喻微小：身居斗室。相对于小物，则用以比喻大：斗胆包天。也指斗宿。又读dòu，借作"鬥"和"鬭"的简化字。

1. 鬧（闹），nào 篆鬧

会意字。篆文从市，从鬥（二人揪斗），会在市场揪斗喧扰之意。隶变后楷书写作鬧。如今简作闹。本义指嘈杂喧扰。引申指尽情发泄。又引申指浓，做得有声势之意。

2. 升，shēng 甲乒 篆昪

象形字。甲骨文从斗，小点象征用斗挹起了酒浆，表示举觞进献之意。篆文讹变。本义为进献。引申为上升。也指登上，地位升高等。用作名词，指量粮食的器具。又指容量单位：一斗为十升。

3. 料，liào 金料 篆料

会意字。金文左边是米，右边是斗。会用斗量米之意。指称量、度量。引申指估计、揣度：料事如神。又指料想：不出所料。也指料理。料为量米，喂牲口要加粮食，故又引申指饲料。进而泛指能提供营养的物品：饮料、肥料。也指材料。

（三）廾，gǒng 甲𠃌 篆𦥑

会意字。甲骨文是两手相对拱举有所奉的样子，会两手拱物之意。是共、奉的初文。篆文整齐化。隶变后楷书写作廾。作偏旁时还有 六、𠂇、大等多种形式。廾，本义为两手捧物。由于"廾"作了偏旁，遂演变为"共""奉"二字，进而发展为"供""捧"二字。

1. 共，gòng 甲𦥑 金𠔏 篆𠔜

会意字。甲骨文从廾，像双手捧着什么。金文在"廾"上添加了器皿，篆文器皿稍讹。隶变后楷书写作共。是供的初文。本义为供奉。此义后作"供"。双手捧物是两手协同的动作，故又引申指共同具有或一起做。又引申为合计、总计。用作副词，表示共同、一起。用作介词，相当于和、跟。

巷，xiàng 古𢍰 篆𢧢

会意字。古文从𨛜（街道），从共，会共有的街道之意。篆文省去一邑并改变了结构。隶变后楷书分别写作𨞿和𨞵，俗作巷。本义指胡同。

"港"是以"巷"作声兼义符的字。从水，巷声。巷也兼表小道之意。本义指与江河湖泊相通的小河道。引申指停泊船只的码头。又特指香港或有香港特色的：港币。

恭，gōng 甲𢤮 金𢤻 篆𢙄

会意兼形声字。甲骨文从廾（双手），从龙，会双手拜龙之意。龙也兼表声。金文大同。篆文改为从心，共声。共也兼表意。隶变后楷书写作恭，下边是"心"的变体。本义指肃敬：毕恭毕敬。也虚化为表敬副词：恭候。

2. 丞，chéng 甲𢎘 金𢎚 篆𢎛

会意字。甲骨文从廾（双手），从卩（跪人），从凵（kǎn，陷坑），会双手从坑中救人之意。金文将人腿与坑合在一起讹为"山"。篆文承接金文并整齐化。隶变后楷书写作丞。读zhěng，本义为拯救。又读chéng，引申为帮助、辅助。进而引申指辅助的官员：丞相。后来，由于"丞"为引申义所专用，拯救之意便另加义符"扌"写作"拯"来表示。拯，从扌、从丞会意。丞也兼表声。本义指救拔、援救。

烝，zhēng 甲𢎟 金𢎠 篆𢎡

会意字。甲骨文从米，从豆（食具），会将刚蒸好的热气腾腾的食物献于神前之意。金文在豆下加双手。篆文变为从火，从丞（举起），以突出蒸煮时火气升腾之意。隶变后楷书写作烝。是蒸的本字。本义指火气或热气升腾。也指用火烘烤。由热气升腾，引申为兴盛，又引申指众多。由于"烝"为引申义所专用，火气或热气升腾之义便借"蒸"来表示。

3. 兵，bīng 甲𠂤 金𠂥 篆𠂦

会意字。甲骨文从斤（斧），从廾（双手），会双手举斧之意，表示拿

的是武器。金文稍讹。篆文整齐化。本义为武器：厉兵秣马。引申指拿武器的士兵、士卒：草木皆兵、拥兵自重。又表示战争。也指军事：草木皆兵。

宾，bīn 甲🔲 金🔲 篆🔲

会意字。甲骨文从宀，从人，或再加上 🔲（止，表示脚），以会人来到屋里之意。金文更加贝，表示还带着礼物。篆文承接金文并整齐化，人形就不像了。隶变后楷书写作賓与宼二体。如今简化作宾，从宀，兵声。本义为客人。

4. 弄，nòng 甲🔲 金🔲 篆🔲

会意字。甲骨文和金文从廾（双手），从玉，会双手把玩玉石之意。读nòng，本义为把玩。由把玩引申出玩耍、游戏，乐于做某事等意。又特指演奏。又读lòng，指胡同。

5. 弃，qì 甲🔲 金🔲 篆🔲 隶🔲

会意字。甲骨文从廾（双手），从其（箕），从子，会双手持簸箕将新生婴儿抛弃之意。金文将甲骨文的"🔲"（子）写成🔲（倒"子"）。篆文则将甲骨文的"🔲"（其）写成"🔲"。隶变后楷书写作弃。本义为扔弃新生儿。引申指背弃：背信弃义。

6. 朕，zhèn 甲🔲 金🔲 篆🔲

会意字。甲骨文像双手持篙撑船形，会送船之意。金文大同。篆文承接金文并将篙形讹变为"火"。隶变后楷书写作朕。本义为双手持篙撑船。引申指发送。又指船缝、缝隙。在此基础上又引申出行迹、预兆之意。后借为第一人称代词，表示"我"。自秦始皇起，专用为皇帝自称。

7. 奉，fèng 甲🔲 金🔲 篆🔲

会意字。在甲骨文中，奉与拜、拳同源，皆是用双手捧禾麦奉献给神祖之形，会向神祖拜祭祷告，祈求丰收之意。金文简省。篆文承接金文，上边变为"丰"，又在下边加了一只手并整齐化。隶变后楷书写作奉。本义当为捧禾祭献神祖。故既表示恭敬地捧着，又表示祭献。又引申出献上、供给、供养、送给等意。由捧持又引申出承受、敬受、遵守、拥戴、讨好等意。

8. 承，chéng 甲🔲 金🔲 篆🔲

会意字。甲骨文从廾（双手），从卩（跪人），会两手朝上托着一个人之意。金文大同。篆文下边加了一只手。隶变后楷书写作承。本义为托着。用作名词，指起承载作用的物件：轴承。由托着引申指承担、承受、蒙受、顺承。由承受又引申指接续、继承。由蒙受则引申为敬辞：承蒙。

9. 关，juàn 篆 关

会意字。篆文从廾（双手），从米，会双手抟饭之意。隶变后楷书写作关。是抟的本字。本义为抟饭。后来，由于"关"作了偏旁，其义便另造了"搏"字来表示。如今简作抟。

（1）卷，juǎn 篆 卷

会意兼形声字。篆文从卩（跪人），从关。关也兼表声。本义为膝曲。读quán，泛指弯曲。用作动词，读juǎn，指把东西弯曲成圆筒状：我心匪席，不可卷也（《诗经·邶风·柏舟》）。古书是用竹帛写成的，故又读juàn，指书籍、画卷等。

圈，juàn 篆 圈

会意兼形声字。篆文从囗（围绕），从卷，会从周遭围起来之意。卷也兼表声。读quān，本义为从周遭围起来。引申指画圈做记号。用作名词，指屈木做成的器皿或围成的环形物：花圈。也指周遭：跑了两圈。又读juàn，特指养牲口、禽兽的栏圈：牛圈。

（2）拳，quán 篆 拳

会意兼形声字。从手，从关（表蜷曲），会屈指握拳之意。关也兼表声。本义为拳头：赤手空拳、拳打脚踢、双拳紧握。引申指拳术：太极拳。用作"拳拳"，表示诚恳：拳拳之心。

10. 算，suàn 篆 算

会意字。篆文从竹（表算筹），从具（表备办），会运用算筹进行计算之意。本义为计算。引申指预谋、打算。又引申为推测等义。

11. 奥，ào 古 奥 篆 奥

会意字。古文从宀，从双手捧禾麦，会祭拜室内西南隅神灵之意。篆文禾麦讹为"采"。本义为祭拜室内西南隅神灵：与其媚于奥，宁媚于灶。引申泛指室内深处。进而引申为幽深神秘的地方。又引申指深。由幽深神秘的地方，又引申为奥妙、精深：奥秘、深奥。

12. 泰，tài 古 泰 篆 泰

会意字。古文从大（正面人形），身上有水滴，表示人在洗浴。篆文繁化，在古文的基础上再加义符"廾"（双手）和"水"，表示用手撩水洗浴。隶变后楷书写作泰。本义指洗浴。洗浴时水流过全身，则光滑，则通身极为舒泰。故又引申指通达、通畅、亨通、贤达。又引申为安适、康宁：国泰民安、泰然自若。又引申为宽裕、奢侈、骄纵等。也指大、极、过分（此意后来用"太"表示）。

（四）廾，pān 篆 艸

会意字。篆文从反廾（两手拱），用相反的双手会攀援之意。隶变后楷书写作廾。本义为攀援。后来，由于"廾"作了偏旁，攀援之义便另造了"攀"字来表示。

攀，pān 篆 艸 攀

会意兼形声字。篆文本作廾。由于"廾"作了偏旁，后造了"攀"。从手、从樊。本义指抓住东西向上爬：攀登。引申指拉扯、拉拢：攀谈。又引申指攀附地位高的人。

（五）臼，jú 甲 丫丫 金 丬彡 篆 臼

会意字。甲骨文、金文都像两只手从上伸下有所捧取状。是匊（掬）的本字。本义为两手捧起。这一形象，能表示叉手、掬起、收敛、聚集等多种含义。

要，yào 甲 金 篆

会意字。甲骨文、金文皆从女，从臼（双手），是一女两手束腰之状。篆文女形变成了突出了腰的人形。本义为两手叉腰。是"腰"的本字。读yāo，本义指人腰。如《墨子·兼爱》中："昔者，楚灵王好士细要。""细要"便是细腰之意。引申为邀请、强求等。又读yào，引申为关键、重要：要点。又引申为索取、希求：需要。又引申为将要、如果等。

（六）舁，yú 甲 金 篆

会意字。甲骨文和金文都是四只手共抬物的样子，表示一起抬。篆文省为四手并整齐化。隶变后楷书写作舁，上边讹为"臼"。本义为共同抬起。引申为带、载。

1. 舆（与），yú 篆 与

会意字。从舁，从与，意为党与。本作與。现简作与。篆文二形实为篆文一形省去舁。读yǔ，本义指党与。引申为交往。又表示给予：与人方便。引申指赞助。虚化为连词和介词，表示和、同、向、替等。又读yù，表示参加、干预、相关：参与、与会。

舉（举），jǔ 篆

会意兼形声字。篆文从手，从與（四手共举），表示对举。隶变后楷书写作舉，俗作舉。现简作举。本义为双手向上托物：举案齐眉。引申指擎起、抬：举头望明月。又引申指行动：一举一动、一举成名。又引申指兴起、发动、提出等。也指全、都：举国上下。

2. 興（兴），xīng 甲🦴 金🦴 篆🦴

会意字。从舁，从同，会合力共举之意。本作興。现简作兴。读为xīng，引申指起、起来：兴奋。用于抽象意义，指兴起：方兴未艾。又引申指产生、发生。也指开始、发动、创立、兴办等。又读xìng，指高昂的兴致、情趣：乘兴而来，败兴而归。

3. 輿，yú 甲🦴 金🦴 篆🦴

会意兼形声字。甲骨文是四手（舁）抬一"🦴"形，会抬起之意。金文，篆文把"🦴"变为"車"。本义为抬举。由众人抬引申指众、众人：舆论。引申也泛指车子。

（七）晨（晨），chén 甲🦴 金🦴 篆🦴 🦴

会意字。甲骨文从臼（双手），从辰（蛴螬），会用手除去害虫之意。辰也兼表声。金文或另加"止"（脚），表示前往除虫。是農（农）的本字。

古人日出而作，出耕除虫之时自然是早晨，故篆文承接甲骨文并整齐化，《说文解字》用以表示早晨。

晨有两个来源：一个作"晨"，从臼，从辰，辰亦声。本义指农耕，借用以表示早晨；另一个作"晨"（省作晨），从晶（三星）从辰，会早晨出耕时天空之星的意思，即房星。辰也兼表声。本义为星名，也借用以表示早晨。

后来，由于"晨"专用来表示早晨，农耕之义便另造了"農"（农）来表示；星辰之意便又借"辰"来表示。

1. 農（农），nóng 甲🦴 金🦴 篆🦴

会意字。甲骨文从双手持辰（蛴螬），会用手除去害虫之意。金文另加"止"（脚）或加田，突出前往田中除虫之意。篆文整齐化，将"田"讹为"囟"声。隶变后楷书写作農。如今简作农。本义为农耕。引申泛指农业、农事。引申也指种田的农民。

2. 辰，chén 甲🦴 金🦴 篆🦴

象形字。甲骨文像藏在地下、躯体蜷曲、有环节襞纹的某些农业害虫之形，如蛴螬、豆虫等。上边短横象征地表。其象正是惊蛰到来，蛰虫苏醒，蠢蠢欲动的样子。金文繁化，篆文整齐化。隶变后楷书写作辰。本义为农田害虫蛴螬等在地下蠢蠢欲动的样子。

农事起于惊蛰，万物复苏，农耕开始。所以农业的生产，万物的活动，都与日月星辰的运行及时节有密切的关系。故"辰"用为日月星辰的总称。也泛指众星。古人根据日月星辰的运行，将一昼夜分为十二个时段，用以计时，故又引申为时辰：良辰吉日。又借以表示地支的第五位。也表示十二生肖中的龙：辰龙巳蛇。后来，由于"辰"为引申义所专用，农田害虫蜃蟠这一本义便废而不用，另造了"蛴"来表示。

辱，rǔ 甲🔲 金🔲 篆🔲

会意字。从辰（蚌蛤制成的农具），从寸（手），会手持蚌镰耕作除草之意。本义指手持蚌镰耕作除草。古代重视农耕，失耕则戮之，故引申为羞耻：宠辱皆忘、奇耻大辱。用作动词，指侮辱。用作谦辞，指屈尊对方。

震，zhèn 甲🔲 金🔲 籀🔲 篆🔲

甲骨文从🔲（辰），从🔲（止，两点指事符号"．·"表示双腿发抖），表示天雷震撼天地，令人恐惧发抖。辰也兼表震动之意。金文加"雷"（🔲），强调打雷的"震源"。籀文以"雨"（🔲）代"雷"（🔲），强调天象含义。篆文整齐化。本义指雷撼天地。引申泛指震动，物体自身动荡或使物体动荡。也指震惊、惊惧、使惊惧。

"唇"是以"辰"作声符的字。本义为嘴唇。

（八）異，yì 甲🔲 金🔲 篆🔲

会意字。甲骨文是两手举起将假面具戴在头上形。金文大同。篆文整齐化。隶变后楷书写作異。如今简化，单用时借"异"来表示。异，从廾，🔲声。本义为举。此义今已不用。

異，本义为戴假面具，引申为奇特的、与众不同的。又引申指分开：离异。再引申指区别、不同：大同小异。用作意动词，指感到奇特、奇异、奇怪：诧异。引申指其他的、另外的：异乡。

戴，dài 篆🔲

形声字。由于"異"为引申义所专用后，以头戴物义便另加声符"🔲"写作"戴"来表示。戴，从異，🔲声。本义指头上戴着。引申指头顶着。词义扩大，也指罩上、加上：戴眼镜。由头顶着，又引申指尊崇：爱戴。

（九）非，fēi 甲🔲 金🔲 篆🔲

象形兼会意字。甲骨文像截取的飞动的鸟（🔲，即"飛"字）的两只分张的翅膀形，会分张相背之意。金文大同。篆文整齐化。隶变后楷书写作非。本义为违背：非礼勿视，非礼勿听，非礼勿言，非礼勿动。由与正确相违背的，引申指不对的、错误的，邪恶：明辨是非、大是大非、为非作歹。虚化为副词，表示否定判断：非同小可、答非所问。凡以非取义的字皆与飞、并、分、背等意有关。

辈，bèi 金𨥓 篆𨥓

形声兼会意字。从车，从非（两翅背分），会战车以百辆分列之意。非也兼表声。本义为分成行列的战车。引申指类别、等级。现在主要用于人的等类。也指长幼尊卑的辈分，代：英雄辈出。

第六节 与"足"有关的部首

一、止，zhǐ 甲𣥂 金𣥂 篆𣥂

象形字。甲骨文是一只脚的轮廓形。下有脚板，上有脚趾，脚趾向前。这只脚经过金文、篆文两个阶段的演变，便发展为"止"字，是趾的本字。

"止"既可作为形符，以表人足，又可作为意符，以表动作；既表静的"足"，又表动的"行"。在古文字里，止常被用来表示向前活动、行走、到达等意。春秋以后，止便渐渐用来表示停止、静止、居住、栖息等意。虚化为副词，表示仅、只：止此一家。

1. 企，qǐ 甲𣥂 篆𣥂

会意兼形声字。甲骨文从人，从止（脚），会人踮起脚跟远望之意。止也兼表声。本义为踮起脚跟远望。也指踮起脚跟：企者不立，跨者不行。也指站立：企鹅。也指望。引申指仰望、希求、盼望：企慕。又引申为赶上：不可企及。

2. 武，wǔ 甲𣥂 金𣥂 篆𣥂

会意字。从戈，从止，会持戈行进之意，是阅兵或征伐示威之象。金文稍讹。篆文整齐化。隶变后楷书写作武。武的本义为行进征伐，引申泛指与军事、技击、强力等活动有关的：武装、武术。

3. 歬（前），qián 甲 金 篆

会意字。甲骨文从止（脚）在舟上，从行，会止借舟行进之意。金文省去行。篆文整齐化。隶变后楷书写作歬。本义为船前进，是前的本字。由船前进泛指前进。又引申指前边。后来，由于"歬"作了偏旁，其义便借当剪刀讲的"前"来表示。

前，qián 篆

形声字，从刀，歬声。本读jiǎn，意为剪刀。是剪的本字。后来被借作"歬"字，遂读qián，用来表示前进，往前面走：勇往直前。引申指时间、空间或次序在前的：前呼后拥、前仰后合、房前屋后、名列前茅、史无前例。又引申为前边未到的、未来的：前程似锦。也指早先的、以前的：前所未有、前功尽弃。

"前"为借义所用，本义便借当羽毛初生讲的"翦"来表示，后来俗又另加义符"刀"，造了"剪"字来表示。剪，从前、从刀会意。前也兼表声。本义指铰断，引申为除掉。用作名词，指剪刀。

4. 归，guī 甲 金 篆

会意兼形声字。甲骨文从帚，𠂤声。金文另加义符"彳"（半条街）和"止"（脚），以突出行动，会执帚之人即将到来之意，也指女子出嫁。篆文省去"彳"并整齐化。隶变后楷书写作歸。如今简作归。本义为女子出嫁：之子于归，宜其家室。女子出嫁为归。引申也指回家看望父母：归宁。故又指返回：放虎归山。又引申指还给：物归原主。再引申指趋向：众望所归。又引申为合并在一起：归纳。

5. 徙，xǐ 甲 金 篆

会意字。甲骨文从"彳"（半条街），从步，会在街上行走之意。金文大同。篆文整齐化。隶变后楷书写作徙和辿。如今规范化用徙。本义指迁移。

6. 址，会意兼形声字。从阜（阝，表示墙），从止，会地基之意。止也兼表声。隶变后楷书写作阯。异体作址。如今以址为正体。本义为地基、处所：住址、地址。

二、步，bù 甲 金 篆

会意字。左右两脚各向前迈一次为一步，故步字上从"止"（左脚），下从"㐄"（dá，右脚），因人迈步多先出左脚，故"止"在上。隶变后楷书写作"步"。本义为步行，行走：步入后尘、健步如飞。引申古代也指左右脚各迈一次：五十步笑百步。如今也指行走时两脚间的距离：大步流星、稳步前进。用作动词，指用脚步量地面。引申指旧制用的长度单位，一步为五尺。引申也指事情进行的程序、阶段：步骤。也指所处的境地、地步。

涉，shè 甲[图] 金[图] 篆[图]

会意字。甲骨文从水，将步的两脚跨在水两边，会蹚水而过之意。金文大同。篆文整齐化，或省去一水。隶变后楷书写作 [图] 和涉。规范化用作简体涉。本义为徒步过河。引申泛指从水上渡过：跋山涉水、远涉重洋。由涉足引申指进入、到：涉足其间。又引申指经历、经过：涉世不深。由经历引申指阅览：涉猎。涉则由此及彼，故引申指牵连：涉嫌、涉及。

三、癶，bō 甲[图] 金[图] 篆[图]

会意字。甲骨文是相并的两只脚，表示有所践踏。金文变成相反的两只脚，表示两脚分张有所践踏。王筠："两足箕张（像畚箕那样张开）是剌癶也。"记得小时候，家里割回大量紫云英，切碎后要存放到一口大缸里当猪食。就是用这种方法来回踩，把紫云英踩得密密实实。篆文承接金文并整齐化。隶变后楷书写作癶。本义为像罗圈腿一样迈步。

1. 癹，bá 甲[图] 篆[图]

会意字。从癶，从殳。意为用脚踏平草。但从甲骨文字形看，更像是手拿一根像"镖杆"之类的武器向前迅速地投掷出去，表示放出、掷出的意思。是發的初文。

發，fā 甲[图] 金[图] 篆[图]

形声字。从弓，癹声。甲骨文同"癹"，本义为迅速向前投掷武器。金文加上弓。成了以弓表意，以癹表声的形声字。篆文整齐化。隶变后写作發。现简作发。本义为射出箭：百发百中。引申泛指发射：弹无虚发。后来又引申指生长、发生、送出、表达、开展、显现、开动等意。这些意思都有一个共同之处：无论引申义或本义都反映了一个速度问题。

2. 登，dēng 甲[图] 金[图] 篆[图]

会意字。甲骨文下边是[图]（双手）捧着[图]（豆，礼器），上边是[图]（双脚向上），表示升阶进献神祇之意，[图]中加一横，表示器皿盛满粮食。有的甲骨文省去双手[图]。金文承续甲骨文繁体，篆文承接简体并整齐化。隶变后楷书写作登。本义为进献。引申泛指升高：登山。又引申指登载：登报。又引申指庄稼成熟：五谷丰登。也指立刻：登时。

四、舛，chuǎn 金 𣥂 篆 𣥑

会意字。金文偏旁从夂（suī，左脚），从 （右脚），是趾尖相反的两只脚，用两足相背会相违背、相矛盾之意。篆文整齐化。隶变后楷书写作舛。本义为相违背、相矛盾。引申为不顺利、不幸：命途多舛。又引申指交错、错杂、错误、差错等意。

桀，jié 甲 金 篆

"桀""乘"同源。字形是一个正面的人"大"站在树上。金文在"大"上画出双脚而作" "形，这就是"乘"（"乘风"的"乘"，"在什么之上"的意思）；有的字形保存"舛"而失去"大"，就写成"桀"。故"桀""乘"同源。

人站在树上自然显得高于一般人（这里主要指品德），所以有"傑（从人、从桀会意。桀也兼表声。现简作杰）出"之意：人杰地灵、英雄豪杰。

五、出，chū 甲 金 篆

会意字。甲骨文从止（脚），从 ⊔ [凵（kǎn），古人穴居的门口]，会走出之意。金文精简，篆文讹变得不像了。本义为"脚自洞穴往外走"，即从里面到外面，外出。倘若用在动词后面，则表示显露（水落石出）、向外（跑出门）或完成（作出贡献）。引申指拿出（入不敷出）、发出（出口成章）、发生（出事）。还用作量词，指传奇中的一回或剧曲中的一个独立剧目：一出戏。

卖，mài 金 篆

甲骨文里无"卖"字。《易经·系辞下》有载："上古时代，日中为市，召天下之民，聚会天下货物，各易而退，各得其所。"所以"卖"字恐怕是以贝作为商品媒介（货币）以后才出现的。故金文"卖"字下部从"贝"，上部从 （省，察视），会看"贝"（货币）之多少而作价出售之意。篆文一形承接金文并整齐化。隶变后楷书写作賣。篆文二形从出，从買（买），会让人买去之意，即卖出。隶变后楷书写作賣。由于二字义同形近，俗遂都写作賣。如今简作卖。

卖的本义是售出物品，换取货币。也表示通过展示技艺换取钱财：卖唱。引申指尽量使出：卖力。由卖出货物引申指为了私利出卖祖国或亲友：卖国求荣。

六、此，cǐ 甲 ⸺ 金 ⸺ 篆 ⸺

会意字。甲骨文从止（脚），从人，会脚踩一人之意。金文大同。篆文整齐化。隶变后楷书写作此。本义为脚踩在这里。引申为近指代词，表示这、这个：不分彼此。又表示这儿、这里。又表示如此、这样。用作副词，表示乃、则。

七、韋（韦），wéi 甲 ⸺ 金 ⸺ 篆 ⸺

会意字。甲骨文从 ▢（囗，城邑），从两足，也有从两足或三足的，会众人环绕城池之意。金文大同。篆文整齐化。隶变后楷书写作韋。如今简作韦。是围和卫的本字。

韦，本义指环绕城池。这一形象有三种含义：就两足在城两边说，表示背离：违背。就两足在城外说，可表示包围。也可表示保卫。皮革柔韧可来回环绕，故后来韦专借用来表示熟皮革：韦编三绝。

为了分化字义，背离之义后便另加义符"辶"写作"违"来表示。本义指避开，引申指离别：久违。又引申指违反、违背、不依从：阳奉阴违。

包围之义便另加义符"囗"写作"围"来表示。本义指围绕。

保卫之义便另加义符"行"写作"衛"来表示，现简作"卫"。本义指保卫、保护：卫国战争。明代又用作军队的一种编制，五千六百人为一卫：天津卫。

八、囗，wéi 金 ⸺ 篆 ⸺

象形字。金文像围绕之形。篆文把圆形改为方形，意思不变。本义为围绕。古也用作"国"字。后来，由于"囗"作了偏旁，围绕之义便写作"围"。

1. 国，guó 甲 ⸺ 金 ⸺ 篆 ⸺

会意字。国与或、域同源。甲骨文从囗（城），从戈，表示以戈守卫城池。金文大同，只是多了两条标志范围的界线，表意更加明确。因为古代的邦国指的就是一座城池及周围的地域。为了与"或"相区别，篆文在其外又加了一个囗，以突出范围之意。隶变后楷书写作國。如今简化作国。本义为邦国，指的是王侯的封地。也指都城。又指地区：北国风光。后来主要指国家：国以民为本，民以食为天。用作定语，特指中国的，代表国家的，全国最突出的：国画。

为了分化字义，地区之意另加义符"土"写作"域"来表示。域，本义指一定的区域。也指邦国、封邑。

2. 回，huí 甲 金 古 篆

象形字。甲骨文像水的漩涡之形。金文和古文大同。篆文整齐化。隶变后楷书写作回。本义为旋涡。旋涡有回绕、旋转之意。由此派生出来的引申义有：掉转（回头，回顾）、转变（回心转意）、还（回归）、答复、回报、转移、改变（百折不回），也作量词用，表示次、件、章。后来，由于"回"为引申义所专用，旋涡之义便另加义符"氵"写作"洄"来表示。

3. 园，yuán 篆

本作園，从囗，袁声。现简作园。本义为种植果木的地方：果园。引申泛指种树木、蔬菜的地方：菜园。引申泛指供人休憩游览娱乐的地方：公园、游乐园。又特指帝王后妃的陵墓：陵园。

4. 圃，pǔ 篆

从囗，甫声。指种菜的地方。也指种菜或种菜的人：（樊迟）请学为圃，（孔子）曰："吾不如老圃。"引申泛指园子：苗圃。

5. 啚，bǐ 甲 金 篆

会意字。甲骨文上从囗（表示范围），下从亩（粮仓），会郊野收藏谷物之处之意。隶变后楷书写作啚。是鄙的本字。本义为郊野收藏谷物之处，粮仓多建于乡野，故引申指乡下或边远地区。粮仓多为鄙陋简易之所，故又引申指鄙吝。存粮之所多绘有图形。故又读tú，表示图绘、图形。

由于"啚"作了偏旁，乡下、鄙吝等义便另加义符"阝"写作"鄙"来表示。鄙，从阝、从啚会意。啚也兼表声。用以表示边邑。引申指鄙陋，见识浅。又引申指轻蔑。又用作谦辞。图绘之意则另加义符"囗"写作"圖"。圖，从囗、从啚会意。如今简作"图"。用以表示地图。引申泛指图画、图形。用作动词，指画图、构图：唯利是图。用作名词，指意图。

6. 因，yīn 甲 金 篆

象形字。在甲骨文中，因与席、丙（tiàn）同形，皆像上有编织花纹的方形席。也有人认为是一个人睡在席子上之形。篆文整齐化。隶变后楷书写作

因。本义为席子，是茵的本字。席子是供人借垫而坐卧的，故引申为依靠、凭借：因人成事。引申为依据：因势利导。原因也是一种凭借，故引申为原因、缘故：事出有因。又指因缘。虚化为连词，表示因为：因噎废食。

后来，由于"因"为引申义所专用，席子的意思便另加义符"艹"写作"茵"来表示。本义为古代车上的垫席。引申泛指垫褥：绿草如茵。

7. 囚，qiú 囚

会意字。人被四面围住，表囚禁之意。用作名词，指被囚的犯人：囚徒。

8. 困，kùn 甲 囷 古 㭣 篆 困

会意字。甲骨文从囗，从木，会立于两扇门中的木橛之意。作用是限制门的转动，故古文从止木。篆文承接甲骨文并整齐化。隶变后楷书写作困。本义当为止门之木橛。门橛是限制门转动的，故引申指艰难、窘迫。用作动词或使动，指陷入或使陷入艰难窘迫的境地。引申为围困。又引申指经济困乏或精力疲乏。也指疲乏想睡。

9. 固，gù 篆 固

形声兼会意字。从囗，从古（长久），会四面闭塞永固之意。古也兼表声。本义为四面闭塞牢固。引申指坚硬、坚固、牢固等。

10. 囱，cōng 甲 ⊗ 金 ⊗ 篆 ⊗

象形字。甲骨文像一个圆形的洞孔，内壁插着短栅，本义为安设在墙上通风采光的窗户。金文承续甲骨文字形。篆文讹变，将金文窗户的栅格"⊗"写成"✕"，并在窗顶加一短竖"丨"，表示从屋顶突出的排烟管道。隶变后写作囱和匆二字。读chuāng，本义指开在屋顶上的天窗。是窗的初文。由天窗再引申，读cōng，指灶突，即今之烟囱。

后来，由于"囱"专用来表示烟囱，墙上的窗户便另造了"牖"来表示，屋顶的天窗之意则在"囱"的基础上加上义符"穴"写作"窗"来表示。如今成了一切窗户的通称。

11. 总，zǒng 篆 總

形声字。从糸，恖声。本义指把丝聚合扎束起来。俗简作緫。如今进一步简作总。引申泛指聚合、总括：总汇。由总括又引申指统领。聚合则包括全体，故又引申指全部、一概：总动员。进而引申指总归、都。又引申为一直、老是。

九、足，zú 甲 金 篆

象形字。甲骨文一上像膝盖，中间是小腿，下像脚。甲骨文二从止（脚），从口（膝盖）。本义指包括膝盖和脚在内的整个小腿。后转指脚：画蛇添足。由人之下基，引申指充实、充足：知足常乐。由充足，又引申指够得上、值得：微不足道。

路，lù 金 篆

会意兼形声字。从足，从各，会人足所走的途径之意。各也兼表声。本义为道路。

十、疋，shū 甲 金 篆

象形字。疋与足本为一字。甲骨文像一条小腿形，表示脚。金文线条化。篆文文字化。隶变后楷书写作疋。本义为脚。借为"疏"，表示疏记。又借为"胥"，表示小吏。又通"雅"，表示正。

疑，yí 甲 金 篆

会意字。甲骨文像一人拄杖站在半条街上，左右张望之形，表示犹豫不行之意。金文加上义符"止"（脚）和声符"牛"，以强调行止不能确定。篆文承接金文误将张望之人讹为"匕""矢"，省去半条街，将"牛"声改为"子"声。隶变后楷书写作疑。本义为犹豫不行。引申为疑惑、不明白。又引申为疑问。也指怀疑、猜忌。又引申为好像：山重水复疑无路。

十一、正，zhèng 甲 金 篆

会意字。甲骨文从 ✓（止，脚），从 □（囗，城），会直对着城邑进发之意，是征的本字。金文将城市填实。篆文将实心点写成一横。隶变后楷书写作正。读zhèng，正的本义为直对着城邑出发，即远行。"正者，是也。"由正对着，引申为端正、不偏斜、垂直、面向。引申指正面，合乎规范，纯正，恰巧等意。"征者，使之正也。"用作使动，指使……端正，改去偏差或错误：正本清源。又读zhēng，用于"正月"。古人把一年十二个月和天上的十二个时辰（子丑寅卯辰巳午未申酉戌亥）联系起来。依夏历，北斗的柄指寅时为岁首，照此以为标的，故曰正。后来，由于"正"为引申义所专用，征战之义便另加义符"彳"（行）写作"征"来表示。

乏，fá 金[篆字] 篆[篆字]

会意字。"乏"字是"正"字的变体字。金文与正同形而稍加歪斜不正，以会远征疲劳而罢征之意，篆文变为反"正"，使不正（征）之意更为明显。隶变后楷书写作乏。本义为因劳乏而罢征。引申为疲劳、荒废、缺少、无能等。

"贬"是以"乏"作声兼义符的字。从贝，乏声。乏也兼表少之意。本义为减少、减损：贬值。

"征、整、政、证"是一组以"正"作声兼义符的字。征，从彳，从正（一只脚对着城邑前进），会向某地进发之意。正也兼表声。本义为有目标地远行。引申指征讨、征召、征收、征求等。整，从攴，从束，从正，会以手整理捆束使整齐之意。正也兼表声。本义为整理使齐。政，从攴（手持棍），从正，会采取措施使正确之意。正也兼表声。本义为纠之使为正。证，篆文本是两个字：一个从言、从正会意，表示以正言相谏（此意现已不用）。正也兼表声。隶变后楷书写作证。另一个从言，登声，表示以言作证。隶变后楷书写作證。如今两个字都简化为证。本义为告发、证实。

十二、是，shì 金[篆字] 篆[篆字]

会意字。关于"是"字的解说，有两种说法比较有代表性：第一种认为金文从日，从正，其中短竖象征端直，会日中端直之意。第二种认为金文从早，从止。早，从日，从十，指太阳冲破黑暗而出，故本义为"破晓"，有光明的意思。光明遍及各地，故当正确讲。从金文字形看，第二种说法更可信。

篆文整齐化，变为从日，从正。隶变后楷书写作是。本义为端直，引申为正确、对：实事求是。引申指凡是、合适等。也表示判断肯定语气。也借用作代词，表示这、此。

十三、夂，suī 甲[篆字] 篆[篆字]

象形字。甲骨文像朝下的一只左脚，是倒"止"之形，表示迟疑退回之意。篆文稍变。隶变后写作夂。作偏旁时写在字的下部。

1. 夌，líng 甲[篆字] 篆[篆字]

会意字。甲骨文上从夅（lù，地穴上的覆庐形），下从人，表示人从地穴

110

中登上来。或在人旁加出阜（上下地穴的脚窝），以强调升登之意。篆文只留下庐和足，或另加义符"阜"。隶变后楷书写作陵和夌，二字其实是同一个字的繁简二体。本义皆为从下迈上来。引申泛指超越、侵犯、欺侮。

由于"夌"作了偏旁，其义便另加义符"阝"写作"陵"来表示。所以陵的本义为升登、上升。引申为超越。又进而引申为超越、欺侮。这两个意思后来借"凌"来表示。上山要登，故又进而引申为大土山：丘陵。又引申指高大的坟墓：陵园。

2. 复，fù 甲𤈦 金𤾩 篆𡕢

会意字。甲骨文上边像有两个出入口的地穴形，下边是夂（一只脚），会进出往来之意。金文加出台阶。篆文整齐化。隶变后楷书写作复。如今又作了復与複的简化字。本义指返回：循环往复。引申为还原（恢复），回答回报。虚化为副词，表示又、再。又引申指繁复、重复。

覆，fù 篆覆

形声兼会意字。篆文从襾（yà，一正一反相蒙覆），復声。復也兼表往复之意。隶变后楷书写作覆，上边变成"西"。本义为翻转，底朝上翻过来：水则载舟，水则覆舟。引申指覆灭、失败：全军覆没。又引申指倾倒：覆水难收。

3. 夏，xià 甲𩖶 金𩖶 篆𩖦

人们都知道夏是一年里的第二个季节，是姓，却很少有人知道"夏"字本身就是雄强英武的中国人的形象。夏的甲骨文像一个手持斧钺、壮大威武的武士形：头、发、眼、躯干、手、足俱全，双手摆开了强而有力的架势，活灵活现，栩栩如生。自古以来，世界上各民族都认为自己是最伟大的，古代中国人也如此。因此，这个顶天立地、英武雄强的形象便是古代中国人的自称。"夏，中国人也。""夏者，大也。"我国古称"华夏"，便有中华伟大之意。公元前21世纪至前16世纪我国第一个朝代，便叫夏朝。我国古代的历法，叫夏历。上古时代高大的殿宇建筑也叫作夏（此义后写作厦）。"春夏草木长"，夏日炎炎，万物盛壮，人也健强，所以把一年的第二个季节叫作夏天。夏部落在当时文明程度最高，所以夏又表示雅正。

十四、夂，zhǐ 甲𠂉 金𠂉 篆𠂉

象形字。甲骨文偏旁像一只朝下的右脚形，表示到来。金文大同。篆文稍变。隶变后楷书写作"夂"。用在字的上部。"夂"和"夂"的区别在于：

"夂"的第三笔（捺）不出头，而"夂"的这一笔出头。

1. 夆，féng 甲 🔣 金 🔣 篆 🔣

会意兼形声字。甲、金、篆兼从夂（朝下的一只脚），从丰（在分界上封土植树），会至此相遇之意。丰也兼表声。隶变后楷书写作"夆"，是"逢"的初文。本义为迎头相遇。引申也指牾逆。又表示丰厚。后来，由于"夆"为引申义所专用，相遇之义便另加义符"辶"写作"逢"来表示。逢，从辶，从夆。夆也兼表声。会走路相遇之意。引申指碰上：狭路相逢、逢凶化吉。

2. 夅，xiáng 甲 🔣 金 🔣 篆 🔣

会意字。夅与降在甲骨文和金文中为同一个字，皆从夅（为一前一后的脚尖朝下的两只脚），从阝（阜，古代穴居上下的脚窝），表示登着墙上的脚窝从高处走下来之意。篆文分为繁简二体。隶变后楷书写降作夅。本义为从高处走下来，下降。引申指悦服。又引申泛指降服。

后来，由于"夅"作了偏旁，其义便由"降"来表示。降是个多音字，读jiàng，本义指从高处走下来。引申泛指下落：降雨。又引申指使下落：降级。又表示给予：降福。又读xiáng，用作"夅"，指投降、归顺：宁死不降。用作使动，表示降服，使……驯服：降龙伏虎。

"隆"是以"降"作声符的字。从生，降声。本义为高地。用作使动，表示使……高起。由高起引申指尊崇。又引申指兴盛、盛大：兴隆、隆重。又引申指程度深：隆冬。"窿"是以"隆"作声符的字。从穴，隆声。本义指煤矿坑道，引申泛指窟窿。

十五、来，lái 甲 🔣 金 🔣 篆 🔣

来是麦子的象形，麦的本字，名词。甲骨文一形，中间一竖像麦秆；秆上的"〰"形像弯垂的麦叶；秆下向两边斜伸出的斜线，那是露出地面的气根。线条与造型非常简洁。甲骨文二形麦顶上增加了勾头下坠的麦穗的形象。金文大同，麦穗头向右边弯。篆文讹变，麦穗头成为横穿麦秆上的短横。隶变后楷书写作来。

生物学家于景让认为，麦子原产于中亚细亚地带，远古时代，随着民族迁徙，麦子也传入我国中原，于是有了这种粮食作物。

麦子秋天下种，来年收获，古人认为麦子是"天所来也"（许慎）。关于鸟衔种子，现在流传的许多民间故事、传说，都说明古代人的这一认识。

根据这个认识，先民造了"来"下加"夊"的"麥"字，以"来"表麦形，以"夊"表"自天降来"的"降来"之意。因此，这两个字的本义非常明显："来"是麦子，"麦"表来临。岂料历史发展的结果是文字分配颠倒了："来"成了动词，加上"夊"的"麦"反而成了名词。古人吃麦粥、麦饼汉代才有。

十六、麦，mài 甲 金 篆

古人认为麦子是"天所来也"（许慎），于是造了一个"来"下加"夊"的"麥"字，会到来之意。本义指到来。后来在使用中用以表示小麦。又用作姓。

十七、行，háng 甲 金 篆

象形字。甲骨文像十字路口形。金文大同。篆文讹变。隶变后楷书写作行。读háng，本义为十字路口。引申泛指道路：银行（银钱通行之路）。由条状的道路引申为行列、行阵：行伍出身。由行列的次序引申为行辈、排行。又引申指行业、行业机构：行行出状元。

路是供人走的，故又读xíng，表示行走、出行，与出行有关的：携手同行。引申指流通、传递，流动性的：发行、通行。由行走又引申指做、进行：身体力行。做则能成，故又引申指行得通，可以：你真行！用作名词，表明品质的动作行为：品行、德行。用作副词，指将要：行将到期。又指古乐府的一种体裁：歌行。

1. 衍，yǎn 甲 金 篆

会意字。甲骨文从水，从行，会大水循河漫流之意。金文稍简。篆文整齐化。隶变后楷书写作衍。本义为大水循河漫流。引申指溢出。引申指动植物滋生繁茂：繁衍。引申为延伸、展开。又引申为多余的：衍文。

2. 秫（术），zhú 甲 金 篆

象形字。甲骨文像掐下来的一个高粱穗形。金文加出了高粱粒和操作的手，更加形象。篆文另加义符"禾"，遂分为繁简二体。隶变后楷书分别写作术和秫。如今"术"用作了"術"的简化字，并用作"朮"的异体字。

术，读shú，本义指黏高粱。后来，由于"术"作了偏旁，便另加义符"禾"写作"秫"来表示。也泛指高粱。又读shù，用作"術"的简化字，用以表示道路。由道路引申为门径、方法、策略：战术。由方法引申为技艺、技

术：医术。用作抽象意义，引申指主张、学说：学术。术又读zhú，是"朮"的异体字，用作菊科术类植物的泛称：白术、苍术。

"述"是以"术"作声符的字。从辶，术声。本义为遵循。引申指阐述前人的陈说：述而不作，信而好古。进而引申指陈说、记叙：述说、叙述。

3. 衔，xián 篆銜

会意字。篆文从金，从行，用行马时用的金属物品会嚼子之意。隶变后楷书写作衔。如今简作衔。本义指横在马口中用来控制马的嚼子。由衔在马口中，引申指用嘴叼着：燕子衔泥。又引申指包含：衔远山，吞长江。引申指心中怀有：衔恨。由衔着，引申指相接。由相接续，引申指官吏的阶位：军衔、官衔。

4. 街，jiē 篆街

形声字。从行，圭声。本义指比较宽的十字大道。引申泛指街道。又引申指集市。

5. 衡，héng 金衡 篆衡

会意兼形声字。金文从角，从大会意，表示绑在牛角上以防触人的横木。行声。篆文整齐化。隶变后楷书写作衡。本义为绑在牛角上以防触人的横木。引申指车辕前的横木。又引申指加在门窗或屋梁上的横木。引申指秤：度量衡。用作动词，指称量。用于抽象意义，指衡量、评定：权衡。进而引申指对等：抗衡。

为了分化字义，后来"衡"主要用于表示衡量等义。横竖等义则用"横"来表示。横，从木，黄声。读héng，本义指门前的横木，栅栏。后用以表示与水平一致的横向。引申也指东西向或左右向的：人行横道。用作动词，指使物体成为横向：野渡无人舟自横。又引申指充溢、充盈：妙趣横生、老气横秋。用作形容词，指宽阔、广远：浩浩汤汤，横无际涯。又读hèng，由横着引申指不顺、蛮横。进而引申指意外的：飞来横祸。

十八、彳，chì 篆彳

象形字。篆文"彳"由半条街讹变而来。本义为半条街。"彳"是汉字部首之一，习惯上称为双人旁。从"彳"的字多与行走、行为和道路有关。

徒，tú 甲 金 篆徒

甲骨文是个会意字，从（尘埃"⸱"飞扬的土""），从（止，即"趾"，脚板），表示光着脚在泥地上行走。金文从彳从，止从，土，土亦声。本义指在土地上行走，即不凭借其他交通工具徒步而行。所以"徒"有仅仅地、白白地等意思，如徒手、徒劳、家徒四壁等。

径，会意兼形声字。从彳（街道），从巠（直的经线），会像经线一样的人行小道之意。巠也兼表声。本义指小路，或走小路：小径。引申指方法、途径：门径、路径。小路近直，故引申指直径。又指直、径直、直截了当：径自主张。

德，dé 甲 ![] 金 ![] 篆 ![]

会意字。甲骨文从彳（行，街道），从 ![]（直，目视标杆），会视正行直之意。金文加义符"心"（![]），突出心地正直之意。本义为对人讲理，于己无愧，即真诚，表里如一。引申泛指道德、品行：德才兼备。按照好的品德行事于人有益，故又引申指恩惠、恩德：感恩戴德。用作动词，指施予恩惠或感激恩德。道德是人的内心品质，故又引申指心意、信念：同心同德。

微，wēi 甲 ![] 金 ![] 篆 ![]

会意兼形声字。甲骨文和金文都用"敚"来表示。篆文从彳（半条街），从敚，会隐藏行踪之意。敚 也兼表声。本义为隐蔽行踪。引申为秘密的、不显露的、暗暗的：微服私访。用作"敚"，表示细小：防微杜渐。又引申指衰落，地位等。又表示如果没有：微斯人，吾谁与归？

十九、走，zǒu 金 ![] 篆 ![]

象形兼会意字。金文像一人甩臂跑步之状，下从止（脚），会奔跑之意。本义为奔跑：走马观花。引申指趋向、奔向：走俏。又引申指步行。也指来往、移动、改变：走亲戚。又引申指泄露：走漏风声。

二十、辵，chuò 甲 ![] 篆 ![]

会意字。甲骨文从行（大街），从止（脚），会在街上走路之意。篆文省去半条街。隶变后楷书写作辵。作偏旁时写作"辶"。本义为走路。也指越级跨台阶。引申为疾走。由于《说文解字》的解说（辵，乍行乍止也。从彳，从止），也遂表示步履跨踏。以"辵"作义符的字有很多，下面分类试析之。

1. 逐、进

逐和进皆有"追"之意。"逐"是指追逐野兽。"逐"的甲骨文有的写作 ![]，指追赶鹿，有的写作 ![]，指追赶野猪，也有写作追虎，追双豕的。最后

第一章 以人体为内容的部首

固定为"逐"。"进",本写作"進",甲骨文写作 ,为追赶飞禽之形,现在主要当前进之意讲。

2. 通、达

通,tōng 甲 金 篆

形声兼会意字。甲骨文从彳(半条街),从甬(表示桶状物),会通达之意。甬也兼表声。金文另加义符"止",以强调走到之意。本义为通达、到达。引申为贯通、顺畅:中通外直。又引申为沟通、连接、交往:互通有无。又指传达:通风报信。也引申指通晓:一窍不通。也指普遍的:通常。又引申指从头到尾,全:通力合作。

达,dá 甲 金 篆

会意字。甲骨文从大,从辵,会通达之意。金文另加一"羊",以突出行动像羔羊一样蹦跶轻捷。篆文承接甲骨文、金文列为二体。隶变后楷书写作达与達。如今简化为达。本义为行动轻捷畅达。引申指到达、畅通:四通八达。又引申指达到、实现。又引申指通晓、明白:通权达变。又引申指表达:词不达意。又引申指明达,心胸开阔:豁达大度。由通达引申指得志,得行其道:穷则独善其身,达则兼济天下。进而引申指显贵。

3. 追、遣

追和遣中,都有一个"𠂤"字,"𠂤"的甲骨文写作" ",为弓形,代表军队。

"追",从𠂤,从止,指追击敌人的军队,泛指追赶。

𢀠,qiǎn 甲 金 篆

会意字。甲骨文是两手持一弓放入祭器或葬坑之状。是古代送葬时以弓入葬的一种祭奠仪式。金文或另加义符"辵(辶)"表示发送。篆文继承金文并线条化。隶变后楷书写作𢀠和遣,实际上是同一个字。𢀠,由送葬之祭引申指送葬之物。

遣,从辵(辶),𢀠声。由送葬之祭引申指使离开、打发、差使:调兵遣将。让囚徒离开或强使到远方去,则指释放、放逐:遣散。又引申指排解、抒发。

4. 迎、逆

迎,会意兼形声字。从辶、从卬会意。卬也兼表声。与"逆"为同源字。本义指对着、向着:迎面过来。引申指迎接:欢迎。

逆，nì 甲ᓀ 金ᓀ 篆ᓀ

形声兼会意字。从辵，屰声。屰也兼表意。本义为迎接，因为迎接要逆行才行。引申为方向相反，不顺：逆水行舟，不进则退。再引申为抵触、违背：顺天者存，逆天者亡。进而引申为反叛：逆贼。后来，由于"逆"为引申义所专用后，迎接之义便由"迎"来表示。

5. 道，dào 金ᓀ 篆ᓀ

会意字。金文从行，从又，从首，会手在头前于路上引导前行之意。篆文讹变。读dǎo，本义当为引导。引申为疏通、开导。以上含义后来另加义符"寸"写作"導"来表示。如今简作导。又读dào，由在路上引导，引申指道路：康庄大道。又引申为方向、途径：志同道合。又引申指道理、规律：天道酬勤。又引申为主张、学说，思想体系。也指方法：门道。也指述说：说长道短。又引申指道教、道家。也用作量词。

6. 退，tuì 甲ᓀ 古ᓀ 篆ᓀ

会意字。甲骨文从ᓀ（豆，食器），从ᓀ（止，脚，表示走开），会餐毕下桌离席之意。古文从辶，从日，从夂（朝下的脚），用日日行迟，会后退之意。篆文改为从彳（路）。隶变后楷书写作復与退。本义为后退。引申为离去：退位、退场。又引申指返回、退还、撤销、悔改：退钱。又引申指衰减、消失。

7. 造，zào 金ᓀ 篆ᓀ

会意兼形声字。金文从舟，从宀（房），从告，会乘舟前往到访之意。告也兼表声。本义当为到访。引申指达到某种程度或境界。用作名词，指成就。又引申指给予生命。又表示制作、创造、虚构等。

8. 遂，suì 金ᓀ 篆ᓀ

会意字。金文从辵（行走），右上像用手撒播种子形，会边走边撒种之意。篆文改为从辵，从豕（坠落），用意相同。本义当为边走边撒。引申为行往、前进。又引申指道路，由道路引申指通达。进而引申指顺从、如意，此义用于"半身不遂"中，读suí。再引申为完就、成功：功成事遂。虚化为副词，表示竟、终于、就、于是。

二十一、ᓀ，yǐn 篆ᓀ

象形字。金文从彳（半条街），将其下拉长，表示漫漫长路。隶变后楷书写作㢟。本义为长行。引申泛指拉引、延伸。

建，jiàn 甲㡳 金㡒 篆㡔

象形字。甲骨文像一人立于船头持篙撑船形。金文将持篙讹为"聿"，船讹为"匕"。篆文承接金文进一步将船讹为"廴"，成了从聿、从廴的会意字。隶变后楷书写作建。本义为竖篙撑船。引申泛指竖起、树立。又引申为设置、建立：建国、建功。又引申指建筑。撑船时船篙一会儿竖起一会儿放倒，故引申指倾倒：高屋建瓴。

二十二、延，chān 甲 金 篆

会意字。甲骨文从彳（半条街），从止（脚），会在街上走路之意。金文大同。篆文承接金文并加以整齐化，将彳下画拉长，遂变为廴。隶变后楷书写作延。当是辵的变体。本义为慢慢走路。

延，yán 甲 金 篆

会意兼形声字。甲骨文和金文与"延"同，从彳（半条街），从止（脚），会走长路之意。篆文在"延"的基础上另加义符"厂"（表示拉引），以强调引长之意。隶变后楷书写作延。本义为走长路。引申泛指长。用作动词，指伸展、延长。又指延续、延及：蔓延。又引申为展缓、推迟。也指引进、迎候：延请。

第二章
以器用为内容的部首

本章讲述以器用为内容的部首及所从诸字。共分七类，先介绍与祭祀有关的部首及所从诸字，再按战争、衣、食、住、用五类分别讲述有关部首的字源及所从诸字，还有一些部首也跟器用有关，归为最后一节——与器用有关的其他部首。

第一节　与祭祀有关的部首

一、示，shì 甲﹐篆示

象形字。甲骨文像用两块石头搭起的简单祭台形，犹如现今农村的供桌或香台子，用以供奉神主，遂成为神灵的象征。隶变后楷书写作"示"，做左偏旁时写作"礻"。

示的本义为祭台神主。先民缺乏科学知识，对于各种自然天象不能理解，便祭祀膜拜，认为是天神显灵，向人垂示吉凶祸福，故表示上天垂示吉凶祸福。引申泛指把事物拿出来或指出来让大家知道：国之利器不可以示人。引申又指告示、指令：请示。

1. 祖，zǔ 甲 金 篆

会意兼形声字。从示、从且会意。且也兼表声。本义指祭祀祖先的宗庙：左祖（今劳动人民文化宫）右社（祭祀土地神的地方，今中山公园的社稷坛）。也指祖先、祖宗。又特指先祖。先祖是人的开始，故又引申指起始、初始，引申指事业或学派的创始人：开山鼻祖。

2. 社，shè 甲 金 篆

会意兼形声字。从土，从礻，土亦表声。本义指土地神或土地神主。用作动词，指祭祀土神。用作名词，指祭祀土神的地方或日子：旧时茅店社林边，路转溪头忽见（宋·辛弃疾《西江月》）。后也引申指从事某种共同工作或生活的集体性组织：社团。

3. 宗，zōng 甲 金 篆

会意字。甲骨文从宀（房），从示（祭坛），本义为祭祀祖先的庙。引申为祖先，同一祖先的家族。又引申指宗旨、主旨等。

4. 祭，jì 甲 金 篆

会意字。甲骨文从示（祭台），从又（手），从肉，会以手持肉置于祭台上致祭之意。本义为祭祀：家祭无忘告乃翁。

"察"是以"祭"作声兼义符的字。从宀，从祭，会庙祭必详究细审之意。引申为考察、细看，看清楚、看明白。"擦"是以"察"作声符的字。从手，察声。本义为摩擦。

5. 祝，zhù 甲 金 篆

会意字。甲骨文是一人跪于示（祭台）前张口向天祭奠祷告求福之状。本义为祭祀时主持祭礼念颂词的人。后世指庙中司香火的人：庙祝。也指向神灵祈祷求福。引申指衷心地表示对人或物的美好愿望。

6. 禁，jìn 篆

形声兼会意字。篆文从示，从林（坟地多植树，故坟地特称"林"），会令人忌讳的坟地之意。林也兼表声。本义为令人忌讳的坟地。引申泛指忌讳、避讳：禁忌。又引申为不许、制止。也指法律或习俗不允许的事物。皇帝驻地不许闲人进入，故旧又特指皇帝住的地方：紫禁城。又读jīn，表示受得住、忍耐：弱不禁风。

7. 禦（御），yù 甲 金 篆

会意字。甲骨文像一个人跪于悬铜前，是古代的一种悬铜之祭，用以驱鬼辟邪，消灾除病。或另加"示"，以强调悬铜之祭；或另加"彳"，以突出驱除之意。本义为悬铜祭祀以祈免灾祸。后来"御"借作"馭"，专用指驾驭马车，驾驭：礼乐射御书数。后亦泛指驾驭一切运行或飞行之物。由驾驭马车引申指治理、统治。封建时代皇帝是驾驭统治一切的，故又引申特指与君主帝王有关的事物。

"御"为引申义所专用，悬铜祭祀以祈求免去灾祸之意便由"禦"来承担。故"禦"表示祭祀以祈免灾祸，引申为禁止、防备。又引申为抵挡。如今禦简化为御。

8. 祟，suì 篆

会意字。从示，从出，表示鬼魅出来作怪。本义为鬼神作怪带来祸害。引申指行为不正当，不光明，暗中做坏事：鬼鬼祟祟。

二、且，zǔ 甲 金 篆

象形字。且与俎、祖同源。指祖先排位。祖先崇拜是人类对血亲先辈的敬仰，目的是求祖先保佑增进家庭团结、发展。引申指祖先。后来"且"被借为虚词，主要用作连词，表示递进，相当于况且。又表示承接，相当于并且。

又表示并列，相当于又。又用作副词，表示暂时、姑且。后来，由于"且"为借义所专用，祖先之义便另加义符"示"写作祖来表示。

1. 宜，yí 甲🔲 金🔲 篆🔲

会意字。甲骨文从且，上有肉，会置肉于祖先排位前进行祭祀之意。金文大同。篆文简化，上讹为宀。隶变后楷书写作宜。本义为祭祀土地神。祭祀是应当做的事，故引申为适宜的事。进而引申指合适。

2. 查，zhā chá 篆🔲

形声兼会意字。篆文从木，从且（木桩），会砍剩的残桩之意。且也兼表声。隶变后楷书写作相。后来"木"旁移到上面，"且"讹为"旦"，遂写作"查"。读zhā，本义为砍剩的木桩。也指渣滓。又读chá，由木栏引申指木筏。木栏是阻拦用的，故又引申指检查。又表示调查。也引申指翻检：查资料、查字典。

3. 沮，jǔ 甲🔲 金🔲 篆🔲

形声兼会意字。甲骨文从水，从且（表置放），会水流注的低湿烂泥地之意。且也兼表声。读jù，本义为低湿的烂泥地。又读jǔ，指受挫而消沉：沮丧。

4. 助，zhù 篆🔲

形声兼会意字。从力，从且（置物俎），会加力相佐之意。且也兼表声。本义为帮助。

三、卜，bǔ 甲🔲 金🔲 篆🔲

象形字。甲骨文像龟甲灼烧后出现的纵横裂纹形，是兆象的简形，古人观此以判断吉凶祸福。本义为灼烧甲骨取兆以占吉凶。引申泛指用以预测吉凶的各种迷信活动。引申为推测、选择等。

1. 占，zhān 甲🔲 篆🔲

会意字。甲骨文🔲从卜（灼龟之兆纹），从口。有的甲骨文🔲另加出一块卜骨，会观察兆纹推断解说吉凶之意。隶变后楷书写作占。本义为视龟甲之兆推知凶吉。读zhān，本义指视龟甲之兆推知凶吉，泛指通过察视物象来推断吉凶。又读zhàn，引申为占有，处在某种地位或情形等。

2. 外，wài 甲🔲 金🔲 篆🔲

会意字。从夕，从卜。通常在白天占卜，如在夜里占卜，表明边疆（外）有事。又有人说，因为要在外过夜，故要卜问吉凶。本义指外面、外部。

3. 贞，zhēn 甲🔲🔲 金🔲 篆貞

形声兼会意字。甲骨文是一只鼎形。鼎是古人的食器，一般三足两耳硕腹，后转为铭功记绩的礼器，遂成为传国之宝，象征吉祥，借以表示端正不移。或另加义符"卜"，会卜问吉祥正事之意。鼎也兼表声。篆文将鼎讹为"贝"。本义为卜问吉祥，即问事之王。

4. 卦，guà 篆卦

形声字。从卜，圭声。本义指象征自然现象和人事变化的一套符号，供占卜用。八卦互相搭配演为六十四卦。用作动词，指占卜、算卦。也用以比喻变化：变卦。

5. 兆，zhào 甲🔲 篆🔲

象形字。甲骨文像古人占卜时烧灼龟甲所出现的裂纹之形，即卜兆。篆文整齐化，或另加义符"卜"以突出其为卜兆。隶变后楷书写作兆。本义为卜兆。引申泛指征候，迹象：预兆。用作动词，指预先显示：瑞雪兆丰年。

6. 乍，zhà 甲🔲 金🔲 篆🔲

会意字。甲骨文和金文下边皆从刀，上边从卜。是卜人用刀刮削钻刻龟甲，然后灼烧之，视其裂兆进行占卜之意。本义指制作龟卜。制作龟卜是占卜的开始，故"乍"既表示制作、创造，又表示起始、兴起。由起始、灼裂，引申指竖起、耸起、张开。进而引申指因害怕而颤动：一惊一乍。由此引申指突然、猝然。后来，由于"乍"为引申义所专用后，制作、起始等义便另加义符"亻"写作"作"来表示。

作，本义指制作龟卜。故表示起始：天下难事必作于易，天下大事必作于细。又表示制造。又表示刮削。由开始又引申指兴起、振作、产生：兴风作浪。进而引申指站起：舍瑟而作（《论语·先进》）。由制造引申指从事某种工作或劳动：劳作。再引申指进行：作报告。由开始制作，引申指创作、创造：作曲。由创作又引申指作品：著作。

四、爻，yáo 甲🔲 金🔲 篆爻

象形字。甲骨文像算筹相交之形，表示交叉之义。金文多了两个筹码，其义不变。篆文承接甲骨文并整齐化。隶变后楷书写作爻。本义为算筹交叉。算筹是古人学习计算的工具，运用算筹交叉，可以产生许多变化，表示事物错杂混淆。故用以表示《周易》中世界万物变化的符号。

肴，yáo 篆

形声兼会意字。从肉，爻声。爻也兼表杂错意，表示切碎可吃的肉类食品。

驳，bó 甲 篆

会意字。从马，从爻，会马的毛色混杂之意。引申泛指颜色不纯：斑驳。引申又指混杂。由混杂又引申指驳斥。

五、禾，jī 篆

象形字。篆文像树梢弯曲形，表示树梢因受阻碍不能向上长而变弯曲。

稽，jī 篆

会意兼形声字。从禾（木曲头），从尤（赘疣），表示树木不正经向上长而长出弯曲多余的树杈，会留止之意。旨声。本义为迟留不进。由留止进而引申为停下来考核：稽查。进而引申为计较、责难。又读qǐ，引申用于稽首，占卜时行礼，头至地停留片刻再抬起来。是古代一种叩头至地停一下的大礼。后指臣拜君之礼，为拜中最重。

六、茍，jì 甲 金 篆

会意字。甲骨文从羊，从跪人，大约是个羌族的俘虏。俘虏古代都用作奴隶，故金文加"口"又加"攴"（手持棍），会督责其认真做事之意。篆文为繁简二体并整齐化。隶变后楷书分别写作茍和敬。如今简化成茍（jì）和敬。"茍"遂和"苟"（gǒu）相混。"茍"（jì）只作偏旁，不单用。单用的字是"苟"（gǒu）字。

因此，茍（jì）和敬实为一字，本义为认真做事。茍（jì），是敬的初文；敬，是茍（jì）的繁化。本义指做事认真。引申为敬重：相敬如宾、敬而远之。又引申指有礼貌地奉上：敬酒。

警，jǐng 篆

形声兼会意字。从言，敬声。敬也兼表敬慎之意。本义为告诫。词义强化，指戒备、防卫。用作名词，指紧急的情况或消息。特指语意凝练新颖：警句。

七、亯（享），xiǎng 甲 金 篆

象形字。甲骨文字形象建于高高的基础之上的庙堂形，象征祭祖的宗

庙。金文和篆文稍讹，中加一点，或指明在这里祭献神主之意。隶变后楷书写作亯与享。如今规范化用享。本义为献享、享祭。引申泛指享用、享受。因为与神通，故有"通"义。字作"亨"，如乾卦"元亨利贞"之"亨"，即"通"之义。

1. 亨，hēng 甲 金 篆

象形字。甲骨文字形像建于高高的基础之上的庙堂形，象征祭祖的宗庙。金文稍讹，中加一点，或指明在这里祭献神主之意。篆文分为二形，隶变后楷书写作享与亨。

古代"亨"兼有享、烹二字的意思。后来，为了分化字义在"亨"上加一横成"享"，下面加"火"成"烹"，遂分化成三个字。用"亨"专表通达；用"享"专表享受；用"烹"表示煮食物。

2. 烹，pēng 篆

会意兼形声字。从火、从亨会意。亨也兼表声。本义指煮食物。又指古代一种用鼎煮杀人的酷刑。

3. 孰，shú 甲 金 篆

会意字。甲骨文是一人向宗庙敬献祭品之形。金文另加一"女"，表示女善于烹饪。篆文将女改为"羊"，表示所献为做熟的味道醇厚的肥羊。隶变后楷书写作孰。是熟的本字。本义为烹熟。引申也指植物果实、种子成熟。后来借为疑问代词，表示谁。又表示什么：是可忍，孰不可忍？也表示哪个：孰长孰短。

后来，由于"孰"为借义所专用，食物煮熟了之义便另加义符"火"写作"熟"来表示。熟，从火、从孰会意。孰也兼表声。本义为饭熟。引申指植物成熟：瓜熟蒂落。再引申为深、透：深思熟虑。再引申为熟练：熟能生巧。也引申指习惯：轻车熟路。

"谆"是以"享"作声符的字。从言，享声。本义为教诲，恳切耐心的样子：谆谆教导。

八、㫗，hòu 甲 金 篆

象形字。㫗与覃同源。甲骨文像一个巨口狭颈大腹的酒坛子形，只是上边比"覃"形少了个盖，表示浓烈的酒香正在冒出来。金文稍讹。篆文就变得不像了。隶变后楷书写作㫗。本义当为酒味醇厚，引申泛指厚。后来，由于"㫗"作了偏旁，酒味醇厚之义便借"厚"来表示。

厚，hòu 甲🔲金🔲篆🔲

会意兼形声字。从厂、从昦会意。昦也兼表声。本义指用"厂"盖住，不使器中的酒香味逸出，为醇厚之意。引申泛指物体上下面的距离大。用作名词，指厚度。由物体厚引申也指数量、质量、重量的多、重、大：深情厚谊。又引申指忠厚：厚道。用作动词，指重视：厚古薄今。

覃，tán 金🔲篆🔲

会意字。金文下边是个酒坛子，上边是西（竹器），表示用竹器漉酒，会坛中盛有香气远引的醇厚美酒之意。如今农村酒坛子上还用一个布包着干酒糟做成的盖子，大概就是用西漉酒的遗迹。篆文上边讹为"卤"。隶变后楷书写作覃。本义指坛中酒味醇厚，香气远引。引申指蔓延：葛之覃兮，施于中谷。如今多用作姓。

九、畐，fú 甲🔲金🔲篆🔲

会意字。畐的甲骨文就像装满鬯酒的容器。祭祀时酒壶应该是"满上"的，所以从畐的造字多有满和够的含义。畐的本义为盛满酒的酒樽。由盛满酒的酒樽引申为充满。用作名词，也指一种容器。充满则内无空隙，故又读bì，引申为狭窄、紧迫。

1. 逼，bī 篆🔲

会意兼形声字。从辶、从畐会意。畐也兼表声。本义指迫近，引申指逼迫、威胁。

2. 福，fú 甲🔲金🔲篆🔲

会意兼形声字。从示，从畐。在甲骨文中，像双手举起酒樽向示（祭台）倾倒浇祭之形，会祭祀神灵以求祐福之意。畐也兼表声。本义指保佑、赐福。用作名词，指福气。

3. 富，fù 金🔲篆🔲

形声兼会意字。篆文从宀（房屋），畐声。畐也兼表充满之意。本义为富有，家里应有尽有。引申指多、丰富。特指钱财多、富足。又引申泛指年少，未来岁月多。

4. 辐，fú 篆🔲

形声兼会意字。从车，畐声。"畐"有"腹满"意，而"辐"为圆形，与人腹满之形相类，因而"畐"在字中亦兼有表义作用。本义为辐条。插入轮毂以支撑轮圈的细条。

5. 良, liáng 甲𠨧 金𠨧 篆𠨧

象形字。甲骨文像古代穴居两侧有进出廊道之形。金文加出台阶。篆文稍讹并整齐化。隶变后楷书写作良。《说文解字》："良，善也。从富省，亡声。"所释为引申义。本义指进出的廊道。由进出廊道的高朗引申为贤明。再引申为良好、美好：良辰吉日。又引申为善良：良人。

十、鬯, chàng 甲𠚑 金𠚑 篆𠚑

象形字。甲骨文像一只酒器里盛着泡有郁金香的美酒之形。古人将郁金香草捣碎放在黑黍酿造的酒中，盖严以微火煮之，使不跑气，冷后饮用，则芳香浓郁，令人舒泰畅达，称为郁鬯酒，用来祭神、赐予、敬客。因此，鬯的本义为用郁金草和黑黍酿成的美酒。

郁，yù 篆𩰪𩰦

篆文"郁"字有两个来源。一个是形声字。从邑，有声。本是地名，指右扶风郁夷这个地方。又用作姓。

另一个是会意字。从臼（相对的双手），从缶（器皿），从冖（表蒙覆），从鬯（音chàng，表香草泡酒），从彡（表香气散发），会用双手在器皿里用郁金香泡制香酒之意。古人将郁金香捣碎放在黑黍酿造的酒中，盖严，以微火煮之，使不跑气，冷后饮用，则芳香浓郁，令人舒泰畅达，称为郁鬯酒，用来祭神、赐予、敬客。此字正是这一酿造过程的写照。隶变后楷书写作鬱。如今简作郁。本义为用郁金香草和黑黍酿造香酒。也表示郁金香草。引申指繁茂：青青河畔草，郁郁园中柳。由酒香浓盛，引申指香气浓重，香气散发。又引申指富有文采：周监于二代，郁郁乎文哉。由酒香浓郁，又引申指忧愁郁结：忧郁。

十一、凶, xiōng 甲𠙶 篆𠙶

象形字。盛"鬯"的容器（鬱）简化，去掉下半部而成"凶"形。而且器中空无一物。器空则神不保佑，故"凶"。本义为凶险，不吉利。用作名词，指死丧、灾殃等不吉利的事。又特指收成不好：凶年。引申泛指凶恶、残暴：穷凶极恶。又引申指关于杀伤或行凶的人：凶手。也指厉害、过分等。

十二、角，jiǎo 甲 金 篆

象形字。甲骨文像带纹路的兽角形。金文大同。篆文整齐化。本义为兽角。牛角曾为古人最早的饮酒器，故酒器多从角。另外，"角"在上古也当过量器，所以后来就用角作为计量单位。如《水浒传》第十一回："先取两角酒来。"这个"两角酒"，相当于现在所说的"两杯酒"。后来又从计量单位引申为货币单位，如十分为一角，十角为一元。由于角长在头顶，故引申为额头：鬓角。又引申指形状像兽角的：豆角。也指器物的角，几何上的角等。

兽角有防身的功能，故又读jué，表示竞赛、争胜：角力。后又引申指角色、演员：主角。

解，jiě 甲 金 篆

会意字。甲骨文中间是一只大牛角，两边是两只手，角的下面是一个牛头，是用双手把牛角掰下来的意思，在掰的过程中还有血溅出，见于"角"上端的两点。金文大同。篆文把手变成了刀。解的本义是指"判牛角"（割牛角）或将东西剖开。从解开引申指分解、分开、离散、消融：土崩瓦解。又引申指排解、和解、解脱、解除等。又引申指对问题的分析解释、注解、讲解。

解是个多音多义字。又读 jiè，指押送财物或犯人。也读xiè，用于"解数"，旧指武术的架势。现多用于人名或地名。

"确"是以"角"作声符的字。从石，角声。本义指土地多石而贫瘠。引申用于抽象意义，指确实不虚：千真万确、确有其事。又引申指坚定、不动摇：确信、确定。

十三、鼎，dǐng 甲 金 篆

象形字。甲骨文像一只鼎形。鼎是古人的烹煮食器，多用青铜制成，常见为圆腹三足两耳，也有方形四足的。甲骨文上端是鼎的双耳，中间为腹部，下面是三足。金文形体稍有变化。篆文就已经美化得不像鼎形了，上部的双耳似在，下部为四足之形，"目"就表示圆腹了。

鼎最初用作烹煮食器，后来发展为统治阶级表示尊严的庙堂礼器。而这种礼器只有国君才可拥有，它是政权的象征。相传夏禹收九州之金铸成九鼎，遂成为传国之宝，象征王位、帝业、政权。

因鼎原是烹煮之器，所以能引申为"鼎沸"之义，用来形容局势不安定。现在我们还用"人声鼎沸"一词形容嘈杂。又因为鼎是三足，所以三方并立常称为"鼎立"。又因为周王的鼎很重、很大，所以重臣、大臣，也称为"鼎臣"。因此，"鼎鼎"就有"盛大"之义，这就引出了"大名鼎鼎"之语。

"鼎"为部首字。从"鼎"的字，有表示鼎口圆形的 䚘，省变作"员"；刻铭于鼎的 䚘，省变作"则"；双手举鼎的 䚘，省变作"具"。

1. 员，yuán 甲 䚘 金 䚘 篆 䚘

象形字。甲骨文从鼎，上像鼎口圆形。金文稍变。篆文下边省略，遂与"贝"（贝的甲骨文 䚘 与鼎的甲骨文相似）相混。隶变后楷书写作员。如今简作员。读yuán，本义为圆形，是"圆"的本字。员是借鼎一具表示的，故引申用以表示物的数量，主要用以表示人的数额、成员：队员、成员。又表示从事某种职业的人员：官员、演员、服务员。又引申指周围：幅员辽阔。用作量词，多指武将：两员战将。又读yún，用于古人名：伍员。又读yùn，用作姓。

后来，由于"员"为引申义所专用，圆形之义便另加义符"口"写作"圆"来表示。本义指圆形：圆周、圆心。

2. 则，zé 金 䚘 篆 䚘

会意字。金文从鼎，从刀。上古时，多将刑书、律法铸于大鼎，作为人们行动的准则的记载。所以"则"字的本义为准则、法则：以身作则。规则多为分项条文，故又引申为量词，表示条：寓言两则。虚化为副词，表示肯定、判断，相当于即便、就等。用作连词，表示并列、转折、假设、对比、让步等关系。

贼，zéi 金 䚘 篆 䚘

会意兼形声字。从戈，从则，则亦声。指破坏规则。周公作《誓命》曰：毁则为贼，掩贼为藏。用作名词，指危害国家或人民的坏人：卖国贼。进而引申指强盗、小偷。虚化为副词，表示很：贼冷。

3. 具，jù 甲 䚘 金 䚘 篆 䚘

会意字。甲骨文从廾（双手），从鼎（食具），会两手举鼎供设酒食之意。金文鼎讹为"贝"。篆文整齐化，"贝"又讹为"目"。隶变后楷书写作具。本义为供设酒食。引申泛指备办、准备。进而引申为具有、具备、完备、

详尽之意。用作副词,指全、都。由备办又引申指所备办的器具、器物:文具。用作量词,指完整物件。

十四、豆,dòu 甲豆 金豆 篆豆

甲骨文豆像高脚器皿豆,内部加一横指事符号(一)表示器皿中的食物,上面的一横(一)表示盖子。本义为古代高脚的杯或盘。

豆,最早是用来盛黍稷之陶器,至周代开始为盛肉浆一类食物的食器。木制、高脚、圆口。春秋之后有盖。外面用黑漆装饰,豆的里面漆朱红色。后亦有青铜豆。后世只用它祭祀。给祖宗祭祀时,把祭品放在里面。《尔雅·释器》:"木豆谓之豆,竹豆谓之笾,瓦豆谓之登。"后借作"菽",用以表示豆类植物的种子:黄豆。引申也指像豆的东西:土豆。

1. 豊,lǐ 甲豊 金豊 篆豊豊

象形字。豊与豐在甲骨文中是同一个字。甲骨文豊像礼器"豆"(豆)中装满了祭品—串串玉环(玨玨),表示致祭之意。引申为盛大。篆文分为二体:以豊表示致祭,以豐表示丰满。本义为古代祭祀用的礼器。也泛指祭祀时的各种礼仪。后来,由于"豊"作了偏旁,其义便另加义符"礻"写作"禮"来表示。如今简化作礼。

䬫(秩),zhì 籀文 䬫

爵之次弟也。从豊,从弟。爵者,行礼之器。故从豊。有次弟,故从弟。爵之次弟。现简作秩。

秩还有一个来源,篆文写作秩,从禾,失声。《诗》曰:"积之秩秩。"谷物在仓库堆积储藏时需要按照一定的顺序,这种谷物堆积井井有条的顺序就是秩。也泛指一般的秩序、次序。古代大治之国,积九年存粮,至十年而更新,故又引申指十年。

禮(礼),lǐ 甲禮 金禮 篆禮

会意兼形声字。从礻、从豊会意。豊也兼表声。现简作礼。用以表示敬事神灵以求福。引申泛指礼仪。又引申指以礼待人、礼品等。

豐(丰),fēng 甲豐 金豐 篆豐

象形字。豐与豊在甲骨文中是同一个字。甲骨文豐像礼器"豆"(豆)里盛满两串玉形(玨),表示丰满之意。隶变后写作豐。如今简作丰。本义为豆器中丰满。引申泛指丰满、丰富、丰厚、富饶。再引申为盛大。

2. 短，duǎn 金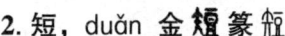

会意兼形声字。从矢，从豆。古人度量长短常以"矢"为尺度，高脚食器短于矢，故用以会不长之意。豆也兼表声。隶变后楷书写作短。本义为不长。引申为不足、缺点、短处等。

十五、玉，yù 甲 金 篆

象形字。甲骨文像一串玉形，上边是绳系。金文和篆文省作三片玉并整齐化。隶变后楷书写作 玉。三画等同。为了与帝王的"王"相区别，俗于其旁加一点写作"玉"来表示。作偏旁时称为"斜玉旁"。本义为温润而有光泽的玉石。

玉是古人祭祀的重物，如《周礼》："苍璧祭天，黄琮礼地"，知玉璧、玉琮为西周祭祀天地的贵重祭品。古人除以玉为祭祀重器之外，还以德佩。即代表佩戴者的道德水准或身份。天子执玉版，诸侯执圭，用玉玺，死后口含玉，死后用玉衣（从科学的角度看，玉石中含有锡、锌、锰等微量元素，按摩人体，有利于体内各器官功能的平衡）。

由玉石的温润光泽比喻精美、珍贵的：锦衣玉食。又比喻晶莹、洁白或美丽：亭亭玉立。美玉需要磨制，因此引申为磨炼、培养：玉成。用作敬辞，表示尊称对方的身体或言行：玉体安康。

从玉取义的字有很多，它们均与玉石的形、色、音、质有关。

（一）玉之形

环，huán 金 篆

会意兼形声字。从玉、从睘会意。睘也兼表声。本作環。如今简作环。本义指孔的直径和周边的宽度相等的玉璧。引申泛指环形的东西：耳环、铁环。用作动词，表示环绕：环视。

璧，bì 篆

形声字。从玉，辟声。本义为平而圆，中心有孔的玉。古代在典礼时用作礼器，亦可作饰物。引申泛指玉的通称。

（二）玉之色

1. 现，xiàn 篆

形声字。从玉，见声。本义为玉光。由光的外射，引申指显露：现身说法。由显现在眼前，引申指此刻、今时：现状。又引申指当时、当场：现场指挥。又引申指现有的：现金。又特指现款：兑现。

2. 玫，méi 篆玫

形声字。《说文解字·玉部》：火齐，玫瑰也。一曰石之美者。从玉，文声。本作玫。俗作玫。玉石颜色像被火均匀烧透的样子，就是玫瑰玉。一种说法认为，"玫"就是美玉。现主要用于玫瑰。

3. 莹，yíng 篆莹

会意兼形声字。篆文从玉，从荧（表光亮）省，会玉色光洁之意。荧也兼表声。本义为玉色光洁。引申泛指明亮：晶莹剔透。也指像玉的石头：莹石。

4. 斑，bān 篆斑

会意兼形声字。篆文本作"辩"，从文，从辡，会色彩驳杂之意。辡也兼表声。隶变后楷书写作辩。俗改作斑，为玉上斑斑点点的花纹之意。引申也指头发花白。

（三）玉之音

玲，líng 篆玲

形声字。从玉，令声。形容玉碰击的声音。也形容器物细致精巧，如小巧玲珑。又形容人的灵活敏捷，如八面玲珑，不过此词现多形容为人处世手腕圆滑，面面俱到。

（四）玉之用

1. 宝，bǎo 甲宝 金宝 篆宝

会意字。甲骨文从宀（房），从贝（货币），从王（玉），会房中有珍宝之意。商代奴隶主常常以贝（初民集居的中原地区离海较远，于是难得的美丽的海贝，便成了我们祖先早期的珍贵的装饰品）和玉所做的佩饰赐给所属臣子，作为最好的奖赏；还在佩玉上刻字，作为叙事歌功和记叙法规的典册；又把玉作为信物，比喻高尚的节操。所以，玉便是宝，家藏贝玉，便是最可宝贵的了。

金文加上"缶"，缶是一种陶瓦器，亦为古人所重。缶也兼表声。成了会意兼形声字。篆文承接金文并整齐化。隶变后楷书写作寶。异体作珤。如今皆简作宝。本义为珍贵的东西。用作敬辞，指与皇帝有关的事物：宝座。又用作敬称，指对对方的尊敬：宝眷。

2. 玩，wán 篆玩

形声字。从玉，元声。意为把玩玉。本义为玩弄，也表示玩耍。由玩弄用于褒义，指欣赏、体会。也指供欣赏的物品：古玩。由玩弄用于贬义，指轻忽：玩世不恭。

3. 瑞，ruì 篆瑞

形声兼会意字。篆文从王（玉），耑声。耑也兼表端倪之意。本义为玉制的信物、凭证。引申指好的兆头：瑞雪兆丰年。

4. 班，bān 金班 篆班

会意字。金文从玨（二玉），中从刀，会分瑞玉之意。瑞玉为古代信物，中分为二，各执一半。篆文整齐化。隶变后楷书写作班。本义为分瑞玉。引申泛指分开。由此引申指回军、还师：班师回朝。由分开引申指分成不同的人群、组织：班级。引申也指按时间划分的段落：早班、中班、晚班。进而引申指值班。也指定时开行的：班车。

5. 理，lǐ 篆理

形声字。从玉，里声。《说文解字》：理，治玉也。顺玉之文而剖析之。本义为顺着纹理把玉从石中剖分出来，即治玉。引申泛指治理、办理。由玉的纹理，引申泛指一般事物的纹理。进而引申指条理、道理：有条有理、理直气壮、据理力争、理屈词穷。又特指理科。由治理又引申指对别人的言行表态：置之不理、不理不睬。

（五）其他

琴，qín 籀文琴 篆琴

象形字。籀文上像琴形，下为金声。篆文只像琴形。本义为古琴，一种弦乐器。如今既可单用，也可作偏旁。作偏旁时写作"珡"。

十六、壴，zhù 甲壴 金壴 篆壴

象形字。甲骨文像架设的一面鼓形。下面是承鼓的鼓架，古代叫作簴，读jù，是垫鼓和悬挂钟磬等乐器的木架两旁的柱子；中间是鼓面；上面是鼓身上安插的花穗一样的装饰品。金文大同。篆文整齐化。本义为架起的一面鼓。引申指鼓架。鼓是架起来的，故又表示竖立。

后来，由于"壴"只作偏旁，后来"鼓"的意思便由"鼓"来表示。竖立的意思便另加义符"寸"写作"尌"来表示。

1. 鼓，gǔ 甲鼓 金鼓 篆鼓

会意字。甲骨文从壴，从攴（手持棍），像手持鼓槌击鼓之形。本义指敲鼓。引申泛指敲击。用作名词，指打击乐器。引申指像鼓一样的东西。

2. 喜，xǐ 甲🖼金🖼篆🖼

会意字。甲骨文从壴（鼓），从口。表示击鼓欢笑之意。本义为欢乐：皆大欢喜。用作动词，表示爱好、喜欢：我有嘉宾，中心喜之。又引申指适宜于：喜阴植物。用作名词指可喜可贺的事。又特指妇女怀孕：有喜。

3. 尌，shù 篆🖼

会意字。篆文从壴，从手。表示用手将鼓架立起来。本义为立鼓。

樹（树），shù 甲🖼金🖼篆🖼

会意兼形声字。从木、从尌会意。尌也兼表声。本义指种树、种植：十年树木，百年树人。用作抽象意义，指建立。用作名词，指树木。

廚，chú 古🖼篆🖼

会意兼形声字。从广（yǎn），从尌（表操置），会置办食物之处的意思。尌（shù）声。隶变后楷书写作廚。如今简作厨。本义为厨房。也指烹饪，主持烹饪的人：厨师。厨房为存放食物之地，故又引申指放物的箱柜。此义如今写作"橱"（从木、从厨会意。厨也兼表声）。

4.嘉，jiā 甲🖼金🖼篆🖼

形声字。甲骨文左边从壴，右边从力，会尽情欢娱欢乐之意。金文下加口，以突出欢笑。篆文整齐化，成了从壴，加声的字。本义为尽情娱乐欢乐。引申指美、善：我有嘉宾，鼓瑟吹笙。用作动词，指赞美：嘉奖。

十七、豈（岂），qǐ kǎi 篆🖼

象形兼会意字。豈是由甲骨文"壴"发展而来的。篆文将上面的饰物倾斜，表示行进中击鼓奏乐，指军乐。隶变后楷书写作豈。现简作岂。读作kǎi，本义为军队得胜归来所奏的乐曲。又读qǐ，借为副词，表示反问、推测。由于"岂"为借义所专用，本义便另加声符"几"写作"凯"来表示。

凱（凯），从豈，几声。如今简作凯。本义指军队得胜归来所奏的乐曲：凯旋。

十八、亞（亚），yà 甲🖼金🖼篆🖼

象形字。甲骨文像古代聚族而居的一组大型建筑的平面图形。殷代的城郭、庙堂、世室及帝王坟墓，其布局皆为此形，并沿用至近代。北京的四合院即为其遗制。本义为古代聚族而居的一组大型建筑的平面图。引申为匹配、等同、挨着、靠近、次一等的。

"恶"是以"亚"作声兼义符的字。从心，亚声。亚也兼表次等、不好之意。人做不好的事，源于不好的心。读è，本义指罪过：无恶不作。引申指不好、恶劣：丑恶。又引申指凶狠：恶霸。不好的行为为人所憎恨，由此引申读wù：好逸恶劳。又读ě，用于恶心，指要呕吐的感觉；亦指对人和事的厌恶态度。

第二节　与战争有关的部首

一、干，gān 甲 ¥ 金 ¥ 篆 ¥

象形字。干与单同源。甲骨文像带杈的木棍形，在丫杈两端和分杈处捆上石头，是原始的狩猎工具。金文大同。篆文整齐化。隶变后楷书写作干。如今又作了乾、幹的简化字。本义为原始狩猎工具，用以攻取野兽，故引申指触犯、冒犯。又引申为追求、求取：子张学干禄。由干犯又引申指强行过问或制止不该管的事：干涉、干扰。又引申指牵连、发生关系：毫不相干。

用作"乾"的简化字，表示干燥。进而引申指不用水的：干洗。又表示枯竭、干枯的：外强中干。又用作"幹"的简化字，读gàn，表事物的主干。用作动词，指从事某种活动。又引申指才干。地支配天干，犹如树枝配树干，故又引申指天干。

1. 开，jiān 篆 开

象形字。开与先同源。是指两根簪子从头上拔下竖着并列放起来。隶变后楷书写作开。作偏旁时写作"开"。本义为盘发用的簪子。是笄的本字。本义指簪子。由簪子横向对插，引申为平。

"研"是以"开"作声符的字。从石，开声。隶变后楷书写作研。本义指碾为粉末。用于抽象意义，指反复仔细地分析琢磨：钻研。

2. 旱，hàn 篆 旱

形声兼会意字。篆文从日，从干（抵挡），用太阳难抵挡，会久晴不雨之意。干也兼表声。本义为久晴不雨：旱涝保收。

3. 罕，hǎn 篆㓁

会意兼形声字。篆文从网，从干，会捕鸟用的长柄小网之意。干也兼表声。隶变后楷书写作罕。本义为捕鸟用的长柄小网。大概由网的稀疏，遂用以表示稀少：稀罕。

二、戈，gē 甲🯄 金🯄 篆🯄

象形字。甲骨文像古代的一种兵器形，长柄，横刃，上有饰物。本义为一种长柄横刃的兵器。凡从戈取义的字皆与兵器、杀伤等意有关。

以"戈"作义符的字有很多，下面试分类析之：

1. 戋，jiān 甲🯄 篆🯄

戋是个会意字。甲骨文从二戈，两戈一上一下，表示残杀之意。戋有两种读法，一读cán，本义为残杀。由残杀引申为残余、铲除；由残余引申为细小、少，这个意思读jiān；后来，由于"戋"专用以表示细小义，残杀、残余另加义符"歹"，写作"残"来表示。

戋为小之意。因此，小丝即为"线"，小水为"浅"，小贝为"贱"，小皿为"盏"，木头小道为"栈"。"线、浅、贱、盏、栈"皆是以"戋"作声兼义符的字。

残，从歹、从戈会意。戈也兼表声。本义指伤害：骨肉相残。进而引申指凶恶、残忍：残酷无情。由伤害引申指残缺、不完整：残缺不全。进而引申指残余。

钱，从金、从戈会意。戈也兼表声。读jiǎn，本义指一种农具，用来铲土。古代以农具"钱"用作交易物，故又读qián，后来专用以表示钱币。引申泛指财物：有钱有势。又指铜钱，也指像铜钱样的东西：榆钱。

2. 戌，xū 甲🯄 金🯄 篆🯄

象形字。古代兵器的一种。甲骨文上部朝左的部分是平口斧头，下部是一条长柄。金文线条化。篆文整齐化。本义指宽刃兵器。后来假借为地支的第十一位，并与天干相配用以纪年、纪日，或代表九月及晚上七时至九时。又表示十二生肖属狗。

（1）威，wēi 金🯄 篆🯄

会意字。金文从女，从戌（斧类武器），表示掌有生杀之权的妇女，即婆婆。本义为婆婆。引申指令人敬畏的尊严：君子不重则不威。又引申指威力、权势：大风起兮云风扬，威加海内兮归故乡，安得猛士兮守四方（刘邦《大风歌》）。又表示刑罚：作威作福。用作动词，指用武力威慑：威胁。

（2）咸，xián 甲骨金篆咸

会意字。甲骨文从戌，表示征战杀伐，从口，表示喊杀声连天。会众口齐呼，以助威势之意。本义为呼喊。是"喊"的本字。由众人齐声呼喊，引申指全、都、普遍。也表示感知、呼应。现又用作"鹹"的简化字。表示像盐的味道：咸淡适宜。

"感"是以"咸"作声兼义符的字。从心，从咸（喊杀声震天），会心受震动之意。咸也兼表声。本义为人心受到震动、激动、触动：感人肺腑。引申指感触，感慨。又引申指感激、感谢：感恩图报。由感动引申指感受：感染。又引申指感到、觉得：颇感意外。用作名词，指感觉。

"憾"是以"感"作声兼义符的字。从心，感声。感也兼表感到、感觉之意。本义指遗憾、不快、不满。"撼"是以"感"作声符的字。从手，感声。本义为摇动；动摇。

（3）岁，suì 甲骨金篆歲

会意字。甲骨文从戌（兵器），象征镰刀，从步，会迈步收割之意。戌也兼表声。金文大同。篆文改为从戌。隶变后楷书写作歲。异体作歳、嵗。如今简化皆作岁。本义为农事收割。引申指一年的收成、年景。古代一年收割一次，于是引申为一年。又泛指岁月、时光。又引申指年龄。

3. 戉，yuè 甲骨金篆戉

象形字。甲骨文就像商、周青铜兵器的形状，上部朝左的部分是"钺刃"，下部是长柄。金文线条化。篆文整齐化。隶变后楷书写作戉。本义指古代的兵器，似大斧。

4. 戈，zāi 甲骨金篆戋

形声字。甲骨文、金文、篆文皆从戈，才声。本义指以兵器伤害。引申泛指灾害。后来，由于"戈"作了偏旁，灾害之义便另加义符"火"写作"栽"来表示。如今规范化，废栽而用灾。"戈"是个部首字，凡从戈取义的字皆与裁割等意有关。

栽（灾），zāi 甲骨篆

会意字。凡是水、火、荒、旱、战、乱等所造成的祸害，都叫作灾。因为造成灾难的情况不同和原因不同，所以自古以来有不同的"灾"字。

上古时代，河川泛滥，洪水横流，给先民带来极大的祸害。因此，我们的祖先便造了甲骨文一的"灾"，以"巛"表示洪水泛滥，并在当中另加声符"中"，成了象形兼形声字。大概后来火灾渐多，便又造了甲骨文二，火在屋里，房子被烧。会火灾之意。古代战争频繁，也是一种灾难，所以又造了一个"烖"字，从戈，才声，指的是兵灾。战火相连，俗又进一步增加义符"火"写作"灾"。如今规范化，用灾来表示一切灾害。其余废除或作偏旁用。灾，本义指水、火、兵、荒、虫、旱造成的各种祸害。引申指个人的不幸遭遇：招灾惹祸。

"哉、栽、载"是一组以"烖"作声符的字。哉，从口，烖声。本义为语气词。栽，从木，烖声。本义为筑墙时在两侧竖立木板。由竖立木板引申指种植草木：栽树。载，从车，烖声。读zài，本义为乘坐。也指装运。由满载引申指充满：怨声载道。四季转运以成岁，故又读zǎi，表示年：三年五载。书籍记录事情，犹如车辆装载货物，故又引申指记载：刊载、转载。

5. 伐，fá 甲 金 篆

会意字。甲骨文从戈置于人颈之上，会以戈砍杀人之意。金文大同。篆文将"戈""人"分离。本义为击刺、砍杀。引申泛指砍：坎坎伐檀兮。（《诗·魏风·伐檀》）。又引申为攻打、征伐（敌国）。又引申为征讨：口诛笔伐。南征北战能积成功劳，故又引申指功劳。进而引申为夸耀。

"阀"是以"伐"为声兼义符的字。从门，伐声。伐也兼表攻伐之意。本义为功劳。由功劳引申指有功劳的世家门第。又引申指有势力或影响的人物或集团：军阀、财阀。又用作英语valvede的音译，指活门：阀门。

6. 戏，xì 金 篆

会意兼形声字。金文从戈，从虖，是古人祭祀祖先时演唱祖先武功、勇猛的仪式。是今天"唱戏"的"戏"的本义。虖也兼表声。字形为什么从虍？因为商人崇拜虎，认为虎有镇摄邪异的能力，故商代玉器上有虎食鬼怪的图像。引申指游戏、玩乐。又引申指开玩笑：君无戏言。

7. 戒，jiè 甲 金 篆

会意字。甲骨文像双手持戈形，表示警戒之意。金文和篆文稍变，将双手移至戈下。本义为警备：戒备森严。引申为加以警醒而不犯：戒骄戒躁。进而引申指改掉不良嗜好：戒烟。又特指佛教约束教徒的条规：清规戒律。也指戒指。

8. 戎，róng 甲🅰金🅱、🅲篆🅳

会意字。最初本是一个一手持戈（🅴）一手持甲（🅵，盾牌的握柄，代盾牌）的武士形。甲骨文省去人形，只留下一甲一戈。金文大同。篆文承接金文，盾牌"🅵"讹变为"🅶"。本义为武士。引申指兵器。又引申指军事、军队：投笔从戎、戎马生涯。也泛指我国西部尚武的少数民族：西和诸戎，南抚夷越。

9. 我，wǒ 甲🅰金🅱篆🅲

象形字。从甲骨文来看，是一种像锯齿似的锋利兵器。似斧，有三锋，中间是一根长柄。现已失传。金文简化。篆文稍讹。隶变后楷书写作我。本义为锯类工具。后来假借为第一人称代词：昔我往矣，杨柳依依。后来泛指自己一方。

義（义），yì 甲🅰金🅱篆🅲

会意字。甲骨文从羊，从我（刀锯）。表示用刀锯屠宰牛羊以祭祀。金文大同。篆文整齐化。隶变后楷书写作義，如今简作义。本义为屠宰牛羊以祭祀。杀牲以祭祀，是古代理当办理的不可废弃的大事，由此引申为正当公正合宜的道理或举动：正义、义不容辞、见义勇为。又引申指道理：深明大义。又引申为意义、意思：字义。

仪，yí 甲🅰金🅱篆🅲

会意兼形声字。从亻、从義（屠宰牛羊以祭祀）会意。義也兼表声。本作儀。如今简作仪。本义指人的外表（姿容、举止、风度）：仪表堂堂。引申泛指礼节形式：仪式。又引申指行礼用的礼物：贺仪。又引申指法度、标准、仪器等。

议，yì 金🅰篆🅱

形声兼会意字。本作議，从言，从義，会发表言论合宜之意。義也兼表声。如今简作议。本义指发议论、评论。引申指讨论、商讨。用作名词，指发表的意见、主张。

10. 或，huò 甲🅰金🅱篆🅲

会意字。甲骨文从囗（城），从戈，表示以戈守卫城池。金文大同，只是多了两条标志范围的界线，表意更加明确。因为古代的邦国指的就是一座城池及周围的地域。隶变后楷书写作或。读yù，本义指邦国。后来借为不定代词，读huò，泛指人或事物。相当于有的（人、事、物、时）。也用作副词，表示或许。用作连词，表示或者。

后来，由于"或"为借义所专用，邦国之义便在外加一个"囗"，写作"國"来表示。范围区域的意思则另加义符"土"写作"域"来表示。

11. 臧，zāng 篆臧

会意字。甲骨文从戈，从臣（侧目），表示用戈刺目。古代抓到俘虏，便刺瞎一目以罚为奴隶。所以"臧"是战争中被俘转为奴隶的人。金文大同。篆文另加爿声。成了会意兼形声字。本义为战争中被俘转为奴隶的人。引申为顺遂、良善。进而引申为称赞：臧否人物。奴隶犹如家中的物件，没有行动的自由，故又表示收存、隐藏（读cáng）。用作名词，表示储存的东西或储存东西的地方（读zàng）。

藏，cáng 古蕳 篆藏

会意兼形声字。从艹，从臧（表示隐匿），会藏匿之意。臧也兼表声。本义为藏匿：藏头露尾、藏污纳垢。引申指收藏、储存：秋收冬藏。用作名词，读zàng，指储藏东西的地方：宝藏。也用作少数民族名：藏族。

12. 截，jié 篆截

形声字。从戈，雀声。本义为割断：截肢。引申指半路拦截：围追堵截。由切断引申指中止：截止。又引申指整齐：截然分开。又用作量词：一截铅笔。

三、王，wáng 甲 金王 篆王

象形字。甲骨文像一把下砍的大斧头形，上横是斧柄，下边是斧头。金文填实，篆文线条化，上边两横距离近，与王（玉）不同。本义当为大斧。隶变后楷书写作王，上面两横距离近。与王（玉，三横等同）不同。这在现实生活中很难做到。俗便将"王"写作"王"，三横等同；而将原本三横等同的"王"（玉），多加一点写作"玉"以区别。

斧头在上古就是一种武器，就表明有镇压之权。谁有这种权力呢？只有最高统治者才有。所以这个最高统治者就称为"王"或者"帝王"。到了秦汉以后，帝王改称为皇帝，而"王"则成为封爵的最高一级，如诸侯王、藩王、亲王等。

"王"字本义为名词，可是当它作动词的时候，那就是"称王"或统治天下的意思。在古书中常有"王孙"一词，一般是对贵族子弟的通称。

"王"是个部首字。在汉字中，凡由"王"所组成的字大都与"君王""天子"有关（楷书左边所从的"王"，不是王，而是玉；其他部位所从的"王"，不是王，而是㞷）。

1. 闰，rùn 篆 閏

会意字。从"王在门中"。古代天子每年冬季以明年朔政分赐诸侯，诸侯于月初祭庙受朔政称为"告朔"。据《说文解字》："余分之月，五岁再闰，告朔之礼，天子居宗庙，闰月居门中。从王在门中。"段注，举行告朔之礼时，王通常居于明堂，但逢闰月，则居于路寝门，所以"从王在门中"。本义为余数。指历法纪年和地球环绕太阳一周运行时间的差数，多余的叫"闰"。如"闰月"。

2. 往（㞷），wǎng 甲 㞷 金 㞷 篆 往

会意字。甲骨文从之（前往），王声。金文讹为从之在土上，或另加义符"彳"（街道），以突出前往之意。篆文承接金文并整齐化。隶变后楷书写作㞷或往。作偏旁时写作"王"，遂与君王的"王"相混。㞷，本义为前往。由于表义不明确。后另加义符"彳"写作"往"来表示。

"㞷"如今不单用，只作偏旁，作偏旁时写作"主"或"王"。凡从㞷取义的字皆与前往等义有关。注意：凡以"王"为声符的字一般都是㞷。

（1）往，wǎng 甲 㞷 金 㞷 篆 往

会意兼形声字。从彳、从㞷会意。㞷也兼表声。本义为去、到：往而不返；用于时间，引申为过去：往年；用于心理活动，引申为向往：虽不能至，心向往之；进而引申为介词，表示朝向。

（2）狂，kuáng 甲 㹴 金 狂 篆 狂

形声兼会意字。甲骨文从犬，从㞷，会狗疯跑之意。㞷也兼表声。本义为疯狗。也指狗发疯。引申指人发疯，精神失常。又引申指狂妄，非理智状态。又引申指纵情，不受拘束。由疯狂又引申指猛烈等。

"逛"是以"狂"作声兼义符的字。从辶、从狂会意。狂也兼表声。指外出散步，闲游。

（3）匡，kuāng 甲 匡 金 匡 篆 匡

会意字。甲骨文从匚，从羊，表示用来装羊羔的竹筐，以免羊羔乱跑遗失。金文将"羊"讹为"㞷"。成了从匚，㞷声的形声字。篆文承接金文。隶变后楷书写作匡。本义为古代盛东西的方形竹筐。是筐的本字。

"筐"和"眶"是以"匡"作声兼义符的字。筐从竹,本义指古代盛物的方形竹筐。眶从目,本义指眼眶。

四、矛,máo 金 篆

象形字。金文像古兵器长矛之形。黄约齐《字源》:"即现在的竹叶枪,头像竹叶,柄端有圈为系缨毛之用。"矛上的缨毛实为擦去手上人血(敌人的血)之用。目的是以免因血手打滑握不住矛,故缨毛为红色。本义为古代的一种直刺兵器:自相矛盾。又用作姓。

1. 敄,wù 篆

形声兼会意字。篆文从攴(击打),从矛,会以矛强击之意。矛也兼表声。隶变后楷书写作敄。本义为强击。又读móu,引申为勉力而为。

務(务),wù 篆

形声兼会意字。篆文从力,从敄(勉力),会勉力去做之意。務也兼表声。隶变后楷书写作務。如今简作务。本义为勉力去做:不务正业。由争取做到引申指必须、一定:务必。用作名词,指所从事、致力的事情:任务、职务。

"雾"是以"务"作声符的字。从雨,务声。本义为雾气。引申指烟雾、像雾的东西。

2. 柔,róu 篆

形声兼会意字。篆文从木,从矛,矛柄要求有韧性,柔软,木曲直也,能曲能直。故用以会木质柔软之意。矛也兼表声。本义指木质柔软。引申泛指柔弱、柔和:柔软。由柔和又引申指温和:刚柔相济。

五、盾,dùn 篆

象形兼会意字。篆文从目,⌐像盾之侧视形,ᚊ像盾之握,表示打仗时防护身体、遮挡刀剑的牌子之意。本义为盾牌:矛盾。又比喻支持和援助的力量:后盾。又指像盾牌的物品。

"循"是以"盾"作声符的字。从彳,盾声。本义指顺着、沿着。引申指沿袭、依照等。

六、矢,shǐ 甲 金 篆

象形字。甲骨文像一支箭形,箭头、箭杆、羽俱全。金文稍讹。篆文整齐化。本义为箭：有的放矢、矢无虚发。引申指正直：矢口否认。又借作"誓"，表示发誓：矢志不忘。

1. 函，hán 甲 金 篆

象形字。甲骨文像装箭的袋子形。金文大同。篆文讹变。隶变后楷书写作函。本义为箭匣。后来词义扩大为装其他东西的袋子：信函、函授。用于抽象意义，引申指包含、包容。

"涵"是以"函"作声兼义符的字。从水、从函会意。函也兼表声。本义为包含的水分多。引申指沉浸、浸润：涵泳。又引申指包容：涵养、海涵。

2. 射，shè 甲 金 篆

会意字。甲骨文是张弓射箭形。金文增加射箭的一只手。篆文将弓形讹为"身"。本义为开弓射箭。

"谢"是以"射"作声兼义符的字。从言，射声。射也兼表离去之意。本义为辞去官职。由辞官引申指推辞、拒绝：谢绝。拒绝有点不太礼貌，故又引申指自以为过，道歉：谢罪。又引申指感谢。由辞别离开引申指凋落：凋谢。也指去世：谢世。

3. 侯，hóu 甲 金 篆

象形字。甲骨文像张挂的射布（后来的靶子）形。下加矢以突出射布之意。金文大同。篆文另加义符"人"，表示人所射。隶变后楷书分别写作侯和厌。俗作侯。本义为张挂的射布，即后来的箭靶。古代群居，能为众射兽除害者为长，故引申指君主：诸侯。又特指古时封建制度五等爵位的第二等：王之制爵禄，公、侯、伯、子、男，凡五等。也泛指达官贵人：王侯将相宁有种乎？（《史记·陈涉世家》）又用作士大夫之间的一种尊称：侯门（富贵人家）。又读hòu，用作地名闽侯：中国东南部福建省的一个县，东邻福州市。

候，hòu 甲 篆

形声兼会意字。候源于侯，候和侯相比，中间多了短竖。从人，矦声。矦也兼表人所观望之义。本义为守望。由守望的目的，引申指侦察：侦候。进而引申指观测、占验、诊察：候风地动仪。由观测的结果，又引申指征兆：征候。由观测自然界的征候，又引申指时节：气候。由征候又引申指事物变化中的情状：症候。由守望，若着重在静等，则又引申指等候：候车。若着重在伺望，则引申指看望：问候。看望是关心，故又引申为服侍：伺候。

4. 矣，yǐ 金🦴篆🦴

会意兼形声字。篆文从矢，从已（头朝下的胎儿，表终止），会强弩之末终止于地之意。已也兼表声。本义为箭终止，引申为文言句终语气助词，表示陈述，相当于"了"：吾尝终日而思矣。又表感叹、命令等。

5. 至，zhì 甲🦴金🦴篆🦴

会意字。甲骨文最下面是一条横线，表示地面，地面上插着一支箭，是指远处的箭落到眼前的地上之状，表示"到来"之意。至的本义是到或者到达。从"到"引申为"极"，是到达了顶点的意思：幸福之至。从"顶点"之意又引申为"最"的意思，如交谊最深的朋友就称为"至交"；诚心诚意，就称为"至诚"；至高无上的地位就称为"至尊"；最正确的道理，最精辟的言论就称为"至理名言"。

（1）到，dào 金🦴篆🦴

会意字。金文从人，从至，会人达到之意。篆文变为从刀声。本义为达到。引申指周到。虚化为介词，引出时间、地点等：到下午。

（2）致，zhì 金🦴篆🦴

会意字。金文从人，从至，会人送达之意。至也兼表声。篆文省去人，只留下脚（夊），进一步强调送达、送到。引申泛指到达。用作使动，指使……到来，招致：学以致用。又引申指表达、传达：致敬、致电。由招致引申指集中：致力。也指详审、推究：致知在格物。进而引申指细密、精细：细致、精致。引申用作名词，指意向、目标。又指意态、情趣：兴致勃勃。

（3）窒，zhì 篆🦴

形声兼会意字。从穴，从至，会堵塞之意。至也兼表声。本义为填塞。引申指阻塞不通：窒息。

（4）室，shì 甲🦴金🦴篆🦴

会意兼形声字。甲骨文从宀（房屋），从至（表到达），会人所至止歇息的地方之意。至也兼表声。隶变后楷书写作室。本义为人所安息的堂内的房间、卧室：居室、寝室。引申泛指房屋、住宅：教室。现也用以指机关、学校、工厂内的工作单位：实验室、图书室、办公室。

6. 矮，ǎi 篆🦴

形声字。从矢，委声。古人度量长短常以矢为尺度。人如矢，自然是不高。本义为身材矮小。引申泛指不高：矮凳。引申指低下：矮人一等。

7. 知，zhī 甲🔲 金🔲 篆🔲 🔲

会意字。知与智同源。甲骨文从口，从于（同亏，表声气），从矢，用开口吐词如矢会言辞敏捷之意。金文或另加"曰"旁，突出言辞之意。隶变后，楷书分别写作知与智。本义为言辞敏捷。由言辞敏捷，引申指知道、了解、识别。用作使动，表示使……知道：通知。用作名词，指感知、知觉。又指知识。由了解、知晓引申指主持、执掌：知府、知县。

智，zhì 甲🔲 金🔲 篆🔲

会意字。知与智同源。甲骨文从口，从于（同亏，表声气），从矢，用开口吐词如矢会言辞敏捷之意。金文或另加"曰"旁，突出言辞之意。隶变后，楷书分别写作知与智。本义指有智慧、聪明：智者千虑，必有一失。用作名词，指智慧、智谋：足智多谋、智勇双全。

七、弓，gōng 甲🔲 金🔲 篆🔲

象形字。甲骨文像一张弓形。古人用弓，平时松弦，战时紧弦。故甲骨文中"弓"有两个形体。甲骨文一是紧弦之形，左边是弓背，右边是弓弦。甲骨文二省去弦，是弓松弛时的样子。金文承接甲骨文。篆文整齐化。隶变后楷书写作弓。本义为射箭或发弹丸的工具。引申指弯曲、使弯曲：弓背。

1. 引，yǐn 甲🔲 金🔲 篆引

会意字，甲骨文从弓，从大（人），会人开弓欲射之意。金文将人形繁化，弓省略弦，只留下一弓。篆文整齐化，省去人，右边加一箭。本义为拉开弓。开弓则使弦满，相距亦长，于是引申为延长、长久。拉满弓，不发箭，"引而不发"可以做示范。也引申为引导、带领。拉弓是往自身方向拉，故又引申为招来、引来：抛砖引玉。

2. 弘，hóng 甲🔲 金🔲 篆🔲

指事字。甲骨文🔲从弓🔲，上加一撇指事符号（丿），象征开弓时弓振动发出的大声。金文弓身稍曲。篆文将弓声独立出来，并讹为"厶"。厶也兼表大义。成了形声兼会意字。本义为弓发射时发出的振动大声。

强，qiáng 篆🔲

形声字。从🔲（虫），🔲（弘，声音大）声。表示米中的小黑虫。隶变后楷书写作強。如今规范化作强。本义为米虫。后借为"彊"字使用，读qiáng，表示弓很硬。引申为健壮、盛大、不屈服等。又读jiàng，引申为不顺

第二章 以器用为内容的部首

从、固执。由于"强"为引申义所专用，本义米虫遂不为人知。

3. 张，zhāng 金𢎞 篆𢎞

形声字。从弓，长声。本义为把弦绷在弓上。引申指拉开弓：张弓射箭。由张弓引申指扩大、展开：虚张声势。进而引申指放纵，不受约束：气焰嚣张。由开弓引申指陈设、排开：张灯结彩。开弓则弦紧，故又引申指紧、急：一张一弛。

"涨"是以"张"作声兼义符的字。从水，张声。张也兼表张开之意。读zhǎng，本义为水面升高：涨潮。也指价格上涨：涨价。又读 zhàng，指扩大：豆子都泡涨了。引申特指头部充血：脸涨得通红。

4. 弦，xián 篆𢎞

会意字。篆文从弓，从玄，会弓上有丝弦之意。本义为丝弦：箭在弦上。引申也指乐器发声的丝线：弦外之音。月相半圆时其状如弓和弦，故又引申指月弦：上弦月、下弦月。

5. 弹，dàn 甲𢎞 篆𢎞

甲骨文是一张弓，在弓上有一个小圆圈，就是弹丸的形象。表示用弓发射弹丸之意。篆文变成左形（弓）右声（单）的形声字"弹"。读dàn，用作名词，指弹弓。也指弹丸，现指子弹。又读tán，指用手或工具拨动而发射出去，亦指用手指拨弄：弹琴。

八、勿，wù 甲𢎞 金𢎞 篆𢎞

象形字。甲骨文像云层间射出阳光形，用以表示云的形色。金文大同。篆文整齐化。本义为云的形色。后来借为副词，表示禁止，相当于"不要"：百亩之田，勿夺其时，数口之家可以无饥矣。也表示一般的否定，相当于"不"：请勿吸烟。由于"勿"为借义所专用后，形色之义便由"物"字来表示。

物，wù 甲𢎞 金𢎞 篆𢎞

会意兼形声字。从牛，从勿。勿也兼表声。本义为杂色牛，也泛指杂色物。用为"勿"，表示形色。由各种形色，引申指万物：物极必反。又引申指具体的物品：价廉物美、物归原主。又引申指自己以外的人、事、物等社会外界环境：近取诸身，远取诸物。

忽，hū 金𢎞 篆𢎞

会意兼形声字。从心，从勿（云层间射出阳光形，表变幻不定），会心

神不定之意。勿也兼表声。本义为心神不定、恍惚。引申指不重视：疏忽。因为"忽"从"勿"取义，故又由云的变幻不定引申指疾速。用作副词，表示忽然、突然：忽如一夜春风来，千树万树梨花开。忽还有一个很有意思的用法，即用为古代的度量单位：度之所起，起于忽，欲知其忽，蚕吐丝为忽。十忽为一丝，十丝为一毫，十毫为一厘，十厘为一分。

九、㫃，yǎn 甲骨 金文 篆文

象形字。甲骨文像旗帜飘动形。金文大同。篆文整齐化。隶变后楷书写作㫃，作偏旁时写作"方"。本义为旗帜飘动的样子。也指旗上的飘带。由于"㫃"作了偏旁，其义便另加声符"其"写作"旗"来表示。

1. 旗，qí 甲骨 金文 篆文

㫃是旗的本字。旗的甲骨文、金文和㫃同。由于"㫃"作了偏旁，旗帜之意便另加声符"其"写作"旗"来表示。成了从其声的形声字。本义指旗帜：旗开得胜、旗鼓相当。后又指清代军队和户口的编制单位（以旗的颜色为标志，初设四旗，后设八旗）。

2. 斿，yóu 甲骨 金文 篆文

会意字。甲骨文从㫃（旗帜），从子，用旗之子会古代旌旗末端直幅、飘带之类的下垂饰物之意。金文大同。篆文整齐化。隶变后楷书写作斿。读作 liú，指古代缀于旗帜正幅下面的垂饰。古代帝王所戴的皇冠前后下垂的玉串，也叫"斿"，亦作"旒"。这种旗上飘带的数量和颜色，按《周礼》的规定，地位越高，旗斿越多：天子十二"斿"，公爵九"斿"，侯、伯七"斿"，子、男五"斿"。又读yóu，由旗帜的飘动不定，引申为遨游。

为了分化字义，"斿"字不再单用，只作偏旁，于是旗帜垂饰之义便另加义符"㫃"写作"旒"来表示；遨游之义则另加义符"辶"写作"遊"来表示；"游"则专门表示游水之义。

游，yóu 篆文

从氵，汓（泅）声。汓也兼表流动之义。表示在水中游动：游泳。引申也指水流、河流的一段：黄河上游、长江上游。也指流动不固定的：游击、游牧。用作"遊"，指游玩（游览），有目的地旅行（游学），交往、交际（交游）等。

3. 施，shī 甲🔲 篆🔲 🔲

形声兼会意字。施如今代表两个字：一个篆文从 🔲（旗帜），从也（蛇），会旗帜像蛇一样飘动之意。也亦兼表声。隶变后楷书写作施。另一个甲骨文从支，从也，表示手持器械进行捕蛇之意。捕蛇要遍地搜寻，故引申出敷布、铺陈之意。篆文整齐化。隶变后楷书写作 𢻮。如今也用"施"来表示。

施的本义指旗帜飘飘的样子。后借作"𢻮"，故表示敷布、铺陈。进而引申为实行、给予等意。由于"施"为借义所专用，其本义便另造了"旖旎"二字来表示。旖旎本指旗帜随风飘动的样子。引申指柔和美好。

4. 旅，lǚ 甲🔲 金🔲 篆🔲

会意字。甲骨文从 🔲（旗帜），从从（众人相随），用众人聚集在旗下会军旅之意。金文大同。篆文整齐化。本义指军队编制单位，上古一般以五百人为旅，齐制两千人为旅。现代指师以下的单位，基本上由司令部和两个或者两个以上的团或大队组成的战术和行政单位。引申指军队。

军旅是要打仗的，打仗要东奔西突、行进不已，所以"旅"便由此派生出行进、旅游、在外做客等意思来。故此，离家出游叫旅行；旅途中暂住叫旅次；植物不种而生叫旅生（中庭生旅谷——《古乐府》，旅谷就是指不由人播种而生长起来的野谷）。

5. 族，zú 甲🔲 金🔲 篆🔲

会意字。甲骨文从𠂉，从矢，从口（🔲）会意，像旗下聚矢状。旗用以聚矢，矢用以战斗。古代同一家族或氏族是一个战斗单位，故指宗族、家族。也指聚合，引申为众多。

6. 旋，xuán 甲🔲 金🔲 篆🔲

会意字。甲骨文从疋（足），从 🔲（旗帜），会人随军旗的指挥而周转之意。金文大同。篆文整齐化。隶变后楷书写作旋。读xuán，本义为周旋。引申泛指旋转、转动：天旋地转。又引申指返回：凯旋。用作副词，指不久：旋即。

又读xuàn，引申指回旋的：旋风。用作动词，指转着圈的：旋果皮。

十、丨，gǔn 篆丨

象形字。篆文像一根竖棍形。隶变后楷书写作棍。是棍的初文。本义为棍子，在字中用以表示棍形符号。由于"丨"专用以表示棍形的符号，棍子的意思便借用"棍"字来表示。

棍，从木，昆声。读hùn，本义指一种树名。借作"丨"，用来表示棍子：铁棍、木棍。又用以比喻混不讲理的无赖、坏人：恶棍、赌棍。棍棒上下混一，故又引申指混同。此义后用"混"来表示。

1. 中，zhōng 甲 金 篆

甲骨文是象形会意字。古代的旌旗之上，都带有一种叫"斿"（飘带）的东西。甲骨文便是旗杆上"斿"的形状。中间的"口"，则是旗杆上在"斿"里分中（把"斿"分为"上斿"和"下斿"）的一块木头。金文省略了飘带，中间的木头变为扁圆形。小篆则把木头讹为"口"。就成了现在的中。中的本义指氏族社会的一种徽帜。古代有大事，先在旷地立中，群众看见则从四方会聚于中，故引申为中央、内部、里面等。后又指中间、合适。

"忠"和"衷"是以"中"作声符的字。忠，从心，中声。本义指严肃认真，尽心竭力。尽心则无隐藏，故引申指赤诚、竭诚：忠厚。衷，从衣，中声。本义为贴身的内衣。引申指内心：无动于衷。

2. 毌，guàn 甲 金 篆

毌是贯的初文。象形字。甲骨文像以绳、棍穿贝等物形。金文填实。篆文简化并横放。本义为贯穿。由于"毌"作了偏旁，贯穿之义便由"贯"来表示。

虏（虜），lǔ 篆

会意兼形声字。篆文从毌，从力。毌为穿物持之形，表示用强力劫掠东西，读作虍声。虍也兼表暴如虎之义。隶变后楷书写作虜。今简作虏。本义指以强力获取，即抢劫。引申指俘获。用作名词，指俘虏。

贯，guàn 篆

会意兼形声字。篆文从毌（贯穿），从贝，会用绳穿钱贝之意，毌也兼表声。本义为古代穿钱贝的绳索。用作量词，指古代用绳穿起一千个钱为一贯：腰缠万贯。泛指贯穿、贯通：吾道一以贯之。又引申指连续、连贯：鱼贯而入。

"惯"是以"贯"作声兼义符的字。从心、从贯会意。贯也兼表声。本义指习惯：司空见惯。引申指纵容：娇生惯养。

3. 串，chuàn 甲 金 篆

象形字。串与毌同源，皆由上列甲骨文演变而来，甲骨文像以绳或棍

穿物形。金文填实。篆文简化并横放。隶变后楷书写作毌，俗又分化出一个"串"。本义指把物品贯穿在一起：串联。用作名词，指穿在一起的物品：羊肉串。由贯穿物品，引申指到别人家走动或从这里走到那里：串门、走街串巷。

患，huàn 篆患

形声兼会意字。篆文从心，从串（贯穿），会忧心如穿之意。串也兼表声。本义为忧虑：其未得之也，患不得之。用作名词，指忧虑的事情、灾祸。又引申指疾病，也指生病：患病。

窜，cuàn 篆窜

会意字。篆文从穴，从鼠，会鼠逃入穴中藏匿之意。隶变后楷书写作竄。如今简作窜，成了从穴、串声的形声字。本义指藏匿。引申为逃匿、逃跑：抱头鼠窜。

4. 丫，yā 篆丫

象形字。像草木分叉的样子。本义指物体上端分叉的部分。由于女孩子头上梳两髻，故又用为"丫头"，表示女孩。

十一、車（车），chē 甲車 金車 篆車

象形字。甲骨文像车厢、车轮、辕轭俱全的一驾马车形。金文简化，只留下车厢和两个轮子的线条。篆文整齐化。隶变后楷书写作車。如今简化作车。本义为车子。传说开始为黄帝所造（黄帝时已有车服，故谓之"轩辕"）。在车战中，车用以载物、住宿、防守。引申也指凡借助轮轴旋转的工具：纺车。又读jū，指象棋棋子之一。

1. 轨，guǐ 金軌 篆軌

形声字。金文和篆文皆从车，九声。本义为车轴两端的轴头。引申指车两轮间的距离。再引申指车轮滚动留下的辙迹。由车辙引申指事物运行的一定路线、轨道：双轨。又特指铺设用的钢轨：铁轨。一定的轨道对车有约束力，故又比喻约束人们行动的法度：正轨。

2. 軍（军），jūn 金軍 篆軍

会意兼形声字。周代战争，兵车为主（如千乘之国），宿营时，将兵车车辕向里包围成一圈作为屏障。故金文一从勹，从車，金文二从匀（环臂有所包）从車。匀也兼表声。本义是驻扎，后来用作名词军队的军。现在也用作有组织的集体：劳动大军。

晕，yùn 甲 ☉ 篆 圍

会意字。甲骨文当中是日，周围是旋转的云气，会日月周围由云气形成的光圈之意。篆文改为从日，从军（像军营战车相围），会日旁云气环绕之意。军也兼表声。读yùn，本义为日月周围的光圈。引申也指光焰或色彩四周模糊的光影。由此引申指头有旋转的感觉，发晕：晕车、晕船。又读yūn，由发晕引申指昏迷，模糊不清。

3. 轩，xuān 金 軒 篆 軒

形声字。从车，干声。本义指古代一种前顶较高而有帷幕的车子，供大夫以上乘坐。引申泛指华美的车子。也指房屋。有时也用作书斋、茶馆的字号。

4. 轮，lún 篆 輪

形声兼会意字。从车，侖声。车辐装置有序，侖也兼表条理之意。本义为车轮。引申指轮子或像轮子的东西：齿轮。由轮子的外圈，又引申指周围、边缘：轮廓。旧式车轮高大，故又引申指高大：美轮美奂。轮子会转动，故又引申指转动。由转动引申指依次更替：轮流、轮休。

5. 轰，hōng 篆 轟

会意字。篆文从三车，会群车过处轰然作响之意。隶变后楷书写作轟。如今简作轰。本义为群车轰鸣的声音。引申泛指巨大的响声：轰隆、机器轰鸣。又形容声势浩大：轰轰烈烈。也指大声喧哗：闹哄哄。

6. 轻，qīng 篆 輕

形声字。从车，巠声。本义为轻小之车。引申泛指分量不大：轻而易举。又引申指力量不大：轻轻一拍。又引申指程度浅：病得不轻。又引申指能力小：人微言轻。用于意动，表示不重视、看不起：轻慢。进而引申指不放在心上：掉以轻心，轻举妄动。

7. 轴，zhóu 篆 軸

形声字。从车，由声。本义为轮轴。引申指字画下端便于悬挂或卷起的圆杆：画轴、转轴。也指把平面或立体分成对称部分的直线：坐标轴。

8. 输，shū 篆 輸

形声兼会意字。从车，俞声，俞也兼表送出之意。本义为用车运送：运输。引申指交出、捐献。交出则无，故又引申指失败、负：输赢。

9. 辖，xiá 篆辖

形声字。从车，害声。本义为大车轴头上穿着的小铁棍，可以管住轮子使不脱落。用作动词，指管辖。

10. 库，kù 篆库

会意字。从广（高大敞屋），从车，会收藏兵车的高大敞屋之意。本义为收藏兵器兵车的地方。引申泛指收藏钱粮物品的房屋：仓库、书库。

十二、殳，shū 甲 金 篆

会意字。甲骨文的左边是一支长把圆头的兵器，右下是一只手。金文省略了兵器之头，柄也变得弯曲。篆文承接金文。本义为投掷。用作名词，指一种古代兵器：伯也执殳，为王前驱（《诗·卫风·伯兮》）。

1. 设，shè 甲 金 篆

会意字。从言，从殳。会以言支使人之意。本义为布置、安排：设置。引申指筹划：想方设法。虚化为副词，表示假设、假定。

2. 役，yì 甲 金 篆

会意字。甲骨文从殳，从人，会手持殳服兵役之意。篆文将人变成"彳"，突出行役之意。本义指服兵役戍守边疆。引申泛指服劳役。又引申指驱使、役使。

3. 没，mò 篆

会意兼形声字。篆文从水从 （mò，手入水中有所取之意）， 也兼表声。隶变后楷书写作没，俗作没。本义为没入水中。引申指沉没，又引申泛指隐没不露、消失。沉入水中则不见，故读 méi，引申指没有、未曾、不到。

4. 殿，diàn 篆

会意兼形声字。篆文从殳（敲打），从屍（屁股），会身后敲打声之意。屍也兼表声。本义为身后敲击声。引申为行军走在最后：殿，后也（《广雅》）。古代又指高大的房屋，后专指供奉神佛或帝王受朝理事的大厅：金銮殿。

5. 段，duàn 金 篆

会意字。金文从殳（手持锤），从厂（山崖），从两点（敲下的石块），会手持锤在山崖锤击取石之意。是锻的本字。本义为锤击。敲击则断开，故引申为断开、分段。用作名词，指事物或时间的一截：一段文章。如今用以指工矿企业中的一级行政单位：段长。由于"段"为引申义所专用，锤击之义便另加义符"钅"写作"锻"来表示。

6. 般，bān 甲🄶 金🄶 篆🄶

会意字。甲骨文从凡（盘），从攴（表动作），会制盘时旋转陶坯使成形之意。由于古代"凡"与"舟"形体相近，金文将"凡"误为"舟"，成了用篙旋舟了。篆文承之，"攴"也变成了"殳"。隶变后楷书写作般。般，读为pán，本义为旋转制盘，引申泛指旋转、盘桓、徘徊。又读bān，指搬运。制盘时围绕中心转动，故又指一样、相同之意。

7. 毁，huǐ 古🄶 篆🄶

会意兼形声字。古文从壬（人踩在土上），从毇（huǐ，舂或碾米使精）省，会击打踩坏之意。毇也兼表声。篆文省为从土。隶变后楷书写作毁。本义为毁坏、破坏。如今又用作"燬"和"譭"的简化字。燬，从火，毁声。毁也兼表义。本义指燃烧、焚毁：烧毁。譭，从言，毁声。毁也兼表义。本义指诽谤：诋毁。

8. 殺（杀），shā 甲🄶 金🄶 篆🄶

甲骨文和金文皆像击杀后陈列在那里的长毛野兽形。篆文另加义符"殳"，以强调击杀之意。隶变后分别写作杀和殺。如今规范化用杀。本义为击杀野兽。引申泛指杀死。也指战斗。杀则消，又引申指消减：杀青（古人著书写在竹简上，为了便于书写和防虫蛀，先把青竹简用火烤出汗，即烤干水分，叫杀青。后泛指写定著作，也叫汗青）。

9. 殹，yì 篆🄶

会意兼形声字。从殳，从医，会被箭击中之意。医也兼表声。本义为被箭射中的呻吟声。因此也借为语气词，相当于"也""兮"。

醫（医），yī 篆🄶

会意兼形声字。从"殹"（yī，表箭伤），从酉（即酒，古代医病用酒）会意，表示用酒调治箭伤。殹也兼表声。异体作毉，从殹、从巫会意。古代医巫不分家。今简化皆作医。用以表示医生。用作动词，指治疗：医治。又引申指医术、医学等。

10. 毅，yì 金🄶 篆🄶

会意兼形声字。从殳，从豙（yì，从豕从辛，会剔猪之义，引申泛指剔除，又引申指盛怒）会意。豙也兼表声。本义指果决、刚强、坚韧。

11. 壳，ké 篆

会意字。篆文是一手持槌击打乐器"南"形，会敲击之意。隶变后楷书写作 殻。本义为敲击。由于"殻"作了偏旁，便又另加义符"几"写作"殼"来表示。如今简作壳。表示坚硬的外皮。口语读"ké"：鸡蛋壳儿。书面语读qiào：地壳。

12. 投，tóu 甲 篆

会意兼形声字。从扌、从殳会意。殳也兼表声。本义指投掷：投石问路。引申指投入、参加：弃暗投明。由把东西投掷出去引申指抛弃：投笔从戎。投掷是把一样东西从这里往另外一个方向扔，故又指投递。又引申指射向：投影。

"股"是以"殳"作声符的字。从肉，殳声。本义为大腿。股是身体的一部分，故引申指事物的分支或一部分。用于股肱，比喻左右辅助得力的人。

13. 击，jī 篆

会意字。篆文从軎（wei，车轴头），从殳（投击），会车轴端相撞击之意。隶变后楷书写作毄。本义指车相撞击。引申泛指撞击、打击。后来，由于"毄"作了偏旁，便又另加义符"手"写作"擊"来表示敲打。如今简作击。本义指敲打，引申指攻打、攻击。

第三节　与"衣"有关的部首

一、衣，yī 甲 金 篆

象形字。甲骨文像带大襟的上衣左右襟交复之形。金文大同。篆文整齐化。本义为带大襟的上衣。后来泛指衣服。引申泛指包在或覆盖物体表面的东西：花生衣。也指穿衣：衣锦还乡。以"衣"作义符的字有很多，下面分类试析之。

（一）衣之类

1. 表，biǎo 甲 篆

象形字。甲骨文像兽毛朝外的皮衣，像衣服（ ）外部披着兽毛（ ）。篆文改为从衣，从毛，会皮袄之意。引申指衣服的外层或外衣。又引申泛指外，外面，人的外表、风度等。

2. 衰，shuāi 金 䒾 篆 㦻

象形字。金文像一套蓑衣形。上像斗笠，下像草编之垂衣。篆文另加义符"衣"，以突出其为蓑衣之意。隶变后楷书写作衰。读作suō，是蓑的本字。本义为蓑衣。蓑衣为败草所编，故又读shuāi，引申指衰老、衰弱。后又借作"催"，表示催迫：乡音无改鬓毛衰。

3. 袭，xí 金 䙴 篆 襲

形声字。金文从衣，龖省声。本写作襲，现省作袭。本义指死者穿的左开襟的衣服。死者既穿袭衣又穿明衣，故又引申指衣上又穿衣。由衣上又穿衣引申指重叠、重复，又引申指照旧、继承：沿袭、抄袭。由衣上又穿衣引申指乘人不备而加兵：偷袭。又引申指触及、扑向：寒气袭人。

4. 卒，zú 甲 衣 金 衣 篆 衣

会意字。甲骨文从衣，从×（象征衣上标记），会带有标记的衣服之意。这是古代隶役人员穿的一种衣服，用标记以示区别。金文将标记简化为一斜道。篆文整齐化。本义为带有标记的衣服。也指穿这种衣服的供役使的隶役。隶役是末等公民，故又借以表示终、完毕、引申为死亡。

（二）衣服的各个部分

袁，yuán 甲 䘱 䘏 金 裊 篆 㦻

会意字。甲骨文一从衣，从手，表示穿衣服。甲骨文二加"○"，表示圆形的衣领。本义指古代服装的圆领。金文将甲骨文的"屮"写成"㞢"，同时将"○"从甲骨文的衣外移至衣内。篆文承接金文。隶变后楷书写作袁。如今专门用作姓。

（三）其他

1. 裂，liè 篆 裂

会意兼形声字。从衣、从列会意。列也兼表声。本义指裁剪剩余的缯帛。用作动词，指裁，引申又泛指分割。进而引申指破裂：天崩地裂。

2. 製（制），zhì 金 製 篆 製

製，是一个会意兼形声字。从制，从衣，会裁布成衣之意。制也兼表声。本义指裁布成衣。现简作制。

制，是一个会意字。金文从未（枝条繁茂之树），从刀，会用刀修剪树枝之意。篆文承接金文。隶变后楷书写作制。本义指修剪枝条，引申泛指裁

第二章 以器用为内容的部首

断。又引申指裁制、制作。引申用于抽象意义，指拟定、规划：因地制宜。制定有一定的规则，故又引申指规章、制度、样式。修剪枝条是限制树疯长，故又引申指限制、控制、约束、决断：压制。

3. 襍（杂），zá 篆雜

会意兼形声字。篆文从衣，从集，会聚集各种衣料颜色相配合之意。集也兼表声。隶变后楷书写作雜。异体作襍。如今简化作杂，从九，从木，成了多种树木相混合了。本义为各种颜色相配合。引申指混合、掺杂：混杂。由各种颜色相合，又引申指不纯、混杂：杂货。

4. 初，chū 甲 金 篆

会意字。甲骨文从刀，从衣，会裁衣开始之意。金文大同。篆文整齐化。隶变后楷书写作初。由裁衣之始泛指开始：初夏。引申指第一个、第一次等。

二、冖，mì 甲 金 篆

象形字。甲骨文像布巾蒙覆形，当是最原始的帽子，以布包头而已，借以表示蒙覆。金文大同。篆文整齐化。本义为蒙覆。

1. 冠，guàn 篆

会意字。篆文从冖（帽子），从元（人头），从寸（手），会用手将帽子戴在头上之意。本义为帽子。引申比喻形状像帽子或在顶部的东西：鸡冠。用作动词，读guàn，表示戴帽子。帽子在人体最上部，故又引申指位居第一的、首位的：冠军。

2. 冡，méng 甲 篆

会意字。甲骨文从冖（表蒙覆），从隹（鸟），以物覆鸟之意。篆文改为覆豕。隶变后楷书写作冡。是蒙的初文。本义为蒙覆。后来，由于"冡"作了偏旁，其义便借"蒙"来表示。蒙，从艹，从冡（覆盖），会缠绕覆盖寄生草本植物之意。冡也兼表声。本义为草名，即菟丝。由于"蒙"从"冡"取得声义，故又借以表示覆盖。上对下是覆盖，下对上则是承受，故又引申指承受：承蒙。覆盖则不明，故又引申为不明事理、无知：蒙昧。

三、冃，mào 篆

象形字。冃与冖同源。上古人们"穴居而野处，衣毛而帽皮"，皆像原始的简易皮帽形。篆文从布巾下覆，那两横是帽子上的装饰物。隶变后楷书写作冃。本义为原始的便帽。由于"冃"只作偏旁，后便加声符"目"写作"冒"来表示。由于"冒"为引申义所专用，遂又另加义符"巾"写作"帽"来表示。

冒，mào 甲 金 篆

甲骨文是象形字。像一顶帽子形，帽子上部有带球结的角饰，帽子下部是头套的形状。金文是一个会意字。从目，上像帽形，会头上戴帽子之意。篆文将金文的头套写成"冃"。隶变后楷书写作冒。本义指帽子。帽子戴在头上，引申指覆盖。对上来说是覆盖，对下来说则是顶着，故又引申指顶着，不顾：冒险。顶着假名就是冒充，故又引申指冒充。由顶着又引申指冲犯，由冲犯又引申为向上升、向外透出：冒烟。又引申指不顾客观情况，轻率行事：冒失鬼。

冒其实是帽的本字，由于"冒"为引申义所专用以后，帽子的意思便另加义符"巾"写作"帽"来表示。本义指帽子，引申指形状或作用像帽的东西：笔帽。

曼，màn 甲 金 篆

会意字。甲骨文上下是两只手，用两手张目，会引目游观之意。金文另加冃声。冃也兼表拉开蒙覆之意。篆文省去一只手并整齐化。隶变后楷书写作曼。本义指引目流盼。引则长，故引申为拉长、延长、长。长则细柔、柔美：轻歌曼舞。

四、巾，jīn 甲 金 篆

象形字。甲骨文像一幅下垂的佩巾。金文和篆文大同。隶变后楷书写作巾。本义指佩巾。引申也指用以擦抹的织物，用以覆盖或缠束的织物等。

1. 币，bì 篆

形声字。篆文从巾，敝声。隶变后楷书写作幣。如今简作币。从巾，丿声。本义为作为礼物送人的丝织品。引申泛指礼物，包括玉、马、皮、圭、璧、帛，称为六币。又引申指货币。

2. 市，shì 甲 金 篆

会意兼形声字。甲骨文从冂（表示规定的范围），从之（表示前往），会前往市场之意。之也兼表声。金文下加兮声。篆文稍化并整齐化。隶变后楷书写作市。本义为前往集市去做买卖。引申泛指交易。也指买卖。用作名词，指做买卖的地方：菜市。进而引申指城镇：城市。由交易引申指属于我国度量衡市用制的单位：市尺、市斤。又用作行政区划。

3. 布，bù 金 𢁉 篆 𢁑

形声字。金文从巾，父声。篆文整齐化。隶变后楷书写作布。本义为麻、葛织物。因古人最初以物易物，布起到货币的作用，故又用以表示古代钱币：抱布贸丝。布可展开，钱能流通四方，故又引申为铺开、散布、分布：星罗棋布。又引申指公开、宣告：开诚布公。

4. 帆，fān 篆 𩗴

会意字。篆文本写作颿，从马，从风，会马驰如风之意。风也兼表声。后俗改作帆，从巾，凡声。指挂在船桅上利用风力使船前进的布篷：一帆风顺。

5. 希，xī 篆 𢁫

会意字。篆文从巾，从 乂（交织篱笆形），会像篱笆一样织得稀疏的麻布之意。隶变后楷书写作希，是稀的本字。本义为麻布织得不密。引申泛指稀疏。又引申指稀少。少见之物人所企求，又引申指希望。进而引申指仰慕。由于"希"为引申义所专用后，稀疏之义便借"稀"来表示。

稀，从禾，从希（像篱笆一样织得稀疏的麻布）会意。希也兼表声。本义指禾苗稀疏。引申泛指稀疏：月朗星稀。又引申指稀少、稀薄等。

6. 帛，bó 甲 𢁉 金 𢁉 篆 帛

会意兼形声字。从巾，从白，会白色未染之缯之意。白也兼表声。现为丝织品的总称。"锦"是以"帛"作义符的字。从帛，金声。金也兼表色彩之意。本义为织有彩色花纹图案的丝织品：锦旗。引申泛指色彩艳丽：锦鸡。

7. 佩，pèi 金 𢁉 篆 𢁉

会意字。金文从人，从凡（表盘形玉饰），从巾（表佩戴），会人所佩戴的盘形玉饰之意。本义为古人系在衣带上的玉饰。用作动词，指佩带：佩剑。由佩不离身，引申指铭记不忘。进而引申为敬仰、佩服：敬佩。

8. 饰，shì 篆 𩚬

会意兼形声字。篆文从人持巾，食声。表示刷治擦拭。本义指刷治使洁净：凡祭祀，饰其牛牲。引申指修治。又引申指打扮、修饰：装饰。由修饰又引申指遮掩：文过饰非。用作名词，指装饰品：首饰。

9. 帚，zhǒu 甲 𢁉 金 𢁉 篆 𢁉

会意字。甲骨文、金文兼像扫帚置于架子之上。篆文字形讹变，将架子

"凵"误写为"巾",将上面部分(扫帚苗)讹为又(手)。本义为打扫尘土垃圾的扫帚。

"掃(扫)"是以"帚"作义符的字。从手、从帚会意,本写作掃,现简作扫。读作sǎo,表示扫除尘土、垃圾。引申泛指清除:扫盲。又引申指像扫除一样很快移过去:扫射。用作名词,读作sào,指扫除的工具:扫把。

10. 带,dài 甲 篆

象形字。甲骨文像是前巾(凵)与后巾(冂)之间有扣结(乂)的布条形。篆文省去一巾,并把扭结部分写作"丱"。隶变后楷书写作帶。如今简作带。本义指腰带:一衣带水。引申泛指各种带子或像带子的东西:飘带。又引申指地带、地域:热带。因腰带常常系在身上,故又引申指佩带、携带。由携带又引申指带领。

11. 席,xí 甲 金 篆

象形字。在甲骨文中,席与因、茵同源,皆像方席形,上有编织花纹。金文成了从厂、从巾的会意字。篆文承接金文,改为从庶省。本义为铺垫用的席子:凉席、竹席。古人席坐,引申指座位:主席、入席。又引申指酒席。

12. 常,cháng 篆

形声字。从巾,尚声。本义为下身穿的裙子。"常"为生活习用之物,故引申出一般的、普通的(老生常谈)、永久的、不变的(常态)等义。又指经常等。常为引申义所专用。下裙之意便用"裳"来表示。裳,从衣,尚声。读cháng,指下裙。又读shang,泛指衣服。

13. 幕,mù 篆

会意兼形声字。篆文从巾,从莫(表遮蔽),会用布覆盖之意。莫也兼表声。本义指遮在上面的帷帐。引申泛指帐篷。古代将帅出征以幕帐为办公府署,故又引申指幕府:幕僚。由幕帐又引申指挂着的帘幕:屏幕、报幕。演剧时段落间有幕布开合,故又指演出的一个段落:独幕剧。

五、幺,yāo 甲 金 篆

象形字。甲骨文像一把细丝形。当是丝的初文。金文和篆文整齐化。隶变后楷书写作幺。本义为一把小细丝。引申泛指细小。又指幼小、排行最末的:幺妹。

1. 幼,yòu 甲 金 篆

会意字。甲骨文从幺(细小),从力,表示力量弱小。金文大同。篆文整齐化。隶变后楷书写作幼。本义为力量弱小，引申指年纪小：幼儿、幼稚。引申指初出生的：幼苗、幼虫。用作名词，指小孩儿：扶老携幼。

2. 玄，xuán 甲﹝﹞金﹝﹞篆﹝﹞

会意字。甲骨文是在河里漂洗染丝形，表示染黑。金文省去河水，只留下一把丝，或在丝上加点，表示悬挂晾晒。篆文上边讹为"人"。隶变后楷书写作玄。本义为染黑。引申泛指黑色、黑暗：玄色布衫。引申也指高远的天青色：天玄地黄。黑暗不易辨认，故又引申为深奥不易理解：玄之又玄，众妙之门。

兹，zī 甲﹝﹞金﹝﹞篆﹝﹞

会意字。甲骨文像在水流中漂洗染丝之形，以此表示水又黑又浑，因为水越洗越脏。金文省去水流，大概表示洗完后在晾丝。篆文承接甲骨文和金文，并线条整齐化。隶变后楷书写作兹。本义为水污黑。读xuán。后来与兹（从艹，丝声。草木滋生之义）相混，楷书于是都写作兹。

这样，兹便有了两个读音，有了污黑、滋生两个含义。后来，兹又借为代词，表示"此"义。污黑、滋生两个含义便由滋来表示。

兹，读zī，表示这、这个：兹事重大。又表示现在：兹有。

滋，zī 甲﹝﹞篆﹝﹞

滋有两个来源，一个是从水，兹声，读xuán，表示水污黑。一个是从水，兹声，读zī，表示水增益。表示生长：滋芽。又表示增添、加多：滋生。引申指不干枯：滋润。

3. 幺，yōu 甲﹝﹞金﹝﹞篆﹝﹞

会意字。甲骨文像在水流中漂洗染丝之形。金文省去水只留下二丝，表示晾丝，表示小而又小。篆文整齐化。隶变后楷书写作幺。本义为细微。引申指隐暗不明。由于"幺"作了偏旁，其义后由"幽"来表示。

（1）幽，yōu 甲﹝﹞金﹝﹞篆﹝﹞

会意兼形声字。从火、从幺会意，用火照微会昏暗之意。幺也兼表声。本义指昏暗：幽暗。由昏暗，引申指深远：幽深。深则难见，又引申指隐蔽不显：幽居。进而引申指僻静、清静：幽静。

（2）幾（几），jī 金﹝﹞篆﹝﹞

几有两个来源。一个是象形字，篆文﹝﹞像古人席地而坐时供老年人倚靠的器具。隶变后楷书写作几。读jī，本义指古人席地而坐时供老年人倚靠的器具。引申指搁置物件的小桌子：茶几。

另一个是作了幾字的简化字，所以也承担了幾字的一些含义。幾是一个会意字。金文从𢆶（细微），从戍（防备），表示在事情刚显示迹象露出苗头时就加以防备。篆文整齐化。隶变后楷书写作幾。如今简作几。本义为事情细微的迹象。读jī，引申为相差不远：几乎。又读jǐ，用作数词，表示数量不少：好几次。也用作代词，表示疑问：对酒当歌，人生几何？

（3）处（处），chǔ 金【篆】篆【篆】

会意兼形声字。金文从人，从几，从虍，是一个头戴虎皮冠的人据几而坐的形象。虍也兼表声。繁体发展为處，简体发展为処（居）。篆文将处分为繁简二体。隶变后楷书分别写作處与处。如今均简化作处。读chǔ，本义为止息。引申指居住：穴居而野处。引申指存在、置身：设身处地。又引申指交往：友好相处。又引申为决断、处置、惩罚：处决。又读chù，指处所、地方、方面：住处、长处。也指时间：不知明镜里，何处得秋霜。如今指机关团体办公的地方：教务处。

4. 繼（继），jì 金【篆】古【篆】篆【篆】

会意字。金文像三丝相连之形。古文作【篆】，从反【篆】（绝），表示接续。篆文在古文的基础上另加义符"糸"，从糸、从【篆】会意，以突出把断了的丝重新续上之意。隶变后楷书写作繼。如今简作继。本义为接续、延续。引申指继承。由接续，引申指后续的：继父、继母。用作副词，指接着、随后：继而。

5. 𢇍（绝），jué 甲【篆】金【篆】篆【篆】

指事字。甲骨文从悬丝，一横指出将丝截断。金文繁化，成了以刀断丝的会意字。篆文简化，只留下一糸一刀，并另加声符"卩"。隶变后楷书写作𢇍和绝。"𢇍"只作偏旁。絕则简作绝。本义为截断：绝缘、绝望。引申为尽、穷尽：绝处逢生。又引申为到极点：绝妙。作副词，用于否定式，表示一定、全然：绝无仅有。

斷（断），duàn 篆【篆】

会意字。篆文从𢇍，从斤，会用斧子截断之意。本义为截断：剪断。引申指断绝，不继续：断送。又引申指断定、决定：当机立断。用作副词，表示决然、一定、绝对：断然拒绝。

6. 麼（么），mó 甲【篆】金【篆】篆【篆】

象形字。"麼"是"幺"的增旁字。甲骨文和金文本作"幺"。像一把

细丝形。由于"幺"作了偏旁，篆文才又另加声符"麻"。隶变后楷书写作麽，俗讹为麼。如今简作么。本义为细小。又读me，用在词尾：什么、这么。

六、糸，mì 甲 金 篆

象形字。甲骨文像一把束丝形。金文大同。篆文整齐化。隶变后楷书写作糸。本义为细蚕丝。引申指微小。

1. 编，biān 甲 篆

会意字。甲骨文从册，从糸，会用皮条或绳子将按次第排好的竹简串连联起来之意。篆文将册讹为扁，变成了形声兼会意字。从糸，扁声。扁也兼表编制之意。意思不变。本义指用皮条或绳子将按次第排好的竹简串连起来。引申泛指顺次编排：编辑。又引申指编结：编筐。由编辑引申指创作：编剧。由编著引申指捏造：编排。

2. 纯，chún 甲 金 篆

形声兼会意字。甲骨文借"屯"来表示。金文另加义符"糸"，篆文承接金文，从糸，从屯，会原始蚕丝之意。屯也兼表声。隶变后楷书写作纯。本义为原始蚕丝。引申指同一颜色的丝织品，或同一颜色。又引申为不含杂质、纯净。进而引申指单纯、质朴无华等。

3. 索，suǒ 甲 金 篆

会意字。甲骨文像两手搓绳形。金文还加出了房子，表示在屋下搓绳。篆文讹为从朩（草盛），就成了用草做绳索了。隶变后楷书写作索。本义为搓绳子。用作名词，指大绳。引申泛指像绳索的东西、思绪。由搓绳时逐渐绞合，引申指寻找、探求、索取等。

4. 絲（丝），sī 甲 金 篆

象形字。甲骨文和金文皆像两束丝形。篆文整齐化。隶变后楷书写作絲。如今简作丝。本义为蚕丝。也指丝织品：丝绸。引申泛指像丝一样的东西：藕断丝连。又比喻细微、极少：一丝不苟。古代弦用蚕丝为之，故又引申指弦乐器：无丝竹之乱耳，无案牍之劳形。用作量词，指微量：蚕吐丝为忽。十忽为一丝，十丝为一毫。

5. 素，sù 金 篆

会意字。金文字形像双手织丝形。篆文字形从糸，从巫（花朵下垂），表示丝织物像花朵一样光润柔软下垂。《说文解字》：素，白致缯也。本义指本色未染的丝绸。古人以白色飘带为饰物，故称白色为素。由本色引申指素雅，不艳丽。由本色未加工的又引申指本质、本性。进而引申指带根本性的物质或构成事物的基本成分：要素。把本色用到饮食上，指素食。虚化为副词，指平素、向来。

七、系，jì 甲 ✍ 金 ✍ 古篆 ✍

会意字。系现在代表三个字的含义：一个是甲骨文一形，从手，从三糸，会用手悬丝之意。金文大同。古文省去一丝。篆文进一步简化，省去二丝，并将手变成"丿"（表拉引），成了声符。隶变后楷书写作系。本意为悬结。

第二个是甲骨文二形，从人，从系，会以绳索缚人颈之意。金文大同。本义为以绳索缚人颈。隶变后楷书写作係。

第三个是篆文二形，从糸，从毄，会击烂的恶絮之意。毄也兼表声。隶变后楷书写作繋。本义指粗劣的絮。如今简化，这三个字都用"系"来表示。

系，读xì，由悬结，引申指联属、接续：维系。用作名词，指系统、世系：直系。后又指高等学府按学科所分的教学行政单位：中文系。又读jì，指拴结：系鞋带、系纽扣。

"孫"是以"系"作义符的字，从子，从糸（表连续），会子与子连续之意。本作孫。如今简作孙。本义为儿子的儿子。也指孙女或孙子同辈的亲属。泛指孙子以后的各代。

"遜"是以"孙"作声兼义符的字。从辶、从孙（恭顺，谦让）会意。孙也兼表声。指恭顺、谦虚：出言不逊。进而引申指不如、差：大为逊色。

八、麻，má 金 ✍ 篆 ✍

会意字。金文从厂（山崖），从林（劈出的麻茎皮纤维），会于崖下劈麻晾麻之意。篆文改为从广（敞屋），成了在房檐下晾麻了。隶变后楷书写作麻。本义为劈好的麻茎皮纤维。也指大麻这种植物：开轩面场圃，把酒话桑麻。麻纤维可织布、制绳，麻布常作丧服，故又引申指丧服。麻纤维细长繁密，纠结纷乱，故又用以比喻繁密、众多：杀人如麻。又形容纷乱：心乱如麻。麻布粗糙，麻子粒细碎，故用以比喻脸上的痘瘢，即麻子，或指不光滑。人手脚麻木时，其感觉犹如触摸不光滑之物，故又用于指麻木：麻药。

磨，mó 篆 䃺

形声兼会意字。篆文本从石，从靡（表散乱），会磨制石器之意。靡也兼表声。隶变后楷书写作䃺，俗省作磨。本义为磨制石器。引申指研磨、摩擦：磨刀。磨则需要克服阻力，故又引申为困难、阻碍：好事多磨。进而引申为磨蹭、拖延：磨洋工。又读mò，用作名词，指碾碎谷物的工具：石磨。也指用磨碾碎：磨面。

九、革，gé 甲 金 篆

甲骨文革是独体象形字。猎者在捕获野兽之后，第一件事就是剥皮。剥皮是从野兽的下巴部位开始的，沿着喉咙向下用尖刀一条直线划开兽皮直到尾巴。然后分开肚皮向两侧逐渐划开四肢阴面的皮直至四只蹄子。切除四蹄后剥下来的皮还是柔软湿润的，需要晾干才能加工使用。使兽皮干燥的方法就是将兽皮毛面向外固定在木板上。为了避免兽皮变形，要将两侧的四肢皮和肚皮拉直并撑开，用竹签或者铁钉固定在木板上。兽皮干燥后就会变硬成型，不再改变形状。这张钉在木板上的野兽皮就叫作革：野兽的口此时是向上的，四肢的皮被撑开，尾巴变硬拖得很长。这个字的下部可以是一根尾巴，也可以是一条尾巴加两条后腿呈"个"状。因此，革的本义就是兽皮。

勒，lè 金 篆

形声兼会意字。金文从革，从手，会手用力刮制皮革之意。力也兼表声。篆文整齐化，手讹为力。本义为用手刮制皮革。笼头是皮革制的，故引申指带嚼子的笼头。用作动词，指拉紧缰绳止马。进而引申指约束、强制等。

十、皮，pí 金 篆

会意字。金文是手持平头皮铲形，会剥取兽皮之意。本义为剥取兽皮。引申指剥开、剥下的兽皮、事物的表面等。

第四节 与"食"有关的部首

一、食，shí 甲🖼 金🖼 篆🖼

会意字。甲骨文上边是个倒口，下边是食器中盛满了饭，两点象征香气，表示张口吃饭之意。金文稍变。篆文整齐化。隶变后楷书写作食。如今做左旁时写作"饣"。本义指张口吃饭。用作名词，指吃的东西。也泛指供食用的：食物、食油。由食物引申指吞没、背弃：食言。日月之食，古人认为是太阳和月亮被吞了，故又引申指日食、月食。

餐，cān 甲🖼 金🖼 篆🖼

形声兼会意字。甲骨文表示手抓兽肉兽骨或贝类水产品，意为享用山珍海味。金文左边为舌，右边从又，从食，强调品尝美食。篆文承接了甲骨文和金文。隶变后楷书写作"餐"。本义指有山珍海味的高级享用。

饥，jī 金🖼 篆🖼

形声兼会意字。饥本是形音义皆不同的两个字：一个是从食，从几，用面对飢会饥饿之意。几也兼表声。另一个是从食，从幾（微），用食物少会荒年之意。幾也兼表声。隶变后楷书分别写作飢与饑。如今皆简作饥。本义指饥饿，又指荒年。

二、皀，jí 甲🖼 金🖼 篆🖼

象形字。甲骨文像一碗香喷喷的白米饭形。下边是碗，上边是米，小点象征香气。金文简化、篆文整齐化。隶变后楷书写作皀。本义为一碗香喷喷的白米饭。

即，jí 甲🖼 金🖼 篆🖼

会意兼形声字。甲骨文从皀（盛满食物的食器），从卩（跪坐之人），会人正在就食吃饭之意。卩也兼表声。本义为就食。引申为走近、靠近：即位。进而引申为接触。虚化为副词，表示就、就是。

既，jì 甲🔣 金🔣 篆🔣

会意字。甲骨文从皀（盛满食物的器具），从旡（人吃饱饭后扭头张口打嗝），会吃完饭之意。金文大同。篆文稍讹。隶变后楷书写作既。本义为吃完饭。引申指完尽。虚化为副词，表示已经。

三、禾，hé 甲🔣 金🔣 篆🔣

象形字。甲骨文像一棵茎叶根俱全而成熟的禾谷垂穗形。金文填实。篆文整齐化。隶变后楷书写作禾。本义为谷子。引申泛指庄稼：锄禾日当午。

1. 季，jì 甲🔣 金🔣 篆🔣

会意字。甲骨文从子，从禾，会幼禾之意。金文大同。篆文整齐化。是稚的会意字。本义为幼禾。引申指小、少之意。又引申指同辈中排行最小的：伯、仲、叔、季。由此也称"春夏秋冬"四时为四季。引申又指一段时间：雨季。

后来，由于"季"为引申义所专用，幼禾之义便用"稚"来表示。本义指幼禾，引申泛指幼稚、幼小。

2. 秀，xiù 篆🔣

会意字。篆文从禾，从乃（奶），表示谷物扬花灌浆。本义指谷物扬花，抽穗灌浆。由抽穗开花引申泛指繁茂：野花发而幽香，佳木秀而繁阴。又引申为清丽美好：山清水秀、秀丽。抽穗开花则挺出而高，故又引申指优异出众：优秀。

3. 利，lì 甲🔣 金🔣 篆🔣

会意字。甲骨文从刀，从禾，会用镰刀收割谷物之意。小点象征割禾时的碎屑。金文大同。篆文省去碎屑并整齐化。隶变后楷书写作利。作偏旁时写作"利"。本义为割禾。引申指锋利：利刃、利器。又引申为快捷、灵便：利落。由快捷引申为顺利：大吉大利。收割则有所收获，故又引申为利益。又特指财利、私利：见利忘义。又特指利润：利息。

4. 年，nián 甲🔣 金🔣 篆🔣

会意字。甲骨文从人背禾，会谷物成熟进行收获之意。人也兼表声。金文稍讹，"人"与"禾"连在一起。篆文整齐化，"人"讹为"千"。隶变后楷书写作秊。俗作年。本义指谷物成熟丰收。引申泛指一年的收成：年景、年成。庄稼一般一年一熟，故引申指十二个月为一年。又进而引申指年龄：年富力强。引申泛指岁月、时间、年代：常年在外。

5. 秒, miǎo 篆🈁

形声兼会意字。篆文从禾，少声。少也兼表细小之意。隶变后楷书写作秒。本义为谷物穗上的芒刺。引申泛指细微。由细微，又引申指计算时间的单位：一分钟是六十秒。

6. 秋, qiū 甲🈁古🈁篆🈁

象形字。甲骨文像蟋蟀之形。秋至而蟋蟀鸣，借以表示庄稼成熟的秋天。庄稼成熟则变黄，故或另加义符"火"，用庄稼焦黄表示秋天。古文将蟋蟀形变为龟形，并另加义符"禾"，突出禾谷成熟焦黄之义。篆文省去龟形并整齐化。隶变后写作 穐、穐与秋。如今规范化用秋。本义为庄稼成熟有收获。引申指庄稼成熟的秋季：秋收冬藏。一年一个秋季，故又借指一年：千秋万代。又引申指一段时间：多事之秋。如今又借作"鞦"的简化字，用于"秋千"。

"愁"是以"秋"作声兼义符的字。从心，秋声。秋心易愁。本义为忧虑：愁眉苦脸。也指忧伤的心情：乡愁。又引申形容景象惨淡：愁云惨雾。

"揪"是以"秋"作声符的字。从手，秋声。指用手紧紧抓住。

7. 科, kē 篆🈁

会意字。篆文从禾，从斗，会以斗量禾之意。隶变后楷书写作科。本义为衡量。经过衡量就能分出等级，故引申为等级、品类。发展为如今分门别类的名称：内科、外科。由品类引申指科举取士的名目。进而引申指科举考试。

8. 香, xiāng 甲🈁篆🈁

会意字。甲骨文像器中盛禾黍形，小点表示散落的黍粒，会新登禾黍芳香之意。篆文变为从黍，从甘，强调黍稷等粮食馨香。引申泛指气味芳香：香花香草。又引申指味道好：饭菜真香。芳香令人舒适叫人喜欢，故又引申为舒服：睡觉真香。引申为受欢迎。

9. 秦, qín 甲🈁金🈁篆🈁

会意字。甲骨文像廾（双手）持午（杵）舂禾形，会舂捣收打禾麦之意。金文大同。篆文省为一禾并整齐化。隶变后楷书写作秦。本义为舂捣收禾。古代关中之地是富饶的产粮区，盛产禾麦，故称其地为秦。后遂成为古代封国名，即后来战国七雄之一的秦国。也指秦始皇所建的秦朝。秦朝是我国第一个统一大帝国，所以汉时西域各国又用秦称中国。后来，西方称中国为支那，即"秦"之变音。

由于"秦"为朝代名所专用,捣禾之义便又另造了"捣"字来表示。捣,从手,岛声。本义指舂、砸、捶打、撞击:捣衣、捣蒜、捣药。引申指进攻、攻击。又引申指搅扰:捣乱。

10. 兼,jiān 金 篆

会意字。金文和篆文从又(手)持二禾,会并有之意。隶变后楷书写作兼。由并有二禾引申泛指同时涉及两件或两件以上的行为或事物:德才兼备。引申指加倍的,把两份并在一起:风雨兼程。

廉,lián 篆

会意兼形声字。篆文从广(宽大敞屋),从兼(两物相并),会附并在堂屋周围的狭窄侧边之意。兼也兼表声。本义为堂屋之侧边。堂屋之侧不宽敞,故廉的初义有狭窄之义。古代在廊下工作的须是品行端方的志节之士。因此廉便引申出正直、清白、节俭、不贪赃、不枉法、不贪婪、不铺张浪费、行为懂得检点收敛等美好的意义来。春秋战国时期,管仲协助齐桓公推行政令,把"礼、义、廉、耻"定作国之"四维",作为官民行为依循的准则,可见廉是为政的重要之道。物价便宜,称为低廉。当官的清白而不贪污,谓之廉洁。

11. 秘,mì 篆

形声字。从禾,必声。本义指禾稼的香味。借作"祕",表示神秘莫测,引申指隐蔽、不公开:秘密、秘史。又读bì,用作音译字:秘鲁。

12. 稍,shāo 篆

形声兼会意字。篆文从禾,从肖(微小肉末),会禾稼的末梢之意。肖也兼表声。本义为禾稼末梢。引申泛指物的末端、枝叶。物体的末端是逐渐细小的,故引申指渐进、逐渐。由末梢引申指数量不多或程度不深:稍微。又读shào,用于"稍息",表示操练时的口令。

13. 稻,dào 甲 金 篆

会意字。甲骨文是将收获舂捣好的稻子放进器中之意。金文改为从禾,右边是伸手从臼中取米形,表示是稻谷。因为稻谷是要舂捣的。篆文承接金文并整齐化,成为从禾、从舀会意。舀也兼表声的字。隶变后楷书写作稻。本义指稻子。

14. 稼,jià 篆

形声兼会意字。篆文从禾,家声,家也兼表家事之意。本义指成熟的禾穗。引申泛指种植谷物或从事农业劳动。用作名词，引申泛指庄稼。

15. 穆，mù 甲🉐金🉐篆穆

象形字。甲骨文像一棵成熟的禾稼形，颗粒饱满，硕穗下垂。金文另加"彡"，以渲染阳光下那柔美、祥和、沉静的风采。篆文加上禾。隶变后楷书写作穆。本义为成熟的禾稼。由禾稼垂穗的柔美、祥和与沉静，引申泛指美好。也指和谐。又指庄敬：肃穆、静穆。

16. 穗，suì 金🉐篆穗

会意字，金文上从爪（覆手），下从禾，会手掐禾穗之意。篆文一承接金文，篆文二改为从禾，惠声，惠也兼表像纺锤样之意。本义为聚生在稻麦等禾本植物茎的顶端的花或果实部分：稻穗。引申泛指穗状的东西。又用作量词：一穗玉米。

17. 稠，chóu 篆稠

形声兼会意字。篆文从禾，周声。周也兼表布满之意。本义为禾多。引申泛指多：稠密。引申指浓厚。

四、秝，lì 甲🉐篆秝

会意字。甲骨文从二禾，会禾苗稀疏合宜，一棵一棵很清晰之意。篆文整齐化。隶变后楷书写作秝。

历，lì 甲🉐金🉐篆歷

会意兼形声字。甲骨文从止（脚），从秝（种植整齐的禾苗），会踏田巡视禾苗之意。秝也兼表声。金文、篆文换为从厤，其义不变。隶变后楷书写作歷。如今简作历。本义为巡视田禾。引申泛指经过、经历：历程。又指已经过了的：历来、历史。也指逐一无例外，普遍，完全。又用作"秝"，指一个一个很清晰：历历在目。农业生产和天象有密切的联系，故历又指历法，即推算日月星辰运行及季节时令的方法：阴历、阳历。也指记录日月、天气、节气变化的书、表、页：日历、黄历。此类含义后来又另加义符"日"写作"曆"来表示。如今也简作"历"。

五、米，mǐ 甲🉐金🉐篆米

象形字。甲骨文像一段上有米粒的谷穗形。金文稍变。篆文整齐化。隶变后楷书写作米。本义为小米。引申泛指去皮后粮食作物的子实：稻米。也指像米的东西：花生米、虾米。也用作长度单位。

粉，fěn 篆粉

形声兼会意字。篆文从米，分声。分也兼表分细之意。本义为化妆用的粉末。引申泛指各种细末：花粉。后又引申指用淀粉制成的各种食品：粉丝。用作动词，指使破碎成粉末：粉身碎骨。化妆用粉为白色，故又引申指白色：粉蝶。

粪，fèn 甲 篆

会意字。甲骨文像一手持（箕），一手持（帚）形，会扫除粪土之意。小点象征粪土脏物。篆文省去帚形，并讹变。隶变后楷书写作粪。如今简作粪。本义为扫除灰土脏物。用作名词，指灰土、腐土。粪便是脏物，故又特指粪便。

康，kāng 甲 金 篆

指事字。甲骨文从庚（摇铃），下边四点象征摇铃发出的乐声，表示正在演奏的乐铃。金文大同。篆文下边讹为米。隶变后楷书写作康。本义为演奏乐铃。引申为安乐：安康。又引申指健康。进而引申指富裕：小康。又特指四通八达的路：康庄大道。乐铃中空才能发声，故又引申为空、虚。为了分化字义，此义后写作"糠"。

六、尗 shú，篆

会意字。从金文叔（）的偏旁看，"尗"是用木橛等尖器掘取芋头一类植物的地下球茎之意。隶变后楷书写作"尗"。本义为掘取植物的地下球茎。用作名词，指球茎。豆子为圆形，故后专用来指豆子。由于"尗"作了偏旁，攫取之义便另加义符"又"（手）写作"叔"来表示；豆子之义则借本当食器讲的"豆"字来表示。后又另造了一个"菽"字。

叔，shū 金 篆

会意兼形声字。金文从尗（shú，用木橛等尖器掘取植物的地下球茎），从又（手），会用手掘取植物的地下球茎之意。尗也兼表声。篆文整齐化。隶变后楷书写作叔。本义为拾取。汝南名收芋为叔。大概因"芋"是圆形的，故"叔"后转指豆子。此义后另加义符"艹"写作"菽"来表示。大概捡豆子等辅助农活多由子弟去做吧，故"叔"又借用来表示父亲的弟弟或与父亲同辈而年龄较小的男子。也指丈夫的弟弟。引申指兄弟排行的第三：伯、仲、叔、季。由于"叔"为引申义所专用，捡拾之义便另造了"拾"字来表示。

戚，qī 甲[骨] 金[形] 篆[戚]

形声字。金文从戈，尗声。篆文改为从戉。戉、戈皆古代兵器。本义为钺，指古代斧类兵器：刑天舞干戚。兵器能杀伤，故又借用以表示忧伤、悲哀：休戚相关。武器随身携带，也能防身，故又借用以表示亲近、近。用作名词，指亲近的人：亲戚（上古"亲戚"包括父母、兄弟等）。

七、韭，jiǔ 篆[韭]

象形字。篆文像地上丛生而细密的韭菜形。本义为韭菜。

八、瓜，guā 金[瓜] 篆[瓜]

象形字。金文像藤蔓上结有瓜形。篆文整齐化。隶变后楷书写作瓜。本义为蔓生植物瓜类。也指瓜成熟。由于瓜与蔓相连，故多用来比喻顺着线索追查结果：顺藤摸瓜。又比喻互相牵连：瓜葛。瓜需切分而食故又比喻分割疆土：瓜分。

"瓢"是以"瓜"作义符的字。从瓜，票声。本义指舀水或取东西的工具，多用对半剖开的匏瓜或木头制成。泛指形状像瓢的：瓢虫。也用作量词。

九、亼，jí 甲[亼] 金[亼] 篆[亼]

象形字。甲骨文、金文、篆文皆像覆罩着的器盖形。隶变后楷书写作亼。本义为扣合的器盖。引申为聚合、聚集。

1. 今，jīn 甲[今] 金[今] 篆[今]

象形字。甲骨文像口朝下伸舌的口形，当是甲骨文"歙"（[图]，像一人张口伸舌就坛子饮酒形。后简作饮）的省文。省去"人"和"酉"（坛子），将口和舌简化。就成了甲骨文"今"。金文舌下垂，更像。篆文整齐化。隶变后楷书写作今。本义为饮。由此时正喝，引申为现在：从古至今。也指现在。

贪，tān 甲[贪] 篆[贪]

会意兼形声字。甲骨文和金文皆从贝（货币），从今（口朝下伸舌饮），会爱财之意。今也兼表声。隶变后楷书写作贪。本义为爱财，即不择手段地求取财物。引申指纳贿受贿。又引申指求多，不知足：贪得无厌。

2. 侖（仑），lún 甲[侖] 金[侖] 篆[侖]

会意字。甲骨文从亼（表聚集），从册（编竹简），会集合简牍编排次序之意。金文大同。篆文整齐化。隶变后楷书写作侖。如今简作仑。本义为编排完整，有次序条理。用于"昆仑"，指山名。

伦，lún 篆 㑹

会意兼形声字。从人、从仑会意。仑也兼表声。本义指人际关系有次序条理：天伦之乐。又泛指次序、条理：语无伦次。进而引申指分类、类别：不伦不类。

论，形声兼会意字。从言，从侖，会有条理地分析事理之意。侖也兼表声。本义为分析说明事理。由论说有条理，引申指按一定顺序加以编排：《论语》，即指将孔子的言论依条理编排，此义读lún。分析后进行归纳就是理论、学说，故又引申指对事理的归纳总结：方法论。

十、倉（仓），cāng 甲 金 篆

象形字。甲骨文像粮仓形，上仓顶，下仓体，中为进出的门。金文大同。篆文整齐化。隶变后楷书写作倉。如今简作仓。本义为粮仓。引申泛指储藏物品的地方：货仓。又借作"苍"，表示青。

"舱"是以"仓"作声兼义符的字。从舟，仓声。仓也兼表仓房之意。本义指船上载人或装货的部分：船舱。

十一、會，huì 甲 金 篆

会意字。甲骨文下边是仓体，上边是仓顶，中间是仓门，用储存谷物的粮仓来表示聚汇之意。金文在仓中加出小点，聚合储粮之意更加明确。篆文将仓体讹为"曰"。隶变后楷书写作會。如今简作会。本义为聚合、聚汇。引申为许多人为同一目的聚集在一起：会师。用作名词，指集会：舞会。又指人们集会或聚居的地方：夜总会。进而引申指某种团体或组织：教会。由聚会引申指遇见、见面：再会。理解、领悟实际上就是将各种知识或情况会集在一起加以融会贯通，故又引申为理解、领悟。进而引申指某种能力或可能性。又表示应当、一定：会当凌绝顶，一览众山小。机会是各种因素的巧合，故又引申为时机、机会。又读kuài，由聚合引申为对各种款项的总和：会计。

"绘"是以"会"作声兼义符的字。从糸，会声。会也兼表汇集之意。本义为五彩的刺绣。绘画杂用五色，故又引申指绘画：绘图。又引申指描写、

形容：绘声绘色。

十二、靣，lǐn 甲 🗚 金 🗚 篆 🗚

象形字。甲骨文像一个简易的粮仓形。金文大同。篆文稍简并整齐化。隶变后楷书写作靣。本义为容纳谷物的粮仓。

1. 嗇（啬），sè 甲 🗚 金 🗚 篆 🗚

会意字。甲骨文从靣（粮仓），从来（小麦），会收谷物入仓之意。金文大同。篆文整齐并文字化。隶变后楷书写作嗇。如今简作啬。本义为收获谷物而廪藏之。是"穑"的本字。本义为收获谷物。也指谷物。引申为爱惜。再引申为吝啬。

牆（墙），qiáng 甲 🗚 金 🗚 篆 🗚

形声兼会意字。甲骨文从嗇（表示收藏谷物），从爿（表示筑墙），以会筑起外围屏障来收藏粮食之意。爿也兼表声。金文大同。篆文省简并整齐化。隶变后楷书写作牆。为了表明其质料，俗又将义符"爿"改为"土"旁的"墙"。本义为收藏粮食而筑的外围屏障，引申泛指起遮蔽作用的屏障垣壁：城墙。

2. 稟，bǐng 金 🗚 篆 🗚

会意字。金文上从靣（粮仓），下从禾，会仓廪之意。篆文承接金文并整齐化。隶变后楷书写作稟，俗作禀。读 lǐn，本义指粮仓。引申读 bǐng，指赐人谷物，引申泛指赐予、赋予。粮仓是容纳谷物的，故又引申为领受、承受。又用为下对上报告：禀告。

十三、井，jǐng 甲 🗚 金 🗚 篆 🗚

象形字。甲骨文像用木交叉构成的井口形，用以表示水井。金文中加一点表示水。篆文整齐化。隶变后楷书写作井。

本义为水井。引申指形状像水井的：天井、油井。古代奴隶社会把方一里的土地按照"井"字的形状分为九区，八家各分一区耕作，中央为公田。古代因井设市，有人口居住，又引申指人口聚居之地或乡里：背井离乡。由井形的整齐有条理，又引申表示整齐有条理：秩序井然、井井有条。

刑，xíng 金 🗚 篆 🗚

会意字。金文从刀，从 🗚（囚笼），会拘囚处罚之意。篆文变为从井

（代表刑法），成了以法处罪了。隶变后楷书写作刑。本义为治罪。也指刑罚：死刑。

型，xíng 金 篆

形声兼会意字。篆文从土，刑声。刑兼表法式之意。表示铸造用沙土且有法式之意。隶变后楷书写作型。本义为铸造器具用的土模子。木模为模，竹模为范：模型。进而引申指式样、类型：血型。

十四、鬲，gé 甲 金 篆

象形字。甲骨文像古代鼎类蒸煮炊具形，圆口，三足分档，足内中空，以便增加受热面积。金文大同。篆文整齐化。隶变后楷书写作鬲。读作lì，本义为古代鼎类蒸煮炊具。又读gé，因三足分档，故又引申指分隔、阻隔。

融，róng 甲 金 篆

形声字。甲骨文原本下从土，上从蟲，会冰雪消融，春气升腾，蛰虫蠢动之意。本义指冰雪消融地气蒸腾。金文大同。篆文改为从鬲，虫声。成了蒸汽升腾。隶变后楷书写作融。本义指蒸汽升腾。蒸汽升腾是天暖消融的结果，故又引申指融化：消融。又进而引申指融合：融会贯通。由日暖而融，又引申指和乐的样子：春光融融。由融化，又引申指流通：金融。

隔，gé 篆

会意兼形声字。从阝（表示墙或山）、从鬲。鬲也兼表声。本义指阻隔、隔开：隔靴搔痒。引申指间隔、距离：相隔。又用以表示隔膜。

十五、鹵（卤），lǔ 金 篆

指事字。金文从西（竹篓），中加四点，象征其中有盐之意。古代制盐，用竹器漉汁，熬炼而成，故从西。篆文整齐化。隶变后楷书写作鹵。如今简作卤。本义为盐卤。引申指浓汁：打卤面。也指用盐水等浓汁制作食品：卤肉。

鹽（盐），形声字。从鹵，監声。本写作鹽，现简作盐。本义为食盐。

第五节 与"住"有关的部首

一、宀，mián 甲 ∩ 金 ∩ 篆 ∩

象形字。甲骨文像茅草覆顶的半地下棚屋形，上面是顶，两边是墙。金文大同。篆文整齐化。隶变后楷书写作宀。本义为古代的一种简易房屋。据半坡遗址复原，先在圆形基址上筑墙，墙上覆以圆锥形屋顶，顶上开窗，下有门，半在地下。

1. 宅，zhái 甲 金 篆

会意兼形声字。甲骨文从宀（房屋），从乇（寄托），会人所托居的住处之意。乇（音zhè）也兼表声。金文大同。篆文整齐化。本义为住处：宅院。引申也指死人所处的墓穴：阴宅。进而引申指存：宅心仁厚。

2. 安，ān 甲 金 篆

会意字。甲骨文、金文和篆文皆像女坐在宀（房子）下之状，表示静如处女之意。也有一种说法认为上古时代，毒蛇猛兽等人类的天敌很多，妇女的体质和体力都不如男子，在野地不安全，只有在室内可以免受侵害，得到宁谧。因此，先民便以"女在室内为安"造了"安"字。隶变后楷书写作安。本义为平静、稳定：安静、安心。引申为舒缓：安步当车。用作动词，指使平静：安慰。又引申为安置：安排。

3. 宋，sòng 甲 金 篆

会意字。甲骨文从宀（房屋）、从木会意，表示里面有木床家具的居室。金文大同。篆文整齐化。本义为居住、居室。后借用作古诸侯国名。又用作朝代名：北宋、南宋。又特指宋刊本或宋体字：宋体。也用作姓。

4. 定，dìng 甲 金 篆

会意兼形声字。甲骨文从宀（房屋），从正（前往），会到房中止息之意。金文大同。篆文整齐化。隶变后楷书写作定。本义为止息。引申为安定：心神不定。由安定引申为决定、确定。又引申为规定：定期、定时。引申指固

175

定的：已成定局。也表示一定、必定。古又特指晚上给父母安顿床铺歇息：昏定而晨省。

5. 审，shěn 金 古 篆

会意字。金文从宀，从釆（辨别），从口，会在室中细察详问之意。古文另加义符"心"，表示用心。篆文改为从番。番亦为辨别义。隶变后楷书分别写作宷和審。今简作审，改为申声。本义为细察。引申为详知。用作形容词，表示详细、周密。又引申指清楚、明白。由详细又引申指慎重：审慎。由细察，又引申指查问、审讯：审判。

6. 宙，zhòu 甲 篆

形声字。甲骨文和篆文从宀（房屋），由声。隶变后楷书写作宙。本义为栋梁。此义扩大，引申指凡舟车所到之处，即空间范围：宇宙。又引申指古往今来所有的时间：古往今来谓之宙，四方上下谓之宇。

7. 官，guān 甲 金 篆

会意字。甲骨文、金文和篆文均从宀（房屋），从𠂤（𠂤，代表军队），意谓驻军的营房。本义为营房。由临时驻扎的营房，引申为客馆、馆舍。又引申为官署。进而引申为官职、官员：外交官。又引申为官场通行的：官话。又引申为器官。后来，由于"官"为引申义所专用，客馆之义便另加义符"食"写作"馆"来表示。

8. 实，shí 金 篆

会意字。金文从宀（房子），从田，从贝（货币），会房中充满钱粮之意。篆文改为从宀（房子），从贯（钱串），强调房中充满了钱。隶变后楷书写作實。如今简作实。本义为充满、充实：仓廪实而知礼节。植物果实长成是饱满的，故又引申指果实、种子。用作动词，指结果实：春华秋实。充满则不虚，故又引申指事实、实际：名副其实。进而引申指真实、实在：实话实说。

9. 宣，xuān 甲 金 篆

会意兼形声字。甲骨文从宀（房屋），从回（河水漩涡）。金文稍繁，加出一条河岸。篆文加出两条河岸，变成从亘，会装饰有回环水云纹的大房子之意。亘也兼表声。隶变后楷书写作宣。本义为装饰有回环水云纹的大房子，是天子公开布政晓谕天下的地方。由布政之所，引申指发布、传达。引申为普遍传播、传扬。进而引申为公开说出、表白。引申为明白。

10. 客，kè 甲🈳金🈳篆🈳

会意兼形声字。甲骨文从宀（宀，房子），从 各（各，到来），用从外到来的人会宾客之意。各也兼表声。隶变后楷书写作客。本义指宾客，又特指门客。用作动词，指寄住、旅居他乡。客与主相对，故又指不以主观意志为转移而存在。

宾客，是一个常见之词。但宾、客二字，细究之，却有不同之处："宾"指贵客，"客"便指普通之客。

11. 宴，yàn 金🈳篆🈳

会意兼形声字。从宀、从晏（从女，从日，用处女不出闺门，会日入而息之意。表示安息、安闲）会意。晏也兼表声。本义指安闲、安乐。引申用作动词，指摆上酒席。用作名词，指酒席：赴宴。

12. 容，róng 甲🈳古🈳篆🈳

会意字。甲骨文从内（纳），从口（器具），会盛纳于器中之意，表示盛纳。古文承接甲骨文讹为从宀，从公。篆文讹为从宀，从谷。房屋与山谷皆为能盛纳之物。隶变后楷书写作容。本义指盛纳：容器。引申为收留、宽容。又借为"颂"，表示容貌。也泛指样子。

13. 宿，sù 甲🈳金🈳篆🈳

会意字。甲骨文从宀（房屋），从人，从 西（席子），会人躺在席上于屋内睡觉之意。隶变后楷书写作宿。本义为夜晚睡觉。引申指住宿的地方。由夜宿又引申指夜，此义如今读xiǔ。由过一夜，又引申指隔夜的、隔年的、旧的。用于人，指老的。由住宿又引申指星宿（xiù）。

14. 寒，hán 金🈳篆🈳

会意字。金文一形从宀，从茻（众草），从人，是一个人生活在屋子里，周围裹满了草，表示天很冷。金文二形在脚下还加了两块冰，显然是更冷了。篆文大同小异，只是更整齐些。隶变后楷书写作寒。本义为冷：天寒地冻。后引申为忧惧：令人寒心。又指贫困：贫寒。

15. 寝，qǐn 甲🈳金🈳篆🈳

会意字。甲骨文外部是房屋之形，内部有一把扫帚，表示扫净卧室而就寝。金文承接甲骨文。篆文在金文的基础上增加了"手"，表示手持扫帚，此外，还增加了"人"形，就寝之意更加明显。隶变后楷书写作寑，将"人"变为"爿"，同样为就寝之意。现简作寝。本义为卧、就寝。

16. 寡，guǎ 金🗚 篆🗚

会意字。金文外面是一座房子，里面只有一个人（头上还长着长头发，有身子和手臂），会人少之意。篆文繁化，另加出"分"，一分，当然更少了。所以寡的本义是房内只有一个人。房内只有一个人为寡，所以老而无夫的人称为寡。由"少"义，引申为古代君主的自称，或者臣子对他国的国君称自己的国君。

17. 宠，chǒng 甲🗚 金🗚 篆🗚

形声字。从宀，龙声。本义为尊崇。甲骨文上从宀，下从龙。龙是古人最尊崇的动物形象，也是图腾时代的崇拜物。本义为尊崇，引申指宠爱。

18. 宛，wǎn 甲🗚 篆🗚

会意兼形声字。从宀（房屋），从夗（弯曲），会宫室回环盘曲之意。夗也兼表声。本义为宫室回环盘曲。引申泛指曲折、弯曲：宛转。引申指好像：宛在水中央。

二、穴，xué 甲🗚 篆🗚

象形字。甲骨文像古人居住的地窖形。篆文整齐化。隶变后楷书写作穴。本义为窑洞。引申泛指洞穴、巢穴：空穴来风。又特指坟墓：墓穴。又引申指人身上的穴位。

1. 穵，wā 篆🗚

会意兼形声字。篆文从穴，从乙（植物破铲而出），会掏挖之意。乙也兼表声。隶变后楷书写作穵。本义为掏挖。

2. 究，jiū 篆🗚

形声字。篆文从穴，九声。本义为穷尽。用作动词，指探求：研究、寻根究底。由穷尽引申用作副词，指到头来、毕竟：终究。

3. 空，kōng 篆🗚

形声字。从穴，工声。本义为孔，即窟窿。空有三个读音：其一为kǒng，本义指孔。又读kōng，引申为内无所有、空虚。由空虚，又引申指天空。也读作kòng，指留下空隙、间隔：空出。用作名词，指空闲的时间或空间。

"腔"是以"空"作声兼义符的字。从肉，从空，会体内中空的部分之意。空也兼表声。本义为动物体内中空的部分：口腔。人说话要借助于口腔、鼻腔，故又指说话的声音和语气：南腔北调。乐曲都有唱的腔调，故又指乐曲的调子：唱腔。

4. 突，tū 甲🔲 篆🔲

会意字。甲骨文从犬，从穴，会狗从洞中一下子猛地窜出之意。篆文整齐化。隶变后楷书写作突。本义为犬猛地窜出。引申泛指突然。

5. 穿，chuān 金🔲 篆🔲

会意字。金文、篆文皆从牙在穴中，会穿通之意。隶变后楷书写作穿。本义指穿通：贯穿。引申指从孔中穿过：穿针引线。由穿过孔洞引申指穿戴：穿衣服。穿破即透明，遂用作动词，表示揭出真相：拆穿。

6. 罙，shēn 金🔲 篆🔲

会意字。金文像人持火把进洞穴形，会进入深洞探寻之意。篆文将人持火省为又（手）持火。本义为持火入深洞探寻。引申为深入。

"深"和"探"是以罙作声兼义符的字。深，从水、从罙会意。罙也兼表声。本义指水面到水底的距离大。引申指纵向或横向空间距离大：深宫。也指时间距离长：深秋。又引申指深入、深刻：深思。也指深奥：文字艰深。又引申指感情、颜色浓厚：深信不疑。探，从扌、从罙会意。罙也兼表声。本义指把手伸进去取东西：探囊取物。引申指试图发现：探路。又特指做侦查工作的人：密探。

7. 竈（灶），zào 金🔲 篆🔲

形声字。金文从穴，鼀（黾）声。篆文整齐化，异体从鼀（cù）声。隶变后楷书写作竈。俗作灶，改为从火、从土会意，表示烧火的土灶。本义为生火做饭的设备。引申指灶神。

三、予，yǔ 甲🔲 篆🔲

象形字。于省吾："甲骨文中 🔲、🔲 是连环之形，即雝的本字，意思是'合''贯通'。""雝"在卜辞中是地名、人名。在周代铭文中国以"雝"为"饔"。《说文解字》："饔，熟食。"即进献熟食以祭祀的祭名，祭祀即神与人之间沟通的关系，所以是"贯通"义的继续沿用。"互相沟通"也就有了叠代、交叉的意思，故又可引申为给予的予。还有一种说法认为是会意字，像两个织布梭子尖端交错形，其中一只还有线引出，用以会梭子推来推去之意。《说文解字》："予，推予也。像相予之形。"因两手推来推去，故有给予之义。

幻，huàn 金 𛰫𛰬 篆 𛰭

幻和予是用同一事物表达两个不同的意思。织布时梭子是变化不定的，故用"予"的倒形来表达"幻"之意。《说文解字》："幻，相诈惑也。从反予。"幻是奇异的变化。因织梭在经线中间来回穿动，忽隐忽现，使人眼花缭乱，如真如幻。

序，从广（敞屋），予声。本义为隔开正室与两旁夹室的墙。引申指东西厢房。古代地方学校设在堂的两厢，故又引申指地方学校：夏曰校，殷曰序，周曰庠。堂与厢房依次排列，故又引申指次第、顺序：井然有序。用作动词，指依次序排列：序次。又引申指说明作品编排、内容的序言（古代序言在文后，现移至文前）。由序言，引申指开头：序幕。

四、邑，yì 甲 𛰫 金 𛰬 篆 𛰭

会意字。甲骨文从口，从卩（跪人），会人居住的地方之意。隶变后楷书写作邑。作偏旁时写作"阝"，在字的右边。邑的本义为人们聚居的地方。引申泛指一般城镇，也指小的县城。古代所谓"国"乃以一个城市为中心，故又引申指国，也指国都、封地。

1. 邦，bāng 甲 𛰫 金 𛰬 篆 𛰭

会意字。邦与封同源。甲骨文皆从田土，上有植树，会在这里植树为界之意。本义为古代诸侯封国。引申泛指国家，也指都城。

2. 邪，xié 篆 𛰭

形声字。从邑，牙声。读yá，本义为琅邪郡。后借作"衺"，本义指古代大襟斜掩，引申指歪斜不正。又特指邪恶，也指邪恶之人。又读yé，古同疑问词"耶"。

3. 邮，yóu 篆 𛰭

会意字。从邑，从垂（表边境），会古代供给传递文书的人食宿、车马的驿站之意。隶变后楷书写作郵。如今简作邮，成了从邑，由声的形声字。引申也指递送邮件的人。用作动词，指递送。也指关于邮务的。

4. 郊，jiāo 篆 𛰭

形声兼会意字。从邑，交声。交也兼表交界之意。古代国都外百里以内的地区称为"郊"。引申泛指城外、野外。

5.郑，zhèng 甲𠬝 金𠬝 篆𩫞

会意兼形声字。郑与奠在甲骨文上是同一字，皆为置酒几案隆重祭奠之形。篆文另加义符"邑"，专用以表示国邑名。本义为隆重祭奠：郑重其事。用为古国名。周西都畿内地。周宣王封季弟友（桓公）于此。在今陕西华县境。其后犬戎杀周幽王，桓公死之，其子武公与晋文侯定平王于东都，武公迁居东都畿内，都新郑，即春秋之郑国。战国时为韩所灭。也用以指春秋战国时郑国的民间音乐，后与所谓雅乐对举，指与雅乐相背的淫邪之音。

6.郎，láng 篆𨛷

会意兼形声字。从良（廊道），从邑。像堂下四周的廊屋之形。本义为廊屋。后特指宫殿的廷廊。廷廊是侍卫人员的所在，故又引申为帝王侍从官的通称。再加"郎"从良取义，含有优良、美好之意，于是遂成为对青年男子的美称。进而引申为妇女对丈夫或情人的称呼。

7.都，dū 金𨛦 篆𨛦

形声字。从邑，者声。本义为建有宗庙的城邑。周时各国把国都叫国，把有宗庙或先君神主的城叫都，没有的叫邑。又特指首都。

8.鄉（乡），xiāng 甲𨞤 篆𨞤

会意字。乡与卿同源。甲骨文从二人张口相对，从皀（盛满食物的食器），会二人相向对食之意。是饗的本字。本义当为二人相向对食。引申指用酒食款待人或享用。远古能够对食的当然是基层行政区划名，今之县以下的农村基层行政单位。进而引申指城市以外的地区，即乡村。又引申指出生的故乡。

嚮（向），xiàng 甲𠮛 金𠮛 篆𠮛

会意字。甲骨文从宀（房屋），从口，会墙上有窗户之意。本义为朝北的窗户。也表示朝向、面对：向阳。由朝向引申为趋向：志向。由趋向引申为经过的，从前，从来，刚才。由朝向引申为偏向一方；又虚化为介词，表示动作的方向或对象：向南走。

響（响），xiǎng 篆𨭰

会意兼形声字。从音、从乡会意。乡也兼表声。本作響。今简作响。本义指回声。引申泛指声音。

五、冂，jiōng 甲冂 金冂 篆冂

象形字。甲骨文像画出的一个范围，犹如现在临时划定的一个集市交易

场所。金文另加口（表示国邑），以突出在国邑之外之意。篆文承接甲骨文。隶变后楷书写作冂。本义为在郊野划出的一个范围。引申泛指都邑的远郊。

1. 㐬，yín 金𒀱 篆𒀱

会意字。金文像一个人挑担形，会人挑担长行之意。篆文误为从人，从冂（远界），会人越野长行之意。本义指挑担长行，引申泛指行进。也表示担子、长久和沉重。

2. 沈（沉），chén 甲𒀱𒀱 金𒀱𒀱 篆𒀱

沈、沉本同源。甲骨文是会意字。一形像把羊丢进河中形，二形以牛代替羊。这是古代祭祀水神的仪式，将牛羊等畜投河，以求河川安顺无患。金文变成了从水，㐬声。篆文承接金文。本义为沉没。如今"沈""沉"二字进行了明确分工。沈，多用作姓。沉，用以表示沉没，引申指埋没，又引申为降落。由沉入引申为深或程度深：沉思。又引申为陷入，沉迷其中：沉迷。引申又特指感觉沉重。

3. 枕，zhěn 篆𒀱

形声兼会意字。篆文从木，㐬声。㐬（人担担子状）也兼表意。本义为枕头：枕巾、枕套。引申指像枕头一样横垫在下面的东西：枕木。用作动词，指用头枕着东西。又引申指靠近：北枕大江。

六、京，jīng 甲𒀱 金𒀱 篆𒀱

象形字。甲骨文是上古时代筑在高高的土台上一可防洪、二可远望的叫作"京观"的宫室形象。因为"京观"一则地位高，二则看得远。所以周代以后，便把国家的首都叫作"京"。

景，jǐng 篆𒀱

会意兼形声字。上从日，下从京，会日光照耀宫室之意。京也兼表声。故景的原意是日光。后来引申为景色。进而引申为景况、情况：远景规划。因景也从京取义，因此，又表示高大：高山仰止，景行（大路）行止。进而引申为仰慕：景仰。当然，景也表影子之意：景因光而生，即影子因光线照耀而生之意。

七、高，gāo 甲𒀱 金𒀱 篆𒀱

象形字。甲骨文像台观楼阁上下重屋形，借以表示崇高，即上下距离大。金文大同。篆文整齐化。隶变后楷书写作高。本义为上下距离大：高楼、高低错落。引申指高度、高处：居高临下。又引申指在一般标准或平均程度之上的：高贵、高温。又虚化为敬辞：高见、高论。由崇高又引申泛指大：劳苦功高。也指思想品德的高尚高超或超然出众：清高、曲高和寡。

亭，tíng 古斋篆斋

形声字。古文从高（台上建楼形）省，丁声。篆文整齐化。隶变后楷书写作亭。本义为古代设在道旁供行人停留食宿的处所。引申为秦汉时的基层行政单位：十亭一乡。由停留食宿引申指路边、公园供人休息的小型建筑物：醉翁亭。由亭的端正直立引申指正、直、直立：亭亭玉立。

亮，liàng 篆斋

会意字。篆文从儿（人），从高省，会人处高处则明亮之意。隶变后楷书写作亮。"儿"讹为"几"。本义为明亮：光亮、亮堂。引申为明白、清楚：心明眼亮。又引申为显露：亮相。又引申指品质坦直、诚信：高风亮节。由明亮又引申指声音清晰、大：声音洪亮。

膏，gāo 甲會金鼎篆斋

形声兼会意字。甲骨文从肉，高声。高也兼表高厚之意。肥则肉高厚，本义指肥肉。肥则有脂肪，故又引申指液态的油脂：焚膏继晷。又引申比喻血汗换来的劳动果实：民脂民膏。油脂有滋润作用，故又引申指润发的油脂：洗发膏。中医又特指心尖上的脂肪：病入膏肓。

八、𩫆（郭），guō 甲🦴 金🦴 篆🦴

象形字。甲骨文像穴居地宫两边有台阶旁出、台阶上有覆盖物之形，表示地宫外起辅助作用的有顶盖的走廊台阶。引申为外城，又表示城墙。金文繁化。篆文整齐化。隶变后楷书写作𩫆，是郭的本字。本义为穴居地宫外起辅助作用的有顶盖的走廊台阶。引申为外城，古代在城的外围加筑的一道城墙。为了分化字义，后来外城之义便另加义符"阝"（邑）写作"郭"来表示。郭，从𩫆、从阝（邑）会意。𩫆也兼表声。本义指城郭。现主要用作姓。

九、门，mén 甲🦴 金🦴 篆🦴

象形字。甲骨文像简易的双扉柴门形。金文稍简。篆文整齐化。隶变后楷书写作門。如今简作门。本义为房舍宅院的门：闭门不出。引申也指门外：门可罗雀。又引申指像门的东西：闸门、柜门。门是出入口，故又引申指途

第二章 以器用为内容的部首

径、关塞：窍门。由家门又引申指家族、门第、家：门当户对。由门户的不同又引申指类别：五花八门。也用作量词：一门主课。

1. 闪，shǎn 篆

会意字。从人、从门会意，用人在门中会人从门中向外张望之意。本义指从门中窥视。引申指突然出现：电闪雷鸣。又引申指摇动不定：忽闪。又引申指躲避：快闪开。也指扭伤：闪了腰。

2. 闭，bì 金 篆

会意字。金文从门，中间是门闩一类的东西，会关门之意。篆文文字化。隶变后楷书写作閉。如今简作闭。本义为关门：闭门造车。引申泛指闭合：闭口。门闭则不通，故又引申指堵塞：闭气。由不通，又引申指停止、结束：闭会。

3. 闯，chuǎng 篆

会意字。篆文从马在门中会意，读chèn，表示马出门的样子。又读chuǎng，引申指突入、猛冲：闯祸。也指奔走谋生、闯练：闯关东。

4. 闲，xián 金 篆

会意字。金文从门，从木，会门栅栏之意。篆文整齐化。隶变后楷书写作閑。如今又作了"閒"的简化字，承担了"閒"的部分含义。閒，从门，从月，用门缝中有月光会缝隙之意。由空隙引申指空着没使用的：闲钱。又引申指时间的空隙、空闲：闲暇。由此又引申指安闲，没有事情：闲逛。又引申指无关紧要的：闲话。

5. 间，jiān 金 篆

会意字。金文从门，从月，用门中可以看到月光会空隙之意。篆文将"月"移到"门"中并整齐化。隶变后楷书写作閒。俗改月为日写作間。如今简化作间。读作jiàn，本义为空隙：亲密无间。引申指隔开：间隔。引申指间谍。又读jiān，引申用作名词，指中间，一定的空间、时间、人群或事物的范围之内：民间、夜间。用作量词，指计算房屋的单位。

"简"是以"间"作声符的字。从竹，间声。本义为古代用以书写文字的狭长竹片：竹简。古代书写于简甚不容易，要简约而为之，故又引申指简约、简单、简便。

6. 阁，gé 篆

形声兼会意字。篆文从门，从各，会开门后插在两旁用来固定门扇防其自动闭合的长木橛之意。各也兼表声。引申指置放食物的橱柜，在大屋子隔出的小房间，内室、女子的卧房等。

7. 開（开），kāi 古 𨵇 篆 開

会意字。古文从門，从 𠬞（双手），从一（门闩），会双手拿掉门闩开门之意。篆文将门闩断开与双手合为开。隶变后楷书写作開。如今简作开。本义为开门。引申泛指打开、张开：开弓、开卷有益。又引申为开放、舒张：眉开眼笑、笑逐颜开。也指开辟、扩展。又引申指打通、开通：开路先锋。用于抽象意义，指开导、启发、解说：开诚布公。进而指明达事理：开通。由开辟又引申指开始、开创、建立：开学。由扩展又引申指开阔：异想天开。也指性情爽朗：开朗。

8. 關（关），guān 金 䦹 篆 關

会意字。金文从門，中像有闩之形。篆文改为从門，丝 声。丝，读作 guān，本义指织绢时把纬线用梭子贯穿到经线里去，有"上关下合"之意。隶变后楷书写作關，异体作関。如今简化借用关来表示。本义为门闩。由门闩引申出关闭、闭合、戴上枷锁、拘禁等意；也引申比喻作设在险要地方或国境上防止侵入的关口：一夫当关，万夫莫开。也指不易通过的地方或不易度过的时日：关口。由门闩的贯穿引申指牵连、涉及：关心。

9. 闸，zhá 篆 閘

形声兼会意字。篆文从門，甲声。甲（植物果实外壳开裂）也兼表意。隶变后楷书写作閘。如今简作闸。本读yā，根据枢转轧轧有声而造字，本义指开闭门。后用同牐，读zhá，指旧时城门的悬门。后引申指随时可以启闭的水门：闸门。由控制水的闸门，引申指各种制动器：电闸。

10. 闷，mèn 篆 悶

形声兼会意字。篆文从心，从門（表关闭），会心中憋闷之意。門也兼表声。闷是个多音字。读mèn时，主要指憋闷，不舒畅：闷闷不乐。也指不透气：闷罐子车。又读mēn，引申指因空气不流通而引起的不舒服：闷热。又引申指密闭、关闭：闷在心里。方言指声音不响亮：闷声闷气的。

十、户，hù 甲 𠂇 篆 戶

象形字。甲骨文像一个单扇门形。篆文整齐化。隶变后楷书写作户。本义为单扇门。引申泛指门、房屋出入口：门户。一家一个大门，故引申指人

家、住户：千家万户。又引申指门第：门当户对。

1. 扁，biǎn 金 篆

会意字。金文、篆文兼从户，从册（表文字），会门户上的题字之意。隶变后楷书写作扁。读作biǎn，本义指在门户上题字。后泛指匾额。引申泛指物体平薄：扁平。用作动词，指故意看低了：看扁。又读作piān，引申为小：一叶扁舟。

匾，biǎn 篆

会意兼形声字。从匚、从扁会意。扁也兼表声。本义指平而薄。引申也指扁平的竹器。借用作"扁"，指匾额。

篇，piān 篆

形声兼会意字。篆文从竹，扁声，扁也兼表编写之意。隶变后楷书写作篇。古代的文字写在简牍上，把首尾完整的诗文用绳编在一起即为篇。本义指简册。引申泛指典籍、著作、文章：篇章。又引申用作量词，指文章。

偏，piān 金 篆

形声兼会意字。从人，扁声。扁也兼表单薄之意。本义指不正、斜。用作名词，指不正之处。由不正引申指注重一面，不全面。又引申指辅助的，偏僻等。

2. 扇，shàn 篆

会意字。篆文从户，从羽，会像翅膀一样能动的竹或苇编的门扇之意。隶变后楷书写作扇。读作shàn，本义为门扇。由门扇引申指板片状遮挡物：窗扇。又引申指扇子：风扇。用作量词，指扁平物。又读shān，用作动词，指摇动扇子等片状物使空气流动。

十一、瓦，wǎ 篆

象形字。篆文像房上屋瓦相扣之形。表示瓦片。又泛指用土烧制的陶器：瓦罐。

"瓷"是以"瓦"作义符的字。从瓦，次声。本义指颜色白而质地坚硬的瓷器，后专称用高岭土烧制成的器皿：瓷器。用作"瓷实"，比喻结实、坚固。

十二、冓，gòu 甲 金 篆

象形字。甲骨文像屋架两面对构之形，"构造"用的是本义。还有一种说法是两鱼相遇之形。《说文解字》："遘，遇也。"引申泛指相遇。又引申指交接。建筑需架积交接木材，故又引申指架积交接木材，构造。

再，zài 甲 金 篆

会意字。甲骨文上下横合起来为二，当中是一尾简鱼形，会提两条鱼之意。金文稍讹。篆文整齐化。隶变后楷书写作再。《说文解字》："再，一举而二也。从冓省。"冓为两鱼相遇，省为二鱼，故本义为两次、第二次：一而再，再而三。引申也指第二次出现。也指又一次：再接再厉。又引申指更加等。

構（构），gòu 篆

会意兼形声字。从木、从冓会意。冓也兼表声。隶变后楷书写作構。如今简作构。本义指架积交接木材：构造。引申泛指交接、会合：构思。又引申指结成、构成：构图。

十三、广，guǎng 甲 金 篆

象形字。甲骨文像山崖下有屋形，本义指借助山崖建造的没有前墙的敞屋，犹如现在的牲口棚。金文大同。篆文整齐化。隶变后楷书写作广。如今作了"廣"的简化字。读yǎn，本义为就着山崖建造的敞屋。又读ān，引申指简陋的草房。又读guǎng，用作"廣"的简化字。

1. 廣（广），guǎng 甲 金 篆

形声字。甲骨文从宀，黄声。金文从厂，黄声。篆文变为从广（敞屋），表示就着山崖建造的没有前墙的宽大敞屋。隶变后写作廣。如今简作广。本义指四周无壁的大屋。引申指大、广大，进而引申指众多、广泛、普遍等。

扩，kuò 篆

会意兼形声字。从扌，从廣，会张大之意。廣也兼表声。本写作擴。现简作扩。本义指张大：扩展、扩充。

旷，kuàng 篆

会意兼形声字。从日，从廣（开朗），会光明开朗之意。廣也兼表声。本写作曠。现简作旷。本义指光明开朗。引申指广大、空阔：空旷。由此引申指心境阔大：心旷神怡。由空间大引申指时间久远：旷世之才。由空旷引申指空缺、荒废、耽搁等。

2. 床，chuáng 甲 金 篆

爿、片最初为同一个字。《说文解字》："片，判木也。从半木。"都

是树木纵向锯开的形状，后分化为爿、片、牀三个字。为了分化字义，后来专用"爿"作墙、床的义符，用"片"表示片状物。"牀"是"床"的异体字。本义指供人坐卧的家具。引申指像床的器具或地方：河床。如今专指睡觉的家具：双人床。也用作量词：一床被子。

3. 庙，miào 金[篆] 篆[篆]

形声字。金文从宀，朝声。篆文改为从广，朝声。隶变后楷书写作廟。俗省作庙。本义为设置祖先牌位以供祭祀的建筑，即祖庙：宗庙。引申也指神庙：土地庙。历史上被尊崇的人往往受到祭祀，并为之立庙，故又指旧时供奉名人的地方：孔庙。也特指设在寺庙里或附近的集市：庙会。

4. 庞，páng 甲[篆] 篆[篆]

会意兼形声字。从广、从龍会意。龍也兼表声。隶变后楷书写作龐。如今简作庞。《说文解字》："龐，高屋也。"本义指高大的房屋，泛指高大：庞然大物。又表示脸蛋：脸庞。

5. 座，zuò 篆[篆]

会意兼形声字。从广、从坐会意。坐也兼表声。本义指停坐之处。引申指承托物体的底座：钟座。又引申指星座。也用作量词：一座楼、两座山。

6. 厦，shà 篆[篆]

形声兼会意字。篆文从广，夏声。夏也兼表大之意。隶变后楷书写作廈。俗作厦。读作shà，本义指大屋：高楼大厦。又读xià，用作地名，指厦门。

7. 庶，shù 甲[篆] 甲[篆] 金[篆] 篆[篆]

会意字。甲骨文一从宀，从石，从火，会屋内有火塘之意。甲骨文二像在山崖避风之处用锅灶烧火蒸煮之形。金文承接甲骨文二。篆文整齐化。隶变后楷书写作庶。烧火蒸煮是人人生活中不可缺少的普遍之事，故有众多、普遍之意。

8. 庸，yōng 甲[篆] 金[篆] 篆[篆]

会意字。甲骨文从用（使用），从庚（乐器），借使用乐器大钟会使用之意。金文篆文大同。隶变后楷书写作庸。本义为使用。镛钟是日常使用之物，遂引申泛指经常、平常、一般、平凡等。进而引申指不高明的。

十四、厂，hǎn 甲[篆] 金[篆] 篆[篆]

象形字。甲骨文像向外突出的山崖形。金文大同。篆文承接金文。隶变后楷书写作厂。如今做了"廠"的简化字。本义指山崖。由于"厂"做了偏旁，其义便另加声符"圭"写作"厓"来表示。"厂"如今又做了"廠"的简化字。廠，从广、从敞会意。敞也兼表声。异体作"厰"。如今都简作厂。本义指没有墙壁或只有一面墙的房屋。引申指工厂。

1. 厉，lì 金⬚ 篆⬚

形声字。金文从厂（山石），表示粗糙的磨刀石，蠆（虿）省声。篆文整齐化。隶变后楷书写作厲。如今简作厉。本义为粗糙的磨刀石。用作动词，也指磨砺。由磨砺，引申指勉力、激励、振奋：励精图治。进而引申为猛烈，程度深：厉害、雷厉风行。又引申指严厉、严肃。又引申为严格、切实。

2. 厌，yàn 金⬚ 篆⬚

形声字。金文借"猒"来表示。篆文另加义符"厂"（山崖），从猒声。表示山崖崩毁，有所覆压，隶变后楷书写作厭。如今简作厌。读作yā，本义为"覆压"，是压的本字。引申为镇压。迷信又指以诅咒镇住、制服他人或邪恶。

后来，"厌"借用作"猒"，读作yàn，遂用以表示饱足，引申泛指满足：贪得无厌。进而引申为憎恶、嫌弃：讨厌。

3. 压，yā 篆⬚

会意兼形声字。从土、从厭会意。厭也兼表声。本写作壓。现简作压。本义指覆压：压迫。引申指超过：压倒一切。又引申指逼近：大军压境。也指使下降、减缩：压缩。又引申指搁置不动：积压。进而引申指使稳定或使平静：压惊。口语读yà，用于"压根儿"，表示根本。

4. 原，yuán 金⬚ 篆⬚

会意字。金文从厂（山崖），从泉，用山崖下有泉水流出会水源之意。本义为水流源头。引申指事物的开始。又引申指根源、因由、来源等。又引申指原来的：物归原主。又引申为谅解。

原、源本为同一个字。由于"原"为引申义所专用后，水流源头之义便另加义符"氵"写作"源"来表示。源，从水、从原会意。原也兼表声。本义指水流的源头。引申指事物的根由：根源。

5. 雁，yàn 金⬚ 篆⬚

会意兼形声字。篆文从隹，从人，厂声。雁为知时候鸟，守信，飞行时多排成"人"字形，古人以为贽礼，婚礼用之，故从人。隶变后楷书写作雁。

第二章 以器用为内容的部首

本义为大雁。

十五、厽，lěi 篆𠫔

象形字。篆文像三个土块摞起来的样子，表示累土块为墙。后来，由于"厽"作了偏旁，便又另加义符"土"写作"垒"来表示。垒，从厽、从土会意。厽也兼表声。本义指堆砌、修砌：垒墙。又用作"壘"，表示军事堡垒：壁垒森严。

第六节 与"用"有关的部首

一、用，yòng 甲 凵 金 田 篆 用

用，有两种代表性的解释。一种作象形解：于省吾《释用》，大意如下：甲文 凵 乃用之初文，像有柄之甬（桶）形。左像桶体，右像把手。古代祭祀祖先时，把杀好之牲，盛在桶里。因而引申为施用之用。另一种作会意解：甲骨文从卜，从 H（占卜用的骨板），表示骨板上已有卜兆，可据之行事。金文和篆文大同。隶变后楷书写作用。本义为可据卜兆行事。引申泛指使用、任用等。

甩，shuǎi 篆 甩

指事字。篆文从用，将中画右弯，表示摔出。本义指挥动、抡。引申指扔。

二、刀，dāo 甲 丿 金 勹 篆 刀

象形字。甲骨文像砍削用的武器刀兵形。金文稍讹。篆文整齐化。隶变后楷书写作刀。用作偏旁时写作"刂"。本义为一种武器。引申泛指用于切割砍削的有锋刃的工具：刺刀。

1. 分，fēn 甲 川 金 分 篆 分

会意字。甲骨文从八（表分背），从刀，会以刀分物之意。金文大同。

篆文整齐化。隶变后楷书写作分。读作fēn，本义为分割、分开：分类。引申指辨别：四体不勤，五谷不分。分则成两半，故引申指半。春分和秋分是春季和秋季的一半，故也指春分、秋分。用作名词，指分出的部分、分支：分会。进而引申指各种单位：百分之一。又读fèn，由划分引申指划定的范围、界限，规定给每个人的本分、义务、职分、名分：恰如其分。又引申指成分：水分。注意：整体里的一部分这类意思，后借用"份"来表示。

2. 剂，jì 篆

会意兼形声字。篆文从刀，从齊，会用刀剪齐之意。齊也兼表声。隶变后楷书写作劑。如今简作剂。本义指剪断、裁齐。剪齐是一种整治，故引申指调和、调节。一服中药由数种药物配合而成，故又引申指配成的药：药剂。由药剂又引申指现代某些有化学作用的物品：防腐剂。

3. 罚，fá 金 篆

会意字。金文和篆文从网，从言，从刀，会用言语触犯法网则要受轻刑之意。隶变后楷书写作罰。如今简作罚。本义为罪过、过错。引申用作动词，指惩治、处罚。

三、害，hài 金 篆

会意兼形声字。金文从宀，从口，从丯（表割伤），会家里口角相伤之意。丯也兼表声。篆文整齐化。隶变后楷书写作害。本义指伤害。用作名词，指灾祸、祸害。又引申指有害的：害虫、害鸟。由伤害又引申指杀害。也指产生不适的感觉或不安的情绪：害羞。

割，gē 金 篆

形声兼会意字。金文从刀，害声，害也兼表切割之意。篆文整齐化。隶变后楷书写作割。本义为用刀裁切、裁断：收割庄稼。引申指分割、划分。也指割让、舍弃：割舍。

四、耒，lěi 甲 金 篆

象形字。古代的一种翻土农具，形如木叉，上有曲柄，下面是犁头，用以松土，可看作犁的前身。从出土的青铜耒来看，作"∧"形，耒头有二齿，远古时以树杈为耒，后来用青铜浇铸。考古证明了这一点：五千年前大汶口文化发现双齿木耒。

1. 耕, gēng 甲 金 篆耕

形声兼会意字。篆文从耒，井声。井也兼表井田之意。本义为犁田。还有一说为"耤"（音jí，甲、金字形，人持耒耕地之形），为耕的本字。本义为犁田，引申泛指从事农业劳动。又引申比喻从事某种工作：笔耕不辍。

2. 耤, jí 甲 金 篆耤

会意字。甲骨文从耒（犁），是一人执耒耕作之状。金文另加声符"昔"。篆文省去"人"并整齐化，成了形声字。隶变后楷书写作耤。本义为古代天子亲耕之田。这种田在天子亲耕之后，借民力耕种，故又读jiè，引申指借助。后来，由于"耤"作了偏旁，其义便由"藉"来表示。

籍, jí 篆籍

形声兼会意字。篆文从竹（古代书写用竹简），耤声。耤也兼表耕田之意。本义为簿书。指有关贡献、人事及户口等的文献档案。本义指簿书，户口册。引申泛指书籍。古代又特指门籍（写有当事人姓名的小牌子，置于宫门，以备出入时核查）。由户籍，又引申表示个人身份或标明某种隶属关系：学籍。又引申特指籍贯：祖籍。

藉, 会意兼形声字。从艹、从耤会意。耤也兼表声。本义指放置祭祀品的草垫子。引申用作动词，表示衬垫。从下说是衬垫，从上说则是凭借。衬垫的草总是乱的，故引申指杂乱交错的样子：杯盘狼藉。

五、力, lì 甲 金 篆

关于力的来源，有两种比较有代表性的说法。一说为"耒"，是起土用的农具，尖头，有齿。犁地要用力，故引申指体力。后又引申指劳动、劳作：自食其力。用作副词，指竭力：力争上游。还有一说认为字像以肩、臂、肘、掌用力之形，表示力量。

1. 劦, xié 甲 金 篆

会意字。甲骨文像三耒并耕形，会合力并耕之意。金文或另加义符"口"，以突出同声合力。篆文整齐化。隶变后楷书写作劦。本义为合力并耕。引申泛指合力、同力。

"协"是以"劦"作声兼义符的字。从十、从劦会意。劦也兼表声。本作协，如今简作协。本义指共同、合作。引申指帮助、协助等。

2. 劣，liè 篆

会意兼形声字。篆文从力，从少，会力气弱小之意。力也兼表声。本义为力气弱小。引申指差一等的、不好的：劣势。用作名词，指能力差的人。

3. 劫，jié 篆

会意字。篆文从力，从去，会强力阻止人去之意。本义为威逼、胁制。由劫持引申指强夺：抢劫。又用为梵语"劫波"的略称。古印度传说世界经历若干万年毁灭一次，重新再开始，这样一个周期叫作一"劫"。意为极久远的时间：万劫不复。佛教认为世界有成、住、坏、空"四劫"，到坏劫时就有水、火、风三灾出现，世界就归于毁灭，故用以表示灾难：劫难。

六、去，qù 甲 金 篆

会意字。甲骨文从大（人），从口（地穴出口），会人从地穴口走出离开之意。金文大同。篆文整齐化。隶变后楷书写作去。本义指离开：扬长而去。由离开的时间，引申指过去的：去年。离开此地就是前往彼地，故又引申指前往：去学校。

七、丌，jī 金 篆

象形字。金文像垫在器物下的底座形。篆文整齐化。隶变后楷书写作丌。本义指垫物的底座。

1. 典，diǎn 甲 金 篆

会意字。甲骨文是双手捧简册置于基架上，表示祭告神灵的隆重仪式之意。金文简省。篆文整齐化。隶变后楷书写作典。本义指捧重大文书祭告神灵的仪式。引申泛指盛大的仪式。也指可以作为标准、典范的文献、简册、书籍。进而引申指文物、制度、故事。也指法则。

2. 奠，diàn 甲 金 篆

象形字。甲骨文像祭台上置放酒樽形，表示置酒进行祭祀。金文稍繁。篆文上边加"八"，象征樽里的酒满溢欲出之状，下边变成了祭案丌。隶变后楷书写作奠。本义指置酒进行祭奠。引申指确立：奠基。

3. 其，qí 甲 金 篆

象形字。甲骨文像簸箕形。金文下边另加一丌（基座）。篆文承接金文。隶变后楷书写作其。本义为簸箕。借为语气词，表疑问。借为人称代词，

表示他（她、它）的。又借为指示代词，表示那、那些。

八、皿，mǐn 甲 金 篆

象形字。甲骨文像带底座的碗碟盆盘等一类饮食器具形。金文大同。篆文整齐化。隶变后楷书写作皿。

1. 盡（尽），jǐn 甲 金 篆

象形字。甲骨文从皿，像手持炊帚刷器皿之形，表示器皿中的饭菜已经吃完。金文大同。篆文整齐化。隶变后楷书写作盡。后来简作尽。本义为完尽：无穷无尽。用作副词，表示全、都：应有尽有。

2. 益，yì 甲 金 篆

会意字。甲骨文下部是皿，皿上的四个点就代表水，水一多就溢出来了。金文的样子更为明显，水都高出了皿，当然要横溢了。小篆皿上面也是水，是"水"字横倒了的样子。

益的本义就是水漫出来。从增加的东西又引申为利益、好处。从增加又引申为副词更加，如成语精益求精。后来"益"为引申义所专用，水漫出之义便另加义符"氵"写作"溢"来表示。溢，从水从益会意，益也兼表声。本义指水或其他液体满而溢出。

3. 昷，wēn 篆

会意字。篆文从皿，从囚，用给囚徒饭吃会仁慈温和之意。隶变后楷书写作昷。《说文解字》："仁也。从皿，以食囚也。"本义为仁慈温和。后来，由于"昷"作了偏旁，其义便由"温"来表示。

温，从水，昷声。本义指水名。借为"昷"，故用以表示温暖。引申指性情温和。用作动词，指稍微加热。进而引申指温习，也指温度。

4. 卢（盧），lú 甲 金 篆

象形兼形声字。甲骨文上面是虎字头，下面是鬲锅。金文改为从皿，虘（肤）声。篆文承接金文，省为从皿，从虘。虘也兼表声。隶变后楷书写作盧。如今简作卢。本义指火炉。火炉烟熏火烤，由此又引申指黑色。现大多用作姓。

九、缶，fǒu 甲 金 篆

会意字。甲骨文上从午（杵），下从 凵（器），会用杵制作陶瓦器之意。金文填实或线条化。篆文整齐化。隶变后楷书写作缶。本义为制作陶瓦器。商代至战国均有青铜缶，其形广肩、敛口、高体、平底、有盖。后来成为盆罐一类器皿的通称。古代用石做，后来用陶。缶可以舂，亦可以盛酒浆。

十、贝，bèi 甲 金 篆

象形字。甲骨文是贝壳的象形。这种软体水生动物的外壳因其美观、经久、难得（古中原离湖海水域远），被古人视为珍奇，后来发展为原始货币。许慎说秦时废除贝而通行钱。据报载，今所罗门群岛中的劳拉齐小岛上，居民们至今仍以贝壳作为货币进行交换。

1. 负，fù 金 篆

会意字。金文和篆文皆上从人，下从贝（表示货币），会人背有货币就有了依靠之意。本义为依靠、依仗：负隅顽抗。由背有货币引申指背着、驮着：负荆请罪。用于抽象意义，指担当：负责。由背着，引申指违背、辜负、对不起：忘恩负义。又引申指遭受：负伤。又引申指享有：久负盛名。又引申指亏欠：负债。又借为"胜负"的负，表示失败。

2. 贡，gòng 金 篆

会意兼形声字。从贝（钱财），从工（劳作）。工也兼表声。会向天子进献物品或奉献劳力之意。工也兼表声。本义为进献、进贡。也指进献的贡品。引申也指缴纳税赋。

3. 责，zé 甲 金 篆

会意兼形声字。甲骨文从贝，从朿（用尖木刺物），会用尖木刺取螺蚌肉而食之意。朿也兼表声。上古"人茹草饮水，食螺蚌之肉"，"责"正是上古人类用锐器刺取螺蚌而剔食其肉的渔猎生活的写照。本义为用尖木刺取螺蚌肉而食之。引申泛指求索、索取。又引申为要求，要求做成某事。由强烈的要求，又引申为责问、责罚。上古取食物是必须承担的义务，由此引申为责任。

4. 货，huò 金 篆

形声兼会意字。金文从贝，化声。化也兼表变易意。本义为财物的总称。引申指商品、货物。古代用金玉龟贝等财物为钱币进行交易，故又引申指货币。由钱币又引申指买卖。近代也用以称人：蠢货。

5. 贫，pín 篆

会意字。篆文从贝（代表钱财），从分，用财分会衣食财物缺乏之意。分也兼表声。本义为缺乏钱财：贫富悬殊。引申泛指缺少、缺乏：贫血。

6. 买，mǎi 甲 金 篆

会意字。甲骨文从网，从贝，会以网盛贝之意，即去买货物时以网盛贝。金文大同。篆文整齐化。隶变后楷体写作買。如今简作买。本义为以网盛贝，去买货物。引申泛指求取：买醉。

7. 贺，hè 金 篆

形声兼会意字。从贝，加声。加也兼表相加之意。本义为奉送礼物相庆祝。引申指犒劳。又引申指不带礼物的祝颂：庆贺。

8. 赏，shǎng 篆

形声字。篆文从贝，尚声。本义为奖赏、赐予。也指赏给的东西：领赏。引申为赞扬：赞赏。又引申指欣赏：奇文共赏。又用作敬辞：赏光。

"償（偿）"是以"赏"作声兼义符的字。从人，赏声。现简作偿。本义为归还、赔偿。用作名词，指报酬、代价：无偿服务。也指满足、实现：如愿以偿。

十一、彔（录），lù 甲 金 篆

象形字。甲骨文像用钻钻木取火之形。上边是钻，下边是眼，小点象征碎屑或火星。金文稍讹。篆文整齐化。本义为钻木取火。也表示刻削。古代书写是用刀刻的，故引申为记载、抄写。也指记载言行或事物的书刊。也指采取、录用等。

十二、臼，jiù 金 篆

象形字。《说文解字》：臼，舂也。古者掘地为臼，其后穿木石。象形。中，米也。金文像舂坑形。最初挖在地上，不能移动。后来则穿木凿石而为之。"臼"中的齿形，有人认为表示"臼"里面粗糙不平，有人认为是米的形状。均可。本义指舂米的器具。

1. 臽，xiàn 甲 金 篆

会意字。甲骨文像一人掉入陷坑形，是陷的本字。金文掉进去的是个女人。篆文承接甲骨文并整齐化。隶变后楷书写作臽。本义指掉进坑中，也指陷坑。由于"臽"作了偏旁，于是便另加义符"阝"（从高到下），写作"陷"

来表示。

陷，从阜、从臽会意。臽也兼表声。本义为掉进、落入、沉下。也指设计害人。

2. 臿，chā 篆𦥑

会意字。篆文从干，从臼。是插的初文。《说文解字》：臿，舂出麦皮也。据此看来，"干"是"杵"的讹变。表示将杵插入臼中舂捣。与"舂"同源，只是省去了双手，意在表明在这里强调的不是舂捣，而是插入。本义为插入臼中舂捣。引申泛指插入、穿插等。后来，由于"臿"作了偏旁，插入之义便加上"扌"写作"插"来表示。

3. 舀，yǎo 金𦥑 篆𦥑

会意字。篆文从臼，从爪（覆手），是指伸手到臼中把捣好的米取出来。引申泛指用瓢、勺等挹取东西。

"滔"是以"舀"作声兼义符的字。从水，舀声。舀也兼表上出之意，用水漫出表示水大。由水多引申指话多：滔滔不绝。

十三、壶，hú 甲𡔛 金壺 篆壺

象形字。甲骨文像有盖、两耳、鼓腹、圆足之酒壶形。金文简化。篆文整齐化。本义为酒壶。引申泛指像壶形的容器。

壹，yī 篆壹

形声字。从壶，吉声。壶浑然一体，盛物不外泄，故用以表示专一。隶变后楷书写作壹。如今又用作"一"的大写。

十四、片，piàn 甲片 篆片

象形字。片和爿是同一个字，在甲骨文里，字的正反方向是不固定的，同一个字可以左向也可以右向。《说文解字》：片，判木也。从半木，即被劈开的木块。字形采用半个"木"的指事方法造成。后来代表一切扁平之物。

"牌"是以"片"作义符的字。从片，卑声。本义指用作标志的板。引申指牌位、词牌、起标志作用的产品商标等。

十五、册，cè 甲册 金册 篆册

象形字。古代文书用龟板、竹简刻写。甲骨文像编简成册之形。金文大同。篆文整齐化。隶变后楷书写作册。本义为书简。

1. 删，shān 甲删 篆删

会意字。从册，从刀，会削除之意。古代把字刻写在龟甲或竹木简册上，用绳子连起来，即为册。刻错或不要时，需要用刀削去，即所谓"刊"。"删"即刊削去不要的文字。隶变后楷书写作删。本义指删除。引申指删取。

2. 栅，zhà 篆栅

会意兼形声字。从木，从册，会像用绳子编简册一样编成的栅栏之意。册也兼表声。本义为用竹木、铁条等做成的篱笆样的阻拦物。

十六、网，wǎng 甲网 金网 篆网

象形字。甲骨文像一张网形。金文简化。篆文整齐化。隶变后楷书写作网。本义为用绳线结成的用于渔猎的器具。古人用于田猎、捕鱼。引申为搜罗、招致。也指像网一样的东西。

1. 罗，luó 甲罗 金罗 篆罗

会意字。甲骨文从网、从隹会意，表示以网捕鸟。金文另加义符"糸"，会以丝网捕鸟之意。本义为用网捕鸟。引申指搜索、招致、囊括等。

2. 罢，bà 篆罢

会意字。篆文从网，从能（熊类野兽），会用网捉鱼之意。表示多力之熊几经折腾，终于疲极被捉。隶变后楷书写作罷。如今简作罢。本义指以网捉熊。这一形象，含有多种含义，就被捕捉的形象来说，读pí，指罴。古多用为"疲"，表示疲惫。就被捉的结果来说，读bà，表示完了、完毕。引申指停止。也指免除、解除等。

3. 冈，gāng 篆冈

形声兼会意字。篆文从山，从网。山有脊犹网有纲，会山脊之意。网也兼表声。隶变后楷书写作岡。如今简化作冈。本义为山脊。引申泛指山岭或山梁：景阳冈。

刚，gāng 甲刚 金刚 篆刚

会意兼形声字。甲骨文从刀断网，会坚硬之意。金文改为冈声。篆文承接金文并整齐化。本义为坚硬：刚柔兼济。引申指强毅、坚强：刚强。中古后用作副词，表示方才。又表示恰巧：刚巧。

岗，会意兼形声字。从山、从冈会意。冈也兼表声。本义为山脊：高

岗。引申指土坡。防守警卫一般在较高的地方，故又引申指岗哨：站岗。又引申指职位。

十七、舟，zhōu 甲𦩓 金𦩑 篆𦩒

象形字。甲骨文、金文皆像一只小船形。篆文整齐化。隶变后楷书写作舟。本义为船。用作动词，指乘船。

"船"是以"舟"作义符的字。从舟，铅省声。本义为水上主要交通工具。

十八、网，liǎng 金𠕘 篆网

会意字。金文是古代的两个钱币相并形。篆文整齐化。隶变后楷书写作网。本义指两个相并。

兩，liǎng 金𠕟 篆兩

会意兼形声字。金文从一，从网，会二钱并一两之意。网也兼表声。隶变后楷书写作兩。如今简作两。本义指二钱相并为一两，故用以表示并列成对的两个。专指成双的事物。又指双方施行同一行为：两厢情愿。用作数词，又指二：两斤。

十九、匚，fāng 甲𠃊 金𠃊 篆匚

象形字。甲骨文像一个侧放着的方形受物器形。用以放神主或东西。是筐的初文。金文还画出了编织的纹路。篆文线条化。隶变后写成匚。本义为方形受物器形。

汇，huì 篆匯𢑒

形声字。汇是由"匯"和"彙"两个字简化而来的。彙，篆文从"希"，胃省声。意为刺猬。刺猬之毛丛聚，故引申指聚合。又引申指聚在一起的东西：词汇。

匠，jiàng 篆匠

会意字。篆文从匚，从斤，用筐中有斧子会木匠之意。隶变后楷书写作匠。本义指木工。引申指各种技术工人。

匣，xiá 篆匣

形声兼会意字。篆文从匚，从甲（铠甲），会能收藏东西的箱柜之意。甲也兼表声。本义指能收藏东西的箱柜，大的叫箱，小的叫匣。

二十、曲，qū 金[图] 篆[图]

象形字。金文像竹、柳编的筐、篓等器物局部的剖面形，用以表示弯曲之义。篆文画了完整器物的侧面形并整齐化。隶变后写作曲。本义指弯曲。

二十一、由，yóu 甲[图] 金[图] 篆[图]

象形字。甲骨文、金文皆像竹木编成的盛器形。篆文整齐化。隶变后楷书写作甾。俗作由。本义指竹木编的盛器。因为这种盛器多用于漉淋，是酒、盐等物所由生，故引申为凭借。原因也是一种凭借，故又引申指原因、机缘：情由。也指听凭、任从：由着性子。

二十二、丶，zhǔ 篆[图]

象形字。篆文像灯头的火焰形。是"主"的初文。独用时音主，古音"读"，是"句读"的"读"。用作古人读书时断句的标志符号，古人读书，该停顿之处，便加"丶"以识之，于是便成了"句读停顿"的标志，发展为如今的顿号。

主，zhǔ 甲[图] 金[图] 篆[图]

象形字。甲骨文下为"木"，其上为点燃的火形，最上部的一点是火苗，中间是装油的灯盏之形，最下部为灯台。所以这是一盏灯的形象。金文承接甲骨文。篆文文字化。隶变后楷书写作主。《说文解字》："主，灯中火主也。""主"的本义就是火头之形。因为火头是灯中最主要的部分，故称"主"。后来被借用为君主、首领、主人。也引申指财物、权力的所有者等。后来，由于"主"为引申义所专用后，灯头火焰之义便另加义符"火"写作"炷"来表示。

二十三、斤，jīn 甲[图] 金[图] 篆[图]

象形字。甲骨文的上部是横刃朝左，下部有一条曲柄的大斧头。金文是刃朝右的两把大斧子。到了小篆虽然形体很美观，却不像斧子了。隶变后楷书写作斤。本义为砍木头的横刃锛斧。引申指对文字的删改：斧正（请人修改文章的敬辞）。古代以斤断金为釿，即一砍为一斤，后遂借为量词，成为重量单位。后"斤"借为"昕"，连用为斤斤，表示明察，进而引申为过分。由于

"斤"为引申义所专用，斧子之义便另造了"斧"来表示。斧，从斤，从父。父也兼表声。指斧子。

1. 斦, yín 篆🔣

会意字。从二斤（斧子），读yín，会两物相当之意。本义为两物相当。

质，zhì 篆🔣

会意字。篆文从贝（财物），从斦（相抵），会以财物相抵之意。隶变后楷书写作質。如今简作质。本义指以财、物、人相抵，即抵押。用作名词，指抵押品：人质。引申泛指独立于意识之外的客观事物、物质、内容，天然未经改变的本体、本质、内容：天生丽质。又引申指底子、质料：永州之野产异蛇，黑质而白章。又引申指禀性。如今又进而引申指物品的优劣、质量：保质保量。

2. 折，zhé 甲🔣 金🔣 篆🔣

会意字。甲骨文从斤，从断木，会用斤（斧）砍断树木之意。金文讹为断草。篆文承接金文并整齐化。由于断草上下叠放之形🔣与篆文🔣（手）形很像，故讹为"手"。隶变后写成折。本义为折断。引申用于抽象意义时，指损失。由折断又引申为判断、挫败、早死、弯曲等。

"浙"和"哲"是以"折"作声兼义符的字。浙，从水，折声。折也兼表曲折之意。本义为水名，即浙江，也叫之江，取其曲折之意，即今之钱塘江。哲，从口，从折。折也兼表声。本义为有智慧、明智：哲学。用作名词，指有智慧的人：先哲。

"誓"是以"折"作声符的字。从言，折声。本义指古代军中告诫、约束战士的言辞。

3. 斩，zhǎn 篆🔣

会意字。从車，从斤，会伐木做车之意，即《诗经》里"砍砍伐轮兮"之象。本义当为伐木做车。引申泛指砍伐，又特指砍头、砍杀。引申指断绝、征伐。

4. 析，xī 甲🔣 金🔣 篆🔣

会意字。甲骨文从木，从斤，会用斧子劈木柴之意。本义为劈木柴。引申泛指分开、离散。由分开又引申用于抽象的事物，指分析、剖析。

"晰"是以"析"作声符的字。从日，析声。指光亮，也指清楚明白。

5. 新，xīn 甲🔣 金🔣 篆🔣

会意兼形声字。甲骨文从斤，从木，会用斧砍柴之意。辛声。本义指砍柴，也指薪柴。是薪的本字。古代钻木取火，四季用木种类不同，换季时改换柴木以延续火种，成为新火，由此引申为初始的、刚出现的。进而引申为更新，又引申指新婚时的人或物。用作副词，指时间不久等。

"薪"是以"新"作声兼义符的字。从艹、从新会意。新也兼表声。本义指柴火。用于"薪水"，表示生活必需的水、火条件。

6. 斯，sī 金 篆

形声兼会意字。篆文从斤，从其（箕），会破竹以为箕之意。本义为劈开。引申指扯裂、撕开。借为指示代词，表示此、这。用作连词，表让步，相当于就。

二十四、勺，sháo 甲 金 篆

象形字。甲骨文像长柄的盛具，盛具上的圆圈指事符号"o"，表示盛具上盛舀的食物。金文像用勺舀物形。篆文形稍变，上边是勺头，下边为把，中间有物。隶变后楷书写作勺。本义为用勺子舀取。

"约"是以"勺"作声符的字。从糸，勺声。本义为捆缚。引申用于抽象意义，指限制、约束。进而又引申出约定、定约、盟约等意思。

第七节　与器用有关的其他部首

一、乚，yǐn 篆

象形字。篆文像木工用的弯曲的矩尺形，大概是量垂直的工具。隶变后楷书写作乚。本义为测量垂直的矩尺。如今不单用，只作偏旁。

直，zhí 甲 金 篆

会意字。甲骨文从目，从丨（标杆），会用目正对着标杆以测端直之意。金文繁化，并另加一矩尺"乚"，以突出测量之意。篆文承接金文，只是将目竖起并整齐化。本义为用眼正对着标杆以测端直，引申为端正。又引申为不弯曲：木直中绳。又引申为垂直：直升机。用作动词，表示伸直：直起腰。由端正用于抽象意义，指公正：理直气壮。又指正确：曲直。也指品行端正、直率等。

矗，chù 篆矗

会意字。用三直并叠会高耸直立之意。

值，zhí 篆值

会意兼形声字。从人、从直会意。直也兼表声。本义指正对、面向。引申指价格与物品相当，也指价格、价钱：价值。由价格与物品相当，引申指值得，有价值。由正对引申指相遇，进而指恰巧碰上等。

植，zhí 篆植

形声兼会意字。从木，直声。直也兼表直立之意。本义为从外闭门后用以加锁的中立直木。引申指竖立、直立、树立。又引申指栽种：植树。

置，zhì 篆置

形声兼会意字。从网（法网），直声。直也兼表搁放之意。用放弃刑罚会释放之意。本义为释放、赦免。由释放，引申指放弃、不过问：弃置。又引申指搁放：置之不理。又引申指设置、建立：布置。也引申指添置：置办。

二、匚，xì 甲 金 篆

象形字。从甲骨文医、区所从的偏旁来看，像用布、席、筐等物遮掩的样子。金文大同。篆文字形稍讹。隶变后楷书写作匚，上横左出头，与匸稍异。本义为掩藏。

1. 区（區），qū 甲 金 篆

会意字。甲骨文从匚（表遮藏处），从品（表众庶），会奴隶逃亡藏匿之意。隶变后楷书写作區。如今简作区。本义为藏匿。引申指一定的地域范围。

2. 匹，pǐ 金 篆

象形字。金文像折叠保存的一匹布形。篆文整齐化，形稍讹。隶变后楷书写作匹。本义为布帛一匹，长四丈。用作量词，引申指骡马一头：一匹马。古代布帛自两头卷之，一匹两卷，故古代也称为两，汉代称为匹。用作动词，指匹配、配合：匹敌。由一匹引申也指一、单独：单枪匹马。

三、入，rù 甲 金 篆

象形字。甲骨文像地穴的入口形。表示可进入。金文稍讹。篆文整齐化。隶变后楷书写作入。还有一种说法是指头尖则锋利易进入，故画一尖头之形。本义也是进入。引申指采纳。又引申指收入、参加、加入等意。

1. 内，nèi 甲 金 篆

会意字。甲骨文从冂（表范围或地穴），从人，会进入范围之意。金文则明确表示进入房内。篆文承接金文并整齐化。隶变后楷书写作内。本义为进入。读作nà，由进入引申指纳入、交入。又读nèi，引申指在范围里面。又引申指内室。也特指皇宫：内臣。又指内心、心脏：内疚。又引申特指妻子：内人。

2. 俞（俞），yú 金 篆

会意字。金文从舟，从表示向前的一湾流水，会在水上行船之意。篆文整齐化。隶变后楷书写作俞。如今规范化写作俞。本义指在水上行船。也指挖空树木做的原始船。如今主要用作姓。又读shù，借作"腧"，指人体的穴位。

"喻"是以"俞"作声兼义符的字。从口，俞声。俞也兼表明白之意。喻是谕的异体字，晓喻他人的办法是打比方，用打比方的办法让他人明白。

四、丿，piě 篆

象形字。篆文像汉字向左拉的一撇。在汉字构造中常用以表示一种拉引器物或符号。具体表示什么，在不同的字里是有差别的。隶变后楷书写作"丿"。本义为汉字的一撇。

1. 乂，yì 甲 篆

象形字。甲骨文像原始的剪除杂草的剪刀形。篆文整齐化。隶变后楷书写作乂。读作yì，本义为割草。由割草，引申泛指整治、治理。又引申为安定。能治国安民是有本领的表现，故又引申指才德过人的人。又读ài，由割草引申指惩创、惩戒。此义后写作艾。

2. 弗，fú 甲 金 篆

会意字。甲骨文像捆束箭杆使变直之状，会矫正之意。金文箭杆微翘，更显矫正之意。篆文整齐化。隶变后楷书写作弗。本义为矫箭使直。引申为治理。不正之物才需矫正，矫正则与原来相违，故又引申指不正、相违。后虚化为副词，表示否定，相当于不。后来，由于"弗"专用于副词，相违之义便用"拂"来表示。拂，从扌、从弗会意。弗也兼表声。本义指违逆。也指轻轻擦过、掠过：春风拂面。又引申指振动、甩动：拂袖而去。

五、厂，yì 篆 厂

象形字。篆文像将一曲物拉直之形，在汉字的结构中，多用来表示一种拉引的符号，其作用与"丿"大致相同。隶变后楷书写作厂。本义为牵引。是一种表示拉引的符号，不单用。

虒，sī 篆 虒

会意兼形声字。篆文从虎，从厂（表示拉引），会剥去虎皮之意。隶变后楷书写作虒。本义为剥去虎皮。剥法是一手扯着虎皮，另一手插进皮肉之间，用力一下一下地揉搓，慢慢将虎皮剥下。后用以表示一种似虎而有角的兽。

"递（递）"和"蹏（蹄）"是以"虒"作声符的字。递，从辵，虒声。本作递，如今简作递。本义为更迭、交替。引申指依次、顺次：递增、递减。由依次引申指传送：传递。蹏，本作蹏，从足虒声。俗作蹄。本义指牛、马、猪、羊等有蹄类哺乳动物足趾前部的典型角质覆盖物，以将趾的末端几乎全部包裹住，又指有角质保护物的脚。

六、血，xuè 甲 金 篆

会意字。甲骨文从皿，圆点像皿中所盛之血形。金文大同。篆文整齐化。隶变后楷书写作血。读作xuè，本义指古代用作祭品的牲畜血：以血祭社稷。泛指血液：血脉。用作动词，表示以血涂沾、涂染：兵不血刃。引申指像血一样的红色。用以比喻刚强、热烈：血性。又引申指有血缘关系的：血亲。口语又读xiě，用于鸡血、血淋淋、流了一点血等词语中。

衇（脉），mài 篆

会意字。篆文从血，从辰（水支流），会像水一样流动的血脉之意。辰也兼表声。隶变后楷书写作衇。异体作脈。也作脉，从永。含义相同。本义指血脉、脉搏。引申指像血脉一样的：来龙去脉。血脉对人来说很重要，故又引申指很重要的：命脉。又读mò，用于"脉脉含情"。

盟，méng 甲 金 篆

会意字。古代盟誓，盟者杀牲歃血，誓于神前。盟之为法，先凿地为方坎，杀牲于坎上，割牲左耳，盛以玉盘，又取血盛以玉敦，用血为盟书，成，

乃歃血而读书。甲骨文从皿，皿中所盛像牛耳耳窝的视象形，用玉盘里面立牛耳来会在神前盟誓缔约之意。金文另加义符"月"。篆文承接金文并整齐化。隶变后楷书写作盟。现简作盟。本义指诸侯们在神前盟誓缔约：盟书、盟主。引申泛指结交、缔约：盟国。又指发誓：海誓山盟。

卹（恤），xù 金卹 篆卹

会意兼形声字。从血、从卩会意。血也兼表声。表示对他人的流血、受苦心生怜悯。

七、丹，dān 甲丹 金丹 篆丹

指事字。甲骨文从井，一点像矿井中有丹砂矿石形。金文和篆文大同。隶变后楷书写作丹。本义为丹砂，即朱砂。引申为红色：丹枫。又比喻赤诚：留取丹心照汗青。道家炼药多用朱砂，故用以称所炼的药。进而引申指依成方制成的颗粒状、粉末状的中药：灵丹妙药。

"彤"是以"丹"作义符的字，以"丹"表红，以"彡"表色，会红彤彤之意。

八、青，qīng 甲青 金青 篆青

会意兼形声字。甲骨文从生（植物初生），从丹（表颜色）。用植物初生之色会绿色之意。生也兼表声。隶变后楷书写作青。本义为植物叶子一样的绿色。上古也指蓝色。用作名词，也指青色的东西。古人认为春属东方，其色青，主春之神称青帝，故又称春季为青春，比喻青年时期。中古以后又表示黑色：高堂明镜悲白发，朝如青丝暮成雪。

九、堇，jǐn 甲堇 金堇 篆堇

会意字。甲骨文像一个成年人（大，大），张口呼喊（䇂），脖颈上被套着绳索（○），脚下有"火"（火），会以人牲献祭求雨之意。金文下边所从之火已不明显。篆文讹为土。隶变后写作堇。本义为以人牲火祭求雨。卜辞中用以表示干旱、旱灾。又表示诚敬、烧烤。引申为艰难。

勤，qín 金勤 篆勤

形声兼会意字。金文和篆文兼从堇，从力，表示艰苦用力之意。堇也兼表声。本义指劳苦。引申指努力不懈怠，此义后作懃，从心从勤，勤也兼表

206

声。如今简化仍作勤。

难（難），nán 金𩁹 篆𩀪𩀱

形声字。从隹，堇声。隶变后楷书写作難。如今简作难。读作nán，本义为一种鸟。因其从"堇"取得声义，故借以表示困难、艰难、不易：难得。引申为不好：难听。用作动词，表示感到困难。又读作nàn，用作名词，表示灾难、祸乱、仇怨。引申又指质问：非难。

十、黄，huáng 甲𩵋 金黄 篆黄

象形字。甲骨文像佩璜之形。上为系，下为垂穗，中为双璜并联状。金文繁化。篆文整齐化。隶变后楷书写作黄。当是璜的本字，是一种半环状佩玉。合则为璧，分则为璜。本义为佩璜。古人尚黄，大概这种玉器多为黄色，故又指黄玉。引申泛指黄色：黄牛。又用为皇帝的简称：炎黄子孙。植物枯萎则黄，故又引申指事情失败或不能按计划行事。由于"黄"为引申义所专用，佩璜之义便又另加义符"玉"写作"璜"来表示。

十一、火，huǒ 甲𠌶 篆火

象形字。甲骨文像火焰升腾形。篆文线条化。隶变后楷书写作火。本义指燃烧时产生的火焰。也指燃烧。枪弹发射有火光，故又引申指枪炮弹药：军火。又进而引申指战争：交火、开火。火焰有红色、热烈、冲腾的特点，故又用以表示红色：火狐。又比喻紧急：火速。也引申指激动、暴怒：发火。中医也指人身出现阳性、热性的一类现象：上火。古代兵制，十人共一火炊煮造饭，故又引申为古代兵制单位：十人为火，火有长。进而引申为同伴：同火。此义后写作伙。

1. 灭，miè 金𤇩 篆𤍢

会意字。金文从火，从戌。表示用器械扑打灭火。本写作威，后来由于"威"作了偏旁，便又另加义符"水"，写作"滅"，成了用水淹没。如今简作灭。本义指熄灭。又表示淹没：灭顶之灾。引申指灭亡：大义灭亲。也指消灭。

2. 灰，huī 篆𠙹

会意字。从火，从又（手），会可以拿的火之意，也指灰。本义指燃烧后的灰烬。引申为消沉、沮丧：灰心丧气。又引申指尘土、污垢：灰尘满面。

又引申指像灰（介于黑与白之间）一样的颜色：面如死灰。又特指石灰。

3. 灿，càn 篆 爤

形声兼会意字。从火，从粲（精米，表鲜明），会鲜明洁净之意。粲也兼表声。隶变后楷书写作燦。如今简作灿，改为从山声。本义指光彩鲜明：星光灿烂。

4. 烂（烂），làn 篆 爛

形声字。篆文从火，蘭声。隶变后楷书写作爛。如今简作烂。本义为用火煮熟后变软变碎：肉煮烂了。引申指腐败：腐烂。又引申指破碎：烂泥。也指精熟：熟烂于胸。又引申指程度深：烂醉如泥。也指光亮：灿烂。

5. 灵，líng 金 篆 靈

形声兼会意字。金文从示（祭台），从霝（下雨），会祭神求雨之意。霝（líng）也兼表声。篆文改为从玉，表示以玉降神；或从巫，表示女巫跳舞降神。隶变后楷书分别写作靈和霛。如今简化皆借"灵"（从火，从彐，用火上烤手表示微温之意。此义今已不用）来表示。本义为巫奉玉舞蹈以降神。用作名词，既指降神的巫，也指神灵。引申指灵验、灵魂。由神灵又引申为聪明、灵性。也指灵巧、灵活：心灵手巧。

6. 票，piào 篆 票

会意字。篆文从火，从覒，会火焰飘飞腾起之意。隶变后写作熛，俗作票。从火、覒，與覒同意。读作biāo，本义指火焰飘飞腾起。火飞则轻疾、迅猛、显明，故读piāo，引申指迅疾。又引申指轻举的样子。又读piào，引申为迅速下达的官府文书。进而引申指作为凭证的纸片：车票。又引申指纸币：钞票。

7. 热，rè 甲 金 篆 熱

象形字。甲骨文像一个人手举火把形，表示点燃火把。由于这一点燃火把形与手持树苗栽种形的"埶"相近，到了金文便与"埶"相混。篆文在金文基础上加了义符"火"。隶变后楷书写作熱。如今简作热。本义为点燃火把。引申泛指点燃、焚烧。又引申为温度高：热天、热风。用作动词，指加热。词义扩大，也指身体发烧。又引申为情意浓烈。进而指十分羡慕，很受人欢迎等。

8. 烈，liè 篆 烈

形声字。篆文从火，列声。隶变后楷书写作烈。本义指火势猛。引申指猛烈、厉害：轰轰烈烈。引申指刚强，不屈服：烈女。也指积极建立功业的刚强轻生的，或为正义而死的：烈士。

9. 者，zhě 甲🔲 金🔲 篆🔲

会意字。甲骨文上边是架起的木柴，下边从火，小点象征火星，会撩柴之意，表示燃烧。金文上边木柴稍讹，下边火讹为"甘"。篆文整齐化。隶变后楷书写作者。本义为燃烧，引申指明显。后借为特指代词，称代需要重述的人、事、物、时间、处所、原因、数量等。

著，zhù 篆🔲

形声兼会意字。篆文本从竹，从者（烧火撩柴），会用竹棍拨火使明之意。者也兼表声。隶变后楷书写作箸。俗作著。本义为用竹棍拨火使之明。引申为明显。写作就是将语言呈现在竹帛上，故又引申为写作：著书立说。也指写出的作品：名著。也表示土著。

"着"是由"著"的草体楷化分化出的字。读zhuó，基本义为附着：不着边际。引申指穿着。又读zháo，引申指接触到，挨上。进而引申指感受到：着急、着凉。又读zhāo，引申指移放一步棋。进而引申指办法：高着。

煮，zhǔ 篆🔲

会意兼形声字。从火、从者会意。者也兼表声。本义指煮食物。也泛指把东西放在有水的容器中烧。

10. 焚，fén 甲🔲 篆🔲

会意字。甲骨文上为树林，下边是手持火把，会火烧草木之意。篆文省去手，并讹为火烧棥（藩篱）。棥也兼表声。成了会意兼形声字。隶变后楷书写作焚。本义指用火烧草木。引申泛指烧。

11. 焦，jiāo 甲🔲 金🔲 篆🔲

会意字。金文从火，从隹（鸟），会用火烤鸟会烧焦之意。隶变后楷书写作焦。本义为烧焦：焦头烂额。引申指黄黑色：面色焦黄。又引申指焦炭。又引申为心中如烧、烦躁：焦急。

12. 然，rán 金🔲 篆🔲

会意兼形声字。金文从火，从肰（狗肉），用火烧狗肉会燃烧之意。肰（rán）也兼表声。篆文整齐化。隶变后楷书写作然。然是燃的本字。本义指"以火烧狗肉"。古时以犬祭天，燔烧犬肉为祀。由此引出燃烧之意。借作代词，表示这样、如此等。用作连词，表示转折。用作助词，充当词尾：突然。

13. 熏，xūn 金 🜚 🜚 篆 🜚

会意字。金文像一个烘笼形，其中四点象征里边有烟火。或在下边更加一火，以突出熏烤之意。篆文整齐化。隶变后楷书写作熏。本义指用熏笼熏烤，引申泛指用火烟熏炙：熏黑。古人束香草以燃之而享其香味，故又引申指气味刺激人、侵袭：臭气熏人。

14. 尉，wèi 篆 🜚

会意字。篆文从又（手），从火，从人，表示手持热物平贴于人身，会热敷治病之意。隶变后楷书写作尉。本义当为热敷治病。古人将药物炒热，布包，敷熨患处，散热止痛，使人身体平舒，心里畅快，故又引申为安慰。古人认为官员应该执法公平，以安民心，犹如热敷一样。故又引申为古官民。

由于"尉"为引申义所专用，故安慰之义又另加义符"心"写作"慰"来表示。慰，从心、从尉会意。尉也兼表声。本义指安慰，引申指舒适。

热敷治病之义另加义符"火"写作"熨"来表示。熨，从尉、从火会意。尉也兼表声。本义指用烙铁烫平，引申指紧贴。

十二、炎，yán 甲 🜚 金 🜚 篆 🜚

会意字。甲骨文和金文从重火，会火焰猛烈冲腾之意。篆文整齐化。隶变后楷书写作炎。本义指火苗升腾。也指焚烧：大炎昆冈，玉石俱焚（《书·胤征》）。又引申为极热：炎炎夏日。特指身上红肿热痛的症状：炎症。

粦（獜），lín 金 🜚 篆 🜚

会意字。金文从炎，从舛（双脚），会能走动的火焰之意，这就是俗称的鬼火。鬼火常常两团一起互相追逐飘动，故从炎。篆文整齐化。隶变后楷书写作粦。俗作獜。本义为鬼火。

十三、焱，yàn 甲 🜚 篆 🜚

会意字。甲骨文从三火，会火焰盛大之意。篆文文字化。隶变后楷书写作焱。本义为火焰盛大。

熒，yíng 金 🜚 篆 🜚

象形字。金文下像古人穴居之洞室，上像两个交叉的火把（灯烛的前身，犹如现在的松明子），表示室内灯烛明亮。篆文文字化并另加一火，变成了从焱（火花）、从冖（房子）的会意字。隶变后楷书写作熒。现简作荧。本义为灯烛明亮。引申指荣光艳丽：美人荧荧兮，颜若苕之荣。灯烛之亮微弱而闪动，故又指光亮微弱的样子：荧光屏。如今既可单用，又可作偏旁。作偏旁时写作"艹"。

荣，róng 金🌿 篆🌿

象形字。金文像两枝交叉的开满花朵的枝条形。此形与两支交叉的火把（🔥）相近，故篆文变为从木、从荧省。荣也兼表声的会意兼形声字。荣的造字本义为红花如火。本义当为花朵。引申指繁荣：欣欣向荣。又引申为显贵、光荣。

萤，会意兼形声字。篆文从虫，从荧（表光亮）省，会发光的昆虫之意。荧也兼表声。本义为萤火虫。

十四、赤，chì 甲🔥 金🔥 篆🔥

会意字。甲骨文从大，从火。用大火的颜色会赤之意。本义为火红色，比朱红稍浅。金文简化。篆文整齐化。隶变后楷书写作赤。本义为比朱红稍浅的颜色。引申泛指红色：赤日炎炎。人初生面色如赤，故又引申指赤子。进而引申指纯真、真诚：赤胆忠心。进而又引申指一无所有、空：赤手空拳。又引申指裸露：赤膊。血为红色，革命就要流血牺牲，故又引申象征革命：赤卫队。

赫，hè 篆🔥

会意字。篆文从二赤，会火红之意。本义指火红的样子。引申为鲜明、明亮。又引申为显赫、盛大。

十五、小，xiǎo 甲小 金小 篆小

象形字。甲骨文像细碎的尘沙微粒形。金文微粒稍微变长。篆文整齐化。隶变后楷书写作小。本义为细微的尘沙微粒。这一形象，含有三种意思：就形体说，表示细微；就数量说，表示不多；就质地说，表示沙粒。为了分化字义，遂用"小"专表示细微。引申泛指程度、数量不及一般或不及比较对象：小树。用作意动，表示认为……小：孔子登东山而小鲁。

1. 少，shǎo 甲小 金小 篆小

象形字。少是小的分化字。在甲骨文中都是细小的沙粒形。故古时少、小通用。为了分化字义，金文稍变其形。篆文承接金文并整齐化。隶变后楷书写作少。读shǎo，本义为细小沙粒。引申指数量小：少见多怪。引申指时

间短、不久：少时。用作动词，指缺少：少一人。进而引申指丢失：少了一本书。又读shào，由时间短，引申指年轻、年轻人：少年。又引申指在同类中等级较低的：少将。

沙，shā 甲 金 篆

会意字。"沙"是由甲骨文的"小"分化出来的。金文在小的基础上另加义符"氵"以突出水冲刷成的沙粒之意。篆文整齐化。隶变后楷书写作沙。本义为细碎的石粒。引申也指沙滩、沙漠。又引申指像沙子一样细小的东西：豆沙。又用以比喻声音嘶哑：沙哑。

纱，shā 篆

形声兼会意字。从糸，少声。少也兼表义。本义为轻细的丝麻织物。引申指棉麻等纺成的细丝：棉纱。引申又指经纬线稀疏或有小孔的织品：纱窗。

2. 尖，jiān

会意字。从小在大上会锐利之意：小荷才露尖尖角。用作名词，也指细小的末端：针尖、笔尖。由物体尖锐引申指声音尖而刺耳：尖叫。也指听觉、视觉灵敏：眼尖。由细小的末端又引申指超出同类的：冒尖。

3. 尘，chén 甲 篆

会意字。甲骨文从两鹿，表示鹿群奔跑扬起的土灰。篆文从三鹿，从土，会群鹿奔跑扬起尘土之意。隶变后楷书写作尘。俗省作塵。如今简作尘。从小土会意。本义指尘土、灰尘。人行动也会扬起灰尘，故又引申指行迹：步人后尘。也指骚扰和战尘。佛家认为人世是浑浊的，故又引申指人世、世俗。

十六、半，bàn 金 篆

会意字。金文从八（表示剖分），从牛，以会中分牛体之意。篆文整齐化。隶变后楷书写作半。本义为将牛体中分。读作pàn，是判的本字。牛为大物，一半也不小，故引申指一大片。又读bàn，由中分引申泛指物之二分之一。又指事物的中间：深更半夜、半山腰。又指不完全：半新半旧。

由于"半"为引申义所专用，一大片之义便另加义符"月"写作"胖"。胖，从月、从半会意。半也兼表声。读作pàn，本义指祭祀用的半牲体。进而引申指大：胖大小子。又引申指安泰舒适：心广体胖（pán）。现多读pàng，指肥胖。中分之义便另加义符"刀"写作"判"。判，从刀、从半会意。半也兼表声。本义指分开。引申指区分、分辨：判明、判别。再引申指判断、评定。也特指判案定罪。

"叛"是以"半"作声兼义符的字。从反，半声。半也兼表分离之意。本义为分离、背离、反叛：众叛亲离、叛国、叛逃。引申也指逃跑。

十七、田，tián 甲田 金田 篆田

象形字。甲骨文像分割整齐的田块形。金文和篆文稍省。隶变后楷书写作田。本义为耕种的土地。引申泛指有关农事的：田家。

1. 當（当），dāng 金當 篆當

形声字。篆文从田，尚声。表示两田相对等。隶变后楷书写作當。如今简作当。本义为田与田相对等。由田相对等，引申为两大类含义。一类读dāng，引申泛指两两相等：旗鼓相当。又引申指面对着、正处在：当面。由对等又引申指担任、承担：担当。进而引申指主持、掌管：当家作主。由相当又引申指应该：当断则断。也指物品的顶端：瓦当。二大类读dàng，由两两相当引申指抵得上、等于。引申指合适、合宜：适当、恰当。又引申指当作、作为。旧指用实物作抵押向当铺借钱：典当。

"挡"是以"当"作声兼义符的字。从扌、从当会意。当也兼表声。本义指阻挡。引申指遮蔽：遮风挡雨。

2. 疊（叠），dié 篆疊

会意字。篆文从晶（群星），从宜（俎上堆肉），会多而重叠之意。隶变后楷书写作疊。据传王莽时以为叠从三日太盛，改为三田，遂写作疊。本义为重叠：叠罗汉。引申指重复，接连。由使相重，引申为折叠：铺床叠被。

3. 畸，jī 篆畸

形声兼会意字。从田，奇声。奇也兼表零余之意。本义指零星的田地。引申指不整齐的、不正规的：畸形。

4. 畜，xù 甲畜 金畜 篆畜

会意字。甲骨文从田，从糸，表示田里蓄有粮食，家里存有丝织。金文和篆文大同。本义为家中积存有衣食，引申泛指积储。饲养禽兽也是一种积蓄，故又引申指饲养。用作名词，读作chù，指饲养的禽兽。

"蓄"是以"畜"作声兼义符的字。从艹、从畜会意。畜也兼表声。本义指积储禾谷、蔬菜。引申泛指积蓄。进而引申指保留、保存：蓄水。

5. 甸, diàn 篆▨

会意兼形声字。从勹、从田会意。田也兼表声。本义指围绕都城五百里之内的天子之田，即王田。引申泛指郊外的地方。又泛指田野：草甸子。

十八、畺, jiāng 甲▨ 金▨ 篆▨

会意字。甲骨文是两田相并形，表示比邻，是"疆"的最初写法。金文承接甲文，并加出田间界线，以突出田界之意。篆文承接金文并整齐化。本义为田界。引申泛指国界、边界。也指疆土。边疆是疆土尽头，故又引申指极限、止境：万寿无疆。

"僵、缰、彊"是一组以"畺"作声符的字。僵，从人，畺声。本义指人倒毙，死。引申指僵硬、不灵活。由僵硬不动，引申指事情难以处理：僵持不下。缰，从糸，畺声。本义指缰绳。彊，从弓，畺声。弓，是丈量田亩的工具，还是保卫疆土、御敌惩凶的武器。使用这种武器，要健壮强勇，膂力过人。所以彊的本义是健壮、刚健、有力。后来在"彊"的"弓"下加了个"土"，表示土地疆界的疆。

十九、里, 金▨ 篆▨

会意字。金文从田，从土。用有田有土，会人所聚居之地的意思，即乡里。古代"五家为邻，五邻为里"。篆文线条化。隶变后楷书写作里。本义为乡里：依依墟里烟。引申也指城镇的街坊里巷：邻里。古代里居有定制，由此引申指长度单位：万里长城。如今又作了"裏"的简化字。所以又表示衣物的内层：被里。引申泛指里面、内部：屋里。又引申泛指一定的范围之内：这里。

1. 野, yě 甲▨ 金▨ 古文▨ 篆▨

会意字。甲骨文指长满草木的土地，也就是郊野。金文大同。古文另加"予"声。由于"埜"与"壄"容易混淆，篆文就另造了一个从里予声的"野"字。隶变后楷书写作埜、壄、野。如今规范化用野。本义为郊外。引申指一定的区域：视野、分野。郊野是农民劳动的场所，故又引申为民间。也指非人工所驯养或培植的：野生。民间缺乏教育，古代把农民、庶民、未开化的人称为"野人"，即粗鄙之人。由此引申指粗鄙、粗野等。又引申指不受约束或不能约束的：野性。

"墅"是以"野"作声兼义符的字。从野、从土会意。土也兼表声。本义指田庐、村舍。也指别墅。

2. 厘，lí 甲 䅘 金 䅘 篆 釐

会意字。甲骨文本作䅘，是一人持麦（來），一手拿棍击打脱粒的样子。金文二在此基础上另加义符"里"，表示家田的收获。里也兼表声。篆文承接甲骨文和金文。将小麦讹为"未"，将"人"讹为"厂"，并整齐化。隶变后楷书分别写作䅘和釐。如今"䅘"只作偏旁。釐则简化为厘。本义指打麦脱粒。引申指治理、整理、改革：厘定。由打麦引申为裂开、分开。分散则小，又引申指微小：失之毫厘，谬以千里。后又成为单位名，用于长度、重量或面积。

3. 量，liáng 甲 金 篆

会意字。甲骨文从东（箱篓一类容器），上有口，表示可以向里面装东西。金文口中加一点，下边置于地上，更明确强调其中可以装东西。篆文整齐化，下边一地变成土。隶变后楷书写作量。本义为量器。引申为两大类含义。一类读作liàng，用作名词，指测量物体多少的器具：度量衡。引申指能容纳或接受的限度：酒量。二类读liáng，用作动词，指用容器、尺子或其他能作为标准的东西来确定事物的多少、长短、大小或其他性质。

4. 埋，mái 甲 篆

甲骨文是会意字，是将牛埋于坑中之形，是古代祭祀山林的仪式。篆文从艸，从貍（从豸，里声，本指野猫，野猫善于藏伏，后借以表示埋藏）声，隶变后楷书写作薶。本义指用草埋。因其笔画过繁，后来造了简易的"埋"字。读作mái，从土，里声。由将牛埋于坑中，引申泛指掩埋。又引申指隐藏：隐姓埋名。把不满隐藏在心里也是一种"埋"，故又读mán，表示埋怨。

二十、上，shàng 甲 二 金 二 古 ⊥ 篆 𠄞

指事字。甲骨文是一长横上边加一短横，意在表明所指的是物体的上部。金文大同。古文短横变成竖。篆文进一步繁化装饰，使字体匀称。隶变后楷书写作上。本义指上边，高处：高高在上。引申指高位、君主、尊长。又引申指上面的一方：上座。又引申指事物的表面、侧畔或某一范围、方面：脸上。又引申指时间、次序在前或质量高的：上古。用作动词，指向上走、前往：上学。

1. 下，xià 甲 ⼆ 金 ⼆ 篆 下

指事字。甲骨文是在一长横（象征物体）下边加一短横，意在表明所指是物体的底部。金文大同。篆文繁化装饰，使字体匀称。隶变后楷书写作下。本义为位置在低处的：下游。引申指等次品级低的：下级。又引申指时间或次序在后的：下不为例。又引申指处于某一范围、方面、处所、时间、条件、情况等：部下。用作动词，又引申指低于、少于。也指走下、落下、离开、退出、退让等。

2. 卡，qiǎ 篆 卡

会意字。篆文从上、下，会不上不下之意。读qiǎ，本义指为警戒或收费而设立的检查处所：关卡、哨卡。引申指夹在中间，不能活动：卡壳。引申也指夹东西的器具：发卡。又读kǎ，指卡车。又指卡片等。

第三章

以动物为内容的部首

本章讲述以动物为内容的部首及所从诸字。共分四类，先介绍与飞禽有关的部首及所从诸字，再按家畜、走兽、爬虫鳞甲动物三类分别讲述有关部首的字源及所从诸字。为讲述方便，本书按照四大类，分四节进行讲述。

第一节 与飞禽有关的部首

一、鸟，niǎo 甲 金 篆

象形字。鸟是一个纯粹的象形字。在甲骨文中，喙、头、眼、身体、羽、爪、翅膀，简单几笔，无一不备，凝练、概括、生动、形象极了。金文鸟的形体开始简化。小篆因为讹变而开始失形。隶变后楷书写作鸟。鸟是飞禽的总称，一般指较大而会鸣唱的鸟。

二、乌，wū 金 篆

象形字。乌的金文字形，不太像乌鸦的样子。上部是头，嘴巴朝天，向右的两条曲线表示翅膀，下伸的部分是一只爪子。只是没画出眼睛，因为乌鸦全黑，眼睛与毛色一样，以此来表示乌鸦。隶变后楷书写作烏。如今简作乌。传说乌鸦有反哺之义，羔羊有跪乳之恩。故乌鸦被称为孝鸟。乌鸦全身黑色，所以黑色的东西也泛称乌，如乌鱼、乌鸡等。

三、隹，zhuī 甲 金 篆

象形字。甲骨文是一只鸟形。上部是鸟头，嘴向左方，向右的两笔是翅膀，向下的两笔像爪子。金文就更像一只头朝左的短尾巴鸟，其下部是一只爪子。篆文整齐化。隶变后楷书写作隹。本义为雀鸟。后用为鸟的泛符，与鸟无别。

以隹作义符的字有很多，下面试分类析之：

（一）鸟之类别

雀，què 甲 金 篆
会意字。甲骨文从小，从隹，会小鸟之意，即今之麻雀。人脸上的雀斑像麻雀身上的斑点，故又指雀斑。

雄，xióng 篆
形声字。从隹，厷声。本义为公鸟。引申泛指雄性的。雄性多强有力，故又引申指强有力的、杰出的。又引申指威武、有气魄：雄才大略、雄心壮志。用作名词，指杰出的人才或强盛的国家：英雄。

雅，从隹，牙声。本义为全黑的乌鸦，由纯黑引申为纯正、高尚、美好。

（二）鸟之形态

1. 雀，hè 篆𨾵

会意字。篆文从隹（鸟），从冂（远界），会鸟冲出天界高飞之意。隶变后楷书写作雀。读作hè，本义为鸟往高处飞。故又指鹤。又读作hú，指极高。又读què，表示心志高。

"鹤"是以"雀"作声兼义符的字。从雀、从鸟会意。雀也兼表声。本义指仙鹤。

2. 集，jí 甲 金 篆

会意字。甲骨文上为"隹"，下为"木"，本意指"鸟集于枝头"。金文基本上与甲骨文相同。不过有的在"木"上是三个"隹"。小篆承接金文，也有两种写法。隶变后楷书写作雧和集。如今规范化用集。集的本义指群鸟栖息在树上。由此，引申出聚集、集合等意。

3. 雇，hù 甲 篆

会意兼形声字。甲骨文从隹，从户，会开春候鸟飞来止于户之意。户也兼表声。篆文文字化。读作hù，本义指一种按农时季节来去的鸟。又读gù，借用以表示出钱请人替自己做事：雇用。也指受雇的人：雇员。

4. 奋，fèn 金 篆

会意字。奋源于奞，从田，从奞。奞，读作xùn，从大，从隹。会鸟张大翅膀欲飞之意。如今不单用，只作偏旁。"奋"是以"奞"为义符的字。奋，从田，从奞，会鸟在田间振翅飞起之意。本作奮，如今简作奋。本义指鸟振翅飞翔。引申指用力举起：奋臂高呼。进而引申指振作：奋发图强。又进而引申指努力去做。

5. 夺，duó 金 篆

夺和奋一样，源于奞。从寸（手），从奞，表示鸟从手中挣脱飞去之意。本作奪，如今简作夺。本义指失去。用作使动，表示使……失去。又借作敚（duó）（从攵，兑声），用于抽象意义，表示强取：掠夺。如今又表示作出决定：定夺。

（三）鸟之声音

唯，wéi 甲 [字形] 金 [字形] 篆 [字形]

形声兼会意字。甲骨文从口，从隹，会口中像鸟雀啾啾一样诺诺连声。隹也兼表声。金文大同，只是"口"移到了左上边。篆文整齐化。本义为恭敬的应答声：唯唯诺诺。用作范围副词，表示单、只有：唯利是图。

"雖（虽）"是以"唯"作声符的字。从虫，唯声。如今简化为虽。本义为一种类似于大蜥蜴的动物。借为连词，表示让步转折，相当于虽然。

（四）鸟之数量

隻（只），zhī 甲 [字形] 金 [字形] 篆 [字形]

会意字。从 [字形]（又，抓持）持 [字形]（隹，鸟雀），会获取鸟一只之意。隶变后楷书写作隻。如今简化成只。由鸟一只引申指单独的一个、单独、独特等。

雙（双），shuāng 篆 [字形]

会意字。篆文从雔（一对鸟），从又（手），会手持二鸟之意。隶变后楷书写作雙。如今简作双，成了两只手了。本义为禽鸟两只。引申指两个、一对、匹敌：双管齐下、成双成对、举世无双。又指偶数：双数。用作量词，指成对的东西。

（五）鸟与人

离，lí 甲 [字形] 金 [字形] 篆 [字形]

会意字。上部是"鸟"，下部是捕鸟的长柄"网"，表示捕鸟之意。金文下部"网"上加了"手"，上部的"鸟"变成了"林"，表示用手拿网在林中捕鸟。篆文左边上部"林"讹为"中"，下边网把手讹为"内"，右边加了一个"隹"。隶变后楷书写作離。如今简作离。所以离的本义是指"以网捕鸟"，引申为擒获。遭受擒获则离群，由被捉又引申为离散、分离。

四、雠，chóu 甲 [字形] 篆 [字形]

会意字。甲骨文是两只相对的鸟。篆文承接甲骨文。本义为相对的鸟。引申泛指伴侣、匹偶。

霍，huò 甲 [字形] 金 [字形] 篆 [字形]

会意字。甲骨文从雥（三隹），从雨。金文和篆文省为雔（二隹）。表示群鸟在雨中疾飞。由此引申出迅速、闪动、忽然之意。由鸟在雨中疾飞之声，又引申指象声词：磨刀霍霍向猪羊。也用作姓。

"售"是以"雔"作声符的字。从口，从雔（从二隹，会雌雄二鸟相对。买卖是双方的事，故引申指卖出去）会意。儶也兼表声。本义指卖出去。

五、燕，yàn 甲 篆

象形字。甲骨文像一只飞动的燕子形。篆文文字化。隶变后楷书写作燕。本义指燕子。

六、風，fèng 甲 金 篆

象形字。甲骨文是（高冠、花翎、长尾的凤鸟形）加上（凡，表声）。风难以表现，大概凤飞众鸟随从而生风吧，遂借凤来表示风。篆文根据当时社会思想认识遂分化为两个字。一个是从虫，凡声（風）；另一个是从鸟，凡声（鳳）。隶变后楷书分别写作風和鳳。如今简化为风和凤。

七、飛（飞），fēi 金 篆

象形字。金文像鸟头颈两翅展开飞动之形。篆文承接金文并整齐化。隶变后楷书写作飛。如今简作飞。飞的本义指鸟在空中展翅飞行。引申泛指物体在空中飘浮、飞行。

八、卂，xùn 篆

象形字。篆文像飞动中的鸟的轮廓形，是""（飞）字的简略。鸟疾飞时看不清羽毛、双翼，所以卂的本义是快。

"迅"是以"卂"作声兼义符的字。从辵、从卂会意。卂也兼表声。本义指疾速。"汛"是以"卂"作声符的字。从水，卂声。指江河定期地涨水或泛滥。

九、羽，yǔ 甲 篆

象形字。甲骨文像一只鸟展双翅形。篆文整齐化。隶变后楷书写作羽。本义指鸟的翅膀。引申泛指鸟毛。翅膀助鸟飞，故又引申指党徒：党羽。也特指古代五声音阶中的第五音。

1. 翁，wēng 篆

形声字。从羽，公声。本义指鸟颈部一圈浓密的颈毛。借为"公"，指父亲。引申也指夫之父或妻之父。又引申指男性老人：渔翁。又用作对男性的尊称。

2. 习（習），xí 甲 金 篆

会意字。甲骨文从羽（翅膀），从日，会鸟在空中反复练飞之意。金文承接甲骨文。篆文将"日"讹为"白"。隶变后楷书写作習。如今简化为习。本义指鸟反复练飞。引申为学习、练习。由反复接触引申指熟悉、了解。后又引申为习惯。连用为"习习"，形容风续续轻轻地吹：微风习习。

3. 翏，liù 金 篆

象形字。金文像鸟欲展翅高飞之形。篆文讹断，成了从羽、从彡之字。隶变后楷书写作翏。本义指鸟高飞。

"寥"是以"翏"作声符的字。从宀，翏声。本义为空虚、寂静。引申指冷清、冷落、寂寞。进而引申指辽阔、空旷等。

十、毕，bì 甲 金 篆

象形兼会意字。甲骨文一像田猎时用的一种长柄网，甲骨文二另加"田"，以突出田猎之意。金文综合两种甲骨文于一体并线条化。篆文承接甲骨文和金文并整齐化。隶变后楷书写作畢和罼。畢如今简作毕。本义当为田猎。由动词捕捉住，引申指完结、终了：毕业。虚化为副词，表示全都：凶相毕露。又借为星名，二十八星宿之一。

卓，zhuó 甲 金 篆

会意字。甲骨文下边是带把的网，上边是鸟的简形，会以网罩鸟之意。金文简化。篆文将带把的网讹为"早"。隶变后楷书写作卓。本义为以网罩鸟。罩鸟必高举，且要有技巧。故引申泛指高、直立。又进而引申指超群、特立：卓尔不群。又引申指高明：卓越。

十一、率，shuài 甲 金 篆

象形字。甲骨文像牵引绷紧的大绳形，小点象征绷紧时绳上乍起的毛刺。金文二还加出了"行"作示动符号。篆文整齐化。隶变后楷书写作率。本义为牵引拉紧的大绳。引申为带领：率领。用作名词，指将领。又指表率、榜样。又表示轻易，不慎重：草率。进而引申为直爽：坦率。又读lǜ，表示法度、标准。用作动词，指按照某种标准计算。按照某种标准计算的结果，即比值：增长率、优秀率。

十二、卵，luǎn 篆 🥚

象形字。篆文像水草茎叶上附有鱼的卵形。《说文解字》："卵，凡物无乳者卵生。"本义指鱼籽。引申泛指蛋。又引申泛指椭圆形像卵的东西：卵石。

十三、西，xī 甲 金 篆

象形字。《说文解字》：西，鸟在巢上。日在西方而鸟栖，故因以为东西之西。王筠："古栖字，像鸟在巢上。"王国维："西，鸟窝之形。"日落西山，百鸟归巢。我们的祖先便是根据这一自然现象创造了既象形又会意的字来表示日没方向——西。而当鸟栖息的"西"加"木"则写作"栖"。

栖，从木、从西会意。西也兼表声。本义指鸟类停宿。引申泛指居住或停留：栖息。又读xī，用于栖栖，形容忙碌，不安定。

十四、巢，cháo 金 篆

象形兼会意字。下从木，上从甾，像巢形，表示树上有一个鸟窝。

"剿"是以"巢"作声符的字。从刀，巢声。本义为劳累。引申指灭绝、征剿。

十五、乚（乙）yà 篆

象形字。乚（乙），从甲骨文和金文的"乳"与"孔"来分析，篆文可能是这两个字的简省，只留下奶头的轮廓，表示哺奶吃。隶变后楷书写作乙。作偏旁时写作"乚"。本义为奶。

孔，kǒng 金 篆

象形字。孔与乳同源。金文像子吮吸奶头形。篆文改为从子，从乙。本义当为孩子吃奶。引申指小洞穴：针孔。生儿育女是大好事，故引申指美好。又引申指大：孔德。用作副词，表示很、甚。

乳，rǔ 甲 金 篆

象形字。甲骨文像妇人双手抱子于胸前喂乳形。金文只留下一手一子和突出了奶头的身子轮廓。篆文又将身子轮廓讹为"乙"。隶变后楷书写作乳。本义为哺乳。喂奶表示已生养，故又指生殖。引申也指乳房、乳汁。又引申指像乳的东西：钟乳石。由生殖又引申指初生的、幼小的：乳燕。

第二节　与家畜有关的部首

一、牛，niú 甲 ψ 金 ψ 篆 ψ

象形字。甲骨文像正面看的牛头形。中间一竖表示牛面，上面两竖加弯表牛角，下面两小撇表示牛耳。金文大同。篆文整齐化。隶变后楷书写作牛。《说文解字》：牛，大牲也。牛，件也；件，事理也。象角头三、封尾之形。本义指牛。用牛的执拗脾性比喻性格固执、倔强、高傲。

牢，láo 甲 金 篆

会意字。甲骨文从牛在栏圈中，会关牲畜的栏圈之意。金文大同。篆文整齐化。隶变后楷书写作牢。本义为关牲畜的栏圈。引申指祭祀用的牛羊猪。由牲口圈又引申指牢狱：监牢。栏圈要结实，又引申指牢固：牢不可破。

牵，qiān 甲 篆

会意字。甲骨文从ψ（牛，力畜），从〇（口，环圈），从（糸，绳子），表示农人在牛鼻孔上扎上环圈，并用系在环圈上的绳子来控制犁牛。篆文将甲骨文字形中的"糸"（）写成"玄"（），将甲骨文字形中的环圈（〇）写成"冂"（∩），将甲骨文字形中的"ψ"写成"ψ"。隶变后楷书写作牽。如今简作牵。本义为牵牛。引申指牵连、关联、牵制等。

牲，shēng 甲 金 篆

会意兼形声字。甲骨文左边是捆绑的一只羊，右边是生（表示完整），表示祭祀用的完整牛羊之意。生也兼表声。金文将羊替换为牛。篆文整齐化。隶变后楷书写作牲。从牛，生声。本义为古代供祭祀用的全牛全羊。现在主要指牛马骡驴等家畜。

二、專（专），zhuān 甲 金 篆

会意兼形声字。甲骨文从叀（纺锤），从又，会用手转动纺锤纺线之意。篆文整齐化并将手变为寸。隶变后楷书写作專。如今简作专。本义为转动

纺锤，泛指转动。因为物体旋转围绕一个圆心，故引申为专一、单纯：专心。又引申指独自享有或掌握：专权。

后来，由于"专"为引申义所专用，纺砖之义便另加义符"石"写作"砖"来表示；转动之意便另加义符"车"写作"转"来表示；转成圆形便加义符"囗"写作"团"来表示；古人骑车马，"传"的本义是指会供人转换车马的驿站驿舍之意，驿站的作用是供人较快地传递消息、公文，故又引申指记载历史事件或个人生平事迹的文字：传记。也指以描述人物故事为中心的文学作品。又读chuán，指传达、传递、传承。引申指传授、传播、传导、传染等。

三、丫，guǎi 篆 丫

象形字。篆文像羊角形，当是"羊"字的省文，以突出两角。隶变后楷书写作丫。《说文解字》：羊角也。象形。本义为羊角。用以表示分背。

乖，guāi 篆 乖

会意字。篆文从丫，从北，会相违背之意。隶变后楷书写作乖。本义指违背，不协调：乖戾。后专指人性情、言行不合常理，别扭：性情乖张。宋代以后又表示机灵、乖巧：学乖。现代又表示顺从、听话：乖孩子。

四、羊，yáng 甲 羊 金 羊 篆 羊

象形字。甲骨文像正面观察的羊头形。金文大同。篆文整齐化。隶变后楷书写作羊。本义为羊这种哺乳动物。羊的本义，原指色、声、味的好、善、鲜、漂亮。后来又引申指才德品质的好。由事物的美好，引申也指让人舒服、满意。

1. 美，měi 甲 美 金 美 篆 美

象形兼会意字。甲骨文下从人，上像有羊形头饰之状。美，本是一种抽象的观念。在创造文字时，如何以具体的事物来表现这种抽象的观念呢？我们的祖先抓住了戴羽跳舞这种具体的形象来创造"美"字。

原始社会，先民在祭祀祖神、祈祷丰年、庆祝胜利等活动中，总要跳舞以示意和抒情。跳舞时，往往头上插着各式各样的羽饰，脸上戴着各式各样的面具，甚至身上涂着各式各样的花纹，以此为美，以此为好。后来，"头戴羽饰为美"竟成了古代一种美的观念习惯。你看，在中国歌剧（京剧、越剧、粤剧）里，舞台上的英雄将帅如吕布、周瑜、穆桂英等，都是头戴雉尾，背负

令旗的。头上有了羽饰，不但增添了美感，而且更显得英姿飒爽，威风凛凛。这种以羽饰为美的观念，在我们这个"文明古国，礼仪之邦"是这样，在外国也是这样。古代英法等国军队的帽子上，也饰以白羽。欧美的小姐太太们所戴的帽子，也有不少是以各种各色的羽毛作为帽饰的。即使今天，在非洲拉美等地，也还有不少民族在跳舞时，是以头戴羽饰为美的。金文稍讹，篆文则把头和羽饰误变为羊了。

2. 羔，gāo 甲🜚 金🜚 篆🜚

会意字。甲骨文从羊，从火，借可用火烤而食之羊，会嫩而味美的羊羔之意。金文大同。篆文整齐化。隶变后楷书写作羔。本义指小羊羔。

3. 羹，gēng 篆🜚 🜚

会意字。篆文一从䰜，从羔，两边是升腾的热气，会鬲中煮羔羊之意。篆文二从羊，从美，会羊肉味道鲜美之意。隶变后楷书分别写作䰜和羹。如今规范化用羹。本义为用肉和五味做的有浓汁的食物。后来引申泛指流质食物。

4. 养，yǎng 甲🜚 金🜚 篆🜚

会意字。甲骨文是手持鞭牧羊形。金文大同，会放牧饲养之意。篆文改为从羊，从食，突出了用食饲养之意。隶变后楷书写作養。如今简作养。养的本义是养羊。后来又引申为培养、生育等意。

5. 羕，yàng 金🜚 篆🜚

形声字。金文从永，羊声，用以表示"永"的水流悠长荡漾义。篆文整齐化。隶变后楷书写作羕。本义为水流悠长荡漾。后来，由于"羕"作了偏旁，其义便另加义符"水"写作"漾"来表示。漾，从水、从羕会意。羕也兼表声。表示水流悠长。又引申指水面动荡。

五、豕，shǐ 甲🜚 金🜚 篆🜚

象形字。甲骨文像一头竖起的大猪形。金文稍讹。篆文整齐化。隶变后楷书写作豕。本义为猪。

1. 猪，zhū 篆🜚

形声字。篆文从豕，者声。隶变后楷书写作豬。如今简作猪。本义指猪。

2. 家，jiā 甲🜚 🜚 金🜚 篆🜚

会意字。甲骨文从宀，里面有一头豭猪（公猪），会养猪棚之意。豭也兼表声。金文大同。篆文公猪变成了"豕"。隶变后楷书写作家。本义为养猪棚。

上古时代，初民先是在树上"架木为巢"以作住所，经过漫长的岁月，才转到地上来架木为屋，并且驯养野兽以为家畜（如猪、牛、羊、犬等）了。为了防止外来的侵袭，房子的结构一般是上居人，下作圈。猪已成为肉食的主要来源之一，所以房下养猪（和其他牲畜）已成为"人家"的标志。像这种上面住人下面养牲的房子，直到今天，在广西、云南、贵州等兄弟民族居住的边远山区，还比比皆是。

因为凡有牲口圈栏之处，便有人居，所以后来索性便以原来表示猪圈的家作为表示家庭、家乡的家，而家的内涵也日渐加深。在奴隶社会，诸侯统治的范围称国，大夫统治的范围称家。此后，家又发展为学术流派，有专门学问和技能的人（作家、书法家等）。也用作量词：一家饭店。又作为"傢"的简体字，表示器具：家具。

"嫁"是以"家"作声兼义符的字。从女，家声。家也兼表成家之意。本义为女子结婚。出嫁则由娘家到婆家。引申特指把损失、祸害转移给他人：转嫁。

3. 豪, háo 篆 🐗

形声兼会意字。篆文从豕，高声。高也兼表长义。本义为长毛豪猪。豪猪凶猛，引申指具有杰出才能的人：自豪。进而引申指气魄大，声势大，有钱有势，直爽痛快：豪放、豪迈。又引申指强横不法之人：土豪劣绅。

4. 豖, chù 甲 🐗 篆 🐗

指事字。篆文从豕，小点表示劁猪。金文稍讹。篆文变为像捆缚猪两足形。隶变后楷书写作豖。本义为劁猪。引申指行走艰难的样子。

"啄"是以"豖"作声兼义符的字，从口，豖声。豖也兼表意。本义为鸟用嘴取食。

"琢"是以"豖"作声符的字，从玉，豖声。本义为雕刻加工玉石。

六、犬，quǎn 甲 🐕 金 🐕 篆 🐕

象形字。甲骨文像一条大狗形。金文简化。篆文整齐化。隶变后楷书写作犬。作偏旁时写作"犭"。本义指大狗。引申比喻供役使的人，帮凶。旧又指对自己儿子的谦称，或对人的蔑称：犬子。

1. 献, xiàn 甲 🐕 金 🐕 篆 獻

会意字。甲骨文从鬲，会以犬牲献祭之意。金文另加虍声。篆文整齐化。隶

变后楷书写作獻。俗简作献。本义指祭奉神主的犬牲。引申泛指进献、献上：献花。由进献又引申指表演给人看：献丑。特指有价值的图书、文物：文献。

2. 狺，yín 篆 𤝗

会意字。篆文从两犬相对，会两犬相咬之意。本义为两犬相咬。也指犬相吠。引申指言语粗野的样子。

狱，yù 金 𤪺 篆 𤪻

会意字。金文从狺，从言。会对方像两犬吠咬一样争讼不下之意。篆文整齐化。隶变后楷书写作狱。本义为争讼不下。也指诉讼案件。又指刑狱：文字狱。引申又指监狱。

七、彑，jì 篆 彑

象形字。彑是指宰杀后悬挂的牲体形。用以表示猪头。

彖，tuàn 篆 𧰨

象形字。篆文从彑，从豕。本义为宰杀剔治猪牲。剔治猪牲是一种整理，故引申用为《易》断卦之辞。

"缘"是以"彖"作声符的字。从糸，彖声。本义指器物的边沿。引申指缘分等。

八、马，mǎ 甲 𢒉 金 𢒉 篆 𢒉

象形字。甲骨文像马形。金文稍讹。篆文整齐化。隶变后楷书写作馬。如今简作马。本义为马。又引申指大：马蜂、马勺。

第三节　与走兽有关的部首

一、象，xiàng 甲 𢒉 金 𢒉 篆 𢒉

象形字。甲骨文像一头大鼻子象形。金文稍讹。篆文整齐化。隶变后楷书写作象。本义为大鼻子象。后来引申指想象、模拟、仿效等。

"豫"是以"象"作义符的字。从象，予声。本义指大象。由大象的摇鼻晃脑，行动迟缓，引申指安适、安乐。进而引申指喜欢、快乐。又用为九州之一，包括河南，故河南简称豫。

二、虍，hū 甲 篆

象形字。在甲骨文中，与"虎"是同一个字，皆像老虎形。篆文整齐化，并分为繁简二体。隶变后楷书分别写作虎和虍。简体"虍"只作偏旁。

1. 虎，hǔ 甲 金 篆

象形字。甲骨文像一只大嘴巨身带花纹的老虎形。金文稍讹，还能看出虎的影子。篆文整齐化就不像了。隶变后楷书写作虎。本义指老虎。引申比喻威武、勇猛：虎将。又比喻残酷、凶暴：虎狼之心。

2. 虐，nüè 甲 篆

会意字。甲骨文左边是人，右边是虎。会虎噬咬人之意。小篆上为虎头，左下为虎爪，右下为人，会虎以爪搏击人之意。皆表示残害。隶变后楷书写作虐。本义为虎搏噬人。引申泛指残害。又引申指残暴、过分等。

3. 虑，lǜ 金 篆

形声字。金文从心，吕声。篆文从心，虍声。本义指为了一定的目的而思考：人无远虑，必有近忧。引申也指因担忧而思量、忧虑：顾虑。

4. 虚，xū 篆

形声字。篆文从丘，虍声。是古人穴居的废窑包。是"墟"的先造字。隶变后楷书写作虚，"丘"讹为"业"。本义为古人穴居的废窑包。引申为空着、空隙、不真实的等。

三、鹿，lù 甲 金 篆

象形字。甲骨文像一只头上长有树枝状角的雄鹿形。金文大同。篆文文字化。隶变后楷书写作鹿。本义为一种温顺的哺乳动物。鹿是人所追逐的对象，用以比喻政权：群雄逐鹿、逐鹿中原。

1. 慶（庆），qìng 甲 金 篆

庆的繁体字写作"慶"，最早在甲骨文里，是一只身上有花纹（"心"的倒写）的鹿的形象。是一个象形字。金文大同。篆文尾巴讹为"夂"。古时贺礼往往以鹿皮为贽（古代初次拜见尊长所送的礼物），一是因为鹿皮美丽，

二是"鹿""禄"声音相同,故意为吉祥。因此庆的本义为梅花鹿,其美丽的皮毛是古代珍贵的喜庆礼品。故引申表示祝贺:庆功、庆贺。又引申指福、善:积善人家,必有余庆。又指值得庆贺的事:国庆、校庆。

2. 麗(丽),lì 甲 金 篆

象形字。甲骨文是一只鹿形,头上有一对装饰美丽的鹿角。金文承接甲骨文。篆文整齐化。鹿毛色华丽,故鹿的本义指华丽、美丽。也指美好、漂亮。

3. 麤(粗),cū 甲 篆

会意字。甲骨文从二鹿。篆文从三鹿,会群鹿狂奔之意。隶变后楷书写作麤。如今简作粗。本义指群鹿狂奔的样子。由狂奔引申指粗野、粗暴。也指粗大、强大。又引申指粗疏、粗浅。

四、鼠,shǔ 甲 金 篆

象形字。甲骨文是一只老鼠,上面是头,四周还有一些碎屑,当是老鼠啃啮食物的碎屑。下面是身子和尾巴。金文承接甲骨文,上部突出了老鼠的牙齿。篆文整齐化。隶变后楷书写作鼠。本义指老鼠。又用为鼠类动物的泛称。也用作十二生肖之一。

五、莧,huán 甲 篆

象形字。甲骨文像一只长着弯弯细角的山羊形。上像弯曲的羊角,下像头身尾足。篆文整齐化。隶变后楷书写作莧。本义指山羊,形体高大,其角弯曲而宽阔。

寬(宽),kuān 篆

会意兼形声字。篆文从宀,从莧(羊角向两边分张),会房子宽大之意。莧(读huán)也兼表声。本写作寬。如今简作宽。本义指宽阔。引申指横的距离或横的距离大。由宽阔引申指宽厚、度量大等。

六、兔,tù 甲 金 篆

象形字。甲骨文像一只兔子形。金文稍讹。篆文将其文字化。隶变后楷书写作兔。本义指兔子。传说月中有玉兔捣药,故又用作月亮的别称。

冤,yuān 甲 篆

会意字。甲骨文从冖(冂,像网罩),从兔,像兔子被罩在网罩中。篆文改为从兔，从冖（蒙覆），会兔被蒙覆屈缩不得舒展之意。隶变后楷书写作冤。本义为屈缩不得舒展。引申指屈枉、受到不公平对待：冤屈。又引申指上当、不合算。又借用作"怨"，表示仇恨：冤仇。

逸，yì 篆

会意字。从辵、从兔会意。兔子善于奔逃。本义指逃跑。由逃跑引申指失去。由奔逸引申指超出常格、卓越：俊逸。由超脱劳苦，又引申指闲适、安乐。

七、能，néng 甲 金 篆

象形字。能的本义就是"熊"。甲骨文像一只狗熊形。金文稍讹，左部的上方是耳和头，下方是个大嘴巴，臀部有一条小尾巴，下部是熊掌。小篆文字化，就有点不像熊的样子了。隶变后楷书写作能。能的本义指熊类野兽。熊凶猛耐寒而有力，故引申指才干、能力、贤能等。

后来，由于"能"为引申义所专用，狗熊之义便另造"熊"字来表示。熊，"能"下加"火"表示其耐寒的特性。用为"熊熊"，指大火凶猛：熊熊大火。

八、釆，biàn 甲 金 篆

象形字。甲骨文像兽蹄爪掌印形。金文承接甲骨文。篆文整齐化。本义指兽蹄印，也指兽蹄。古代人逐兽，以辨别蹄迹来确认，由此引申为辨别、分别之义。后来，由于"釆"作了偏旁，兽蹄之义便另造了"番"来表示，辨别之义则借"辨"来表示。

番，fān 金 篆

象形兼会意字。番是釆的加旁字，釆，原本是兽蹄印形。后来，由于"釆"作了偏旁，于是金文另加义符"田"，更清楚地表示这是踩在田中的兽蹄印。篆文承接金文并整齐化。隶变后楷书写作番。读作fán，本是兽蹄印。兽蹄迈一次留下一个蹄印，由此引申读fān，表示代换：轮番。由代换引申用作量词，表示回、次：三番五次。又引申指种、倍。由兽足又用以蔑称外国的或者外族的：番茄。又读pān，用于"番禺"，广东地名。

悉，xī 篆

会意字。从心，从釆。本义指心里辨识得清清楚楚，引申指详细知道、了解：熟悉。用作副词，指全、都。

九、内，róu 金 ᚕ 篆 ᚕ

象形字。金文像叉住一条蛇形。竖着的那条曲线就是一条毒蛇的形状，横的一条是一根带杈的木棍，这就表示用木棍打蛇的意思。篆文整齐化，蛇形犹在，强化了身尾不住在地上翻动，木棍则变得更复杂了。隶变后楷书写作内。本义为用木棍打蛇。

禹，yǔ 金 ᚕ 篆 ᚕ

象形字。禹与内同源。金文像用木棍叉住毒蛇形。篆文突出了头部。木棍则变得更复杂了。隶变后楷书写作禹。禹的本义指用木棍打蛇，其引申义是为打蛇的勇士，所以禹又成为勇士的美称。也正因如此，传说夏朝的第一代有才能的君主的名字就叫禹，他的本领极高，奉舜之命治理了洪水。

萬（万），wàn 甲 ᚕ 金 ᚕ 篆 ᚕ

象形字。甲骨文像一只蝎子形：上部是两个"钳子"，中间是蝎的身子，下部是蝎尾。金文也基本上是甲骨文的形体。可是到了小篆则没有蝎子的形状了。隶变后楷书写作萬。如今简作万。万的本义指蝎子。蝎子是非常毒的虫，故"恶毒之极"称为"万恶"。由此引出"极甚"。遂借以表示数之极，即"十千"。

第四节　与爬虫、鳞甲动物有关的部首

一、虫，chóng 甲 ᚕ 金 ᚕ 篆 ᚕ

象形字。甲骨文像一条长蛇形。上部为头，下部为身子。金文线条化。篆文整齐化。隶变后楷书写作虫。虫的本义为蛇，读 huǐ。由于大多数昆虫的幼虫都弯弯曲曲地蠕动，有点像蛇，且昆虫多是集团并生的，于是便将二虫相并写作"䖵"来表示，读作 kūn，用作昆虫类动物的总称。后来，由于"虫"和"䖵"都作了偏旁，遂又进一步繁化为"蟲"，用以指称一切昆虫或动物。如今简化，"䖵"和"蟲"仍简作虫来表示。

虹，hóng 甲🖼 金🖼 篆🖼

甲骨文为象形字。初民不知虹是怎么回事，便把这一天象视为一种伸头到地上来饮水的神异的巨大的两头动物，应是龙文化的反映。甲骨文就有"有出虹，自北饮于河"的记载。🖼就像腰腹呈拱形（🖼）的神龙，头尾两端各有一个张着大口（🖼）的龙头。篆文改为从虫、工声的字，本义为雨后天空中出现的彩色圆弧。细分，颜色鲜艳的叫虹，颜色较淡的叫霓，即副虹。

蚀，shí 篆🖼

会意字。从虫，从食，从人，食亦声。本义为虫等蛀伤物。日月之食，古人认为太阳和月亮被吞吃了，故又引申指日食和月食。引申指损伤、缺耗。

也，yě 甲🖼 金🖼 篆🖼

象形字。也与它为同一个字。在甲骨文中是一蛇形。金文仍像突出了头部的拖着尾巴游动的蛇。篆文整齐化。本义为蛇。由于蛇是拖着尾巴曲折行进的，故又引申指曲折延伸。或许因为人们说话语气的延续犹如蛇的拖尾巴吧，后被借为语气助词。后来，由于"也"为借义所专用，蛇之义便另加义符"虫"写作"蛇"来表示。

二、它，tā 甲🖼 金🖼 篆🖼

象形字。甲骨文像一条三角头之蛇形。金文形象化。篆文整齐化。隶变后楷书写作它。《说文解字》：它，虫也。从虫而长，象冤曲垂尾形。上古艸居患它，故相问无它乎。本义为蛇。后借为代词，表示旁指，相当于别的、另外的。后来也用作代词，可指人或物。近代进行分工，"它"专用来指称事物。

蛇，shé 甲🖼 金🖼 篆🖼

"蛇"字的本来形体是"它"字。甲骨文的上部是个蛇头，下部是蛇的身子。金文的形体仍能看出蛇头在上，蛇身在下，而且变粗了。小篆加上了一个"虫"字旁。成了会意兼形声字。从虫、从它会意。它也兼表声。隶变后楷书写作蛇。本义为蛇。又用以比喻形状或性质像蛇的：杯弓蛇影。

三、豸，zhì 甲🖼 篆🖼

象形字。甲骨文像团头、长脊、修尾的猫形。《说文解字》：兽长脊，行豸豸然，欲有所司杀形。《尔雅》："有足谓之虫，无足谓之豸。"本义指猫，后用为猫类猛兽的泛形标志。由于《尔雅》的解释，遂用以表示像蚯蚓一类无脚的虫子。

"豹"和"豺"是以"豸"作义符的字。豹，从豸，勺声。本义为豹子。豺，从豸，才声。本义指豺狼。

四、易，yì 甲 甲 金 金 篆 易

会意字。甲骨文是把一个容器里的酒水倒进另一个容器的样子，故有变易之意。也有给予、赐予之义。金文省去一个器皿变成金文一形，再省去左半个器皿并加"贝"变成金文二形并整齐化。隶变后楷书写作易。本义为给予、变易。引申指交换。又用以表示容易。后来，由于"易"为引申义所专用，给予之义便另加义符写作"赐"来表示。

"惕"是以"易"作声兼义符的字。从心，从易，会小心谨慎之意。易也兼表声。

五、黾（黾），měng 甲 金 篆

象形字。甲骨文像一只青蛙形。篆文文字化。隶变后楷书写作黾，如今简作黾。读měng，本义为青蛙的一种。大概因为蛙鸣腹鼓，像鼓劲的样子，故又读mǐn，借用以表示努力、勉力。

"绳"是以"黾（黾）"作声符的字。从糸，黾声。本义指用两股以上的棉麻等纤维或金属丝拧成的条状物。引申特指木工用的墨线。墨线是用来画标准线的，故又引申指标准：准绳。由准则又引申指约束、制裁、衡量：绳之以法。

六、魚（鱼），yú 甲 金 篆

象形字。甲骨文像一条嘴、鳍、鳞皆有的鱼形。金文还有个鱼的大概轮廓。篆文整齐化就不像了。隶变后楷书写作魚。如今简作鱼。本义为水生脊椎动物鱼。

七、龙，lóng 甲 金 篆

象形字。甲骨文上为头，下为尾，角下是头，嘴巴朝左张开，露出一颗牙齿，右边是弯弯曲曲的龙身。金文大同。篆文文字化。隶变后楷书写作龍。

如今简作龙。本义为传说中的神异动物，其实当是闪电的神化形象。因为龙是神物，所以封建时代用龙象征帝王和帝王用的东西，以示尊严、威赫、贵重，如龙袍、龙颜、龙床。

"垄"是以"龙"作声兼义符的字。从土，龙声。龙也兼表义。隶变后楷书写作壟。如今简作垄。本义为坟头。引申泛指高地、高丘。又引申为田地分界的田埂。后用于"垄断"一词，专指把持、独占。

八、龟，guī 甲 金 篆

象形字。甲骨文像侧视的乌龟形。上部是乌龟的头，朝左的是乌龟的两只脚，朝右的是乌龟的背。金文是乌龟的上视图，上部是头，中间是圆背形，左右两侧是乌龟的四只脚，最下部是一条小尾巴。小篆是由甲骨文演变来的，也是乌龟的侧视图。隶变后楷书写作龜。如今简作龟。本义为乌龟。

龟是个多音多义字：作乌龟时读guī；可是当读为jūn时，指皮肤冻裂；另外，汉代西域的国名为龟兹，应当读为qiū cí。

第四章

以植物为内容的部首

本章讲述以植物为内容的部首及所从诸字。共分两类：一是与草木有关的部首及所从诸字；二是与植物有关的部首及所从诸字。为讲述方便，本书按照两大类，分两节进行讲述。

第一节　与草木有关的部首

一、屮，chè 甲ψ 金ψ 篆ψ

象形字。甲骨文像初生的小草形。金文大同。篆文整齐化。隶变后楷书写作屮。《说文解字》：艸木初生也。象丨出形，有枝茎也。本义为初生的小草。甲骨文不拘形体的多寡，所以有艸（草）、芔（卉）、茻（莽）等形。后来为了字义区分，有了草、卉、莽的区别。如今不单用，只作偏旁。

1. 屯，tún 甲 金 篆

象形字。甲骨文像豆类植物发芽时艰难屈曲地拱出地面之形。金文叶瓣变成小点。篆文小点变成一横，并将下面弯曲。隶变后楷书写作屯。读zhūn，本义指植物艰难地拱出地面。引申泛指艰难、危难。艰难拱出，则迟留不进，故又引申读tún，表示聚集、积蓄。又引申指驻守：屯兵。也指聚集的村落：皇姑屯。

（1）春，chūn 甲 金 篆

会意兼形声字。甲骨文从日，从艸（草），从屯（草木萌发），会在太阳照耀下草木萌发、花草繁茂之意。屯也兼表声。金文大同，结构稍变。篆文承接金文并整齐化。隶变后楷书写作春。本义为春季、春天：春华秋实。由一年有一个春天，引申泛指一年。春季是万物生长的季节，故又引申为生长、生机：妙手回春。也指春色、喜色：满面春风。

蠢，chǔn 篆

形声兼会意字。篆文从䖵，春声。春也兼表春到万物萌动之义。隶变后楷书写作蠢。本义为虫类从冬眠中苏醒过来开始慢慢爬动：蠢蠢欲动。由虫类慢慢爬动引申指笨拙：蠢笨。由笨拙，引申指愚昧无知：愚蠢。

（2）顿，dùn 篆

形声兼会意字。篆文从页，从屯（表滞留），会叩头至地而止之意。屯也兼表声。本义指以头叩地：顿首。引申也指以脚踩地：顿足。由叩头至地，又引申为止息、屯驻、暂停、安置：安顿。由叩头至地，又引申指用力猛拉或抖动使整齐：整顿衣裳起敛容。由叩一下头，又引申用作量词，表示一次：一顿饭。又引申用作副词，表示立刻、忽然：顿悟。

2. 卉，huì 金 篆

会意字。金文从三屮，会众草之意。篆文整齐化。隶变后楷书写作卉。本义为百草的总称：奇花异卉。

3. 刍（芻），chú 甲 金 篆

会意字。甲骨文从又（手），从屮（草），会用手割草之意。金文大同。篆文整齐化。本义为割草。用作名词，指喂牲口的草。也指吃草的牲口。又用作自谦之词：刍议。

4. 毒，dú 篆

会意兼形声字。篆文从屮（初生草），从毐（表祸害），会有害之草之意。毐也兼表声。隶变后楷书写作毒。本义指长得很盛的毒草。引申泛指有毒性的或毒物：毒蛇。又用以比喻对思想品质有害的东西。引申也指毒辣、酷烈：毒打。

二、艸，cǎo 篆

象形字。篆文像两棵小草形。隶变后楷书写作艸。作偏旁时写作"艹"。《说文解字》：百卉也。从二屮。本义指草，草本植物的总称。

1. 草，cǎo 金 篆

形声兼会意字。从艸，从早，会栎实之意。早也兼表声。后借作"艸"，遂用以表示草本植物的总称：杂草。又指可做饲料、燃料的植物茎叶：稻草。由草的杂乱引申为粗劣、草率、简略：草率。又引申指初稿。用作动词，也指起草。又特指草书。也指雌性牲畜：草鸡。

2. 苗，miáo 篆

会意字。篆文从艸，从田，用生长在耕种土地上的草，会禾苗之意。本义为庄稼的幼苗。引申泛指初生的植物：树苗。又引申指形状像苗的：苗条。由初生、初露又引申为事物初生的迹象、发端：苗头。苗是根生的，故又引申指后代。

3. 茎，jīng 篆

会意兼形声字。篆文从艸，从巠（直的经线），会植物的主干之意。巠

也兼表声。隶变后楷书写作茎。本义为植物的主干。也指像茎的东西。

4. 劳，láo 金 篆

会意字。金文下从廾（双手），上从爵（酒器），中间断线像酒流出形，会双手举爵以酒对辛劳有功者进行慰问犒劳之意。后省讹为金文二形。篆文进一步讹化，成了从力熒省的字。隶变后写作勞。如今简化作劳。本义为犒劳、慰劳。引申指功劳。功劳是花力气换来的，又引申为费力。由费力又引申指辛苦、劳累。

"捞"是以"劳"作声符的字。从手，劳声。本义指从液体中取物。引申指获取、夺取。

5. 苏，本写作蘇

会意兼形声字。从艸、从穌会意。穌也兼表声。如今简化作苏。本义为桂荏，即紫苏。又简称江苏或江苏苏州。

6. 药，yào 金 篆

形声字。篆文从艸（艹），樂（乐）声。隶变后楷书写作藥。如今简化作药。本义为白芷，古谓之为香草，根入药。本义指能够防治疾病或虫害的物质。用作动词，指治疗。又引申指毒杀。

7. 茶，chá 篆

形声字。茶与荼本为一字。篆文从艸，余声。隶变后楷书写作荼，后减一横为茶。读作tú，本义指一种苦菜。又读chá，用以表示茶树。又引申指茶水。

三、茻，mǎng 篆

会意字。篆文从四草，会众草之意。隶变后楷书写作茻。本义指众草。茻如今不单用，只作偏旁。

1. 莫，mò 甲 金 篆

会意兼形声字。傍晚，太阳下山，百鸟归巢，天将黑了。怎样才能用具体的事物把这时的景象和意感表达出来呢？甲骨文从日，从四木，用以表达日没林中，时已暮之意。金文变为从茻（丛草）。茻也兼表声。隶变后楷书写作莫，是暮的本字。读mù，本义为日落的时候。引申指晚、黑暗。又读mò，表示广大无边，虚化为没有谁，没有什么东西。

后来，由于"莫"为虚义所专用，日落之义便另加义符"日"写作"暮"

来表示。没水即成沙漠，于是"莫"加"水"写作"漠"。古人多为土葬，便在"莫"下加土成了"墓"。本义为坟墓。细分则封土成丘者为坟，与地平者为墓。

2. 莽，mǎng 甲🖹 金🖹 篆🖹

会意兼形声字。篆文从犬，从茻，会狗在长满丛草的旷野上奔逐之意。茻也兼表声。隶变后楷书写作莽。本义为犬逐于旷野丛草中。因此，也用以表示丛草，泛指草：草莽英雄。引申指草木繁茂，广阔无边：莽原。由犬逐于旷野，又引申指粗率不精细、鲁莽：莽撞。

四、竹，zhú 金🖹 篆🖹

象形字。金文和篆文皆像竹竿上两两对生的竹叶形，用竹叶的特点来代表竹子。本义为竹子。古代文字书写在竹片之上叫简，故又引申指竹简：罄竹难书。竹子可制乐器，故又引申指管乐器：无丝竹之乱耳。

節（节），jié 金🖹 篆🖹

形声字。金文和篆文从竹，即声。隶变后楷书写作節。如今简化作节。本义为竹节。也泛指草木的分节：细枝末节。引申指段落、分段：二十四节气。又引申指节日：中秋节。竹节分段是有规则的，故又引申为法度、气节：节操。竹节就像竹子上的约束、限制，故又引申指节制、有理、有利：节哀。又引申指节省用度：节衣缩食。进而引申指摘取一部分：节选。

五、木，mù 甲🖹 金🖹 篆🖹

象形字。甲骨文像有枝叶、茎干和根的一棵树形。上像枝叶，下像根。金文大同。小篆把甲、金的直笔变成曲笔。木的本义就是树。由树又引申为木材、木头：朽木不可雕也。由木质素淡无华，又引申为质朴、淳厚：刚毅木讷近仁。木质实在，敲起来声音迟钝，故又引申指头脑发呆，呆愣不灵便：木头木脑。又进而引申指麻木。也用作五行之一：金木水火土。"木"为引申义所专用后，树木之义便另加声符"尌"写作"樹"来表示。

以木作义符的字有很多，下面分类试析之。

（一）树之身

1. 本，běn 甲🖹 金🖹 篆🖹

指事字。甲骨文的上部是"木"，下面根部的三个小圆圈是指事符号，表示这里是树木的根部所在。金文则变成三个小黑点，意思一样，上为"木"，下为根。小篆则把根部的三点连成了一条线，同样是指事符号，表明根部所在。隶变后楷书写作本。本的本义指树根。后世则把"根"与"本"连在一起构成一个复合词，叫作根本。从根本之义又引申为基础的东西叫本。由根源又引申出原来、本来之义。

"笨"是以"本"作声符的字，从竹，本声。本义指竹子的内层。借作"体"（bèn），表示愚笨。引申指不灵巧、粗重等。

2. 末，mò 金米 篆末

指事字。金文和篆文从木，上部为树梢，下部为树根，在树梢上加一短横，就表示这里是树梢。隶变后楷书写作末。本义为树梢。引申泛指物体的尖端、末尾。"本为主，末为次"，由此引申出不重要的东西为末，如成语舍本逐末就是。

3. 朱，zhū 甲米 金米 篆米

指事字。甲骨文是一棵树形，上为树头，下为树根，中间圆点指明树干之所在。金文大同。篆文整齐化，将圆点变为一横。隶变后楷书写作朱。本义为树干。是株的本字。因为凡是老而坚实的树木，木心都是赤色，故在树干之中加上指事符号，说明木心是赤色的。故引申指大红，古代称为大红色。

4. 未，wèi 甲米 金米 篆米

象形字。甲骨文像树木枝叶重叠繁茂之形。应是"蔚"的初文。金文大同。篆文整齐化。隶变后楷书写作未。本义为繁茂。枝叶繁茂则遮蔽而暗，故用作否定词，相当于没有、不。遮蔽而暗则看不清，又引申指将来：未来。也借作地支的第八位，与天干相配，用以纪年、纪月、纪日、纪时。又用以表示十二生肖中的羊：午马未羊。

5. 樸（朴），pǔ 篆朴樸

形声字。篆文朴本为两个字：一个从木，卜声，本义指树皮。另一个从木，菐声，本义指未经加工的木材。隶变后楷书分别写作朴和樸。如今简化都用作朴。

朴，有四个读音：一读pǔ，指未经加工的木材。引申指未经改变的本质、真性：返朴归真、质朴。又引申指纯真，不加雕饰：淳朴、朴实。其二读为pò，指树皮，也指朴树。其三读作pō，用于朴刀（旧式武器，一种刀身窄长、刀柄比大刀柄短的刀，双手使用）。还有一个读音为piáo，用作姓：朴槿惠。

6. 朵，duǒ 篆

象形字。篆文从木，上像枝叶花实下垂摇动之形。隶变后楷书写作朵。《说文解字》：树木垂朵朵也。从木，象形。本义为树木枝叶花实下垂摇动的样子。用作名词，指花朵或像花朵样的东西：云朵。用作量词，指花或成团的东西。耳朵也有点像花朵，故又用以指耳朵。

7. 果，guǒ 甲 金 篆

象形字。甲骨文像树上结有果实形。金文省为一果。篆文整齐化。隶变后楷书写作果。本义为果实。果是开花结实的终局，佛教传入中国后，用果对译梵文的"颇罗"，遂用以表示结果、结局：前因后果。由结出果实，又引申指实现。由实现虚化为副词，表示到底、终于、真的。果实充实饱满，由此又引申出饱满：食不果腹。树木结出果实是个确定不移的事实，由此又引申为坚决、果断：果敢。

（二）树之类

1. 朿，cì 甲 金 篆

象形字。甲骨文像以尖木穿物之形。金文大同，进一步突出了穿刺的意味。篆文整齐化。隶变后楷书写作朿。本义指穿刺。引申指树木的棘刺。

（1）刺，cì 甲 篆

朿是刺的本字，由于"朿"为引申义所专用，穿刺之义便另加义符"刀"写作"刺"来表示。从朿、从刀会意。朿也兼表声。本义指用刀等尖利的东西扎。引申指外界事物对人感官的影响刺激：刺耳、刺鼻。由扎又引申指刺杀：行刺。又引申指用尖锐的话指出别人的过失：讽刺。用作名词，指像刺一样尖锐的东西：鱼刺。

（2）棘，jí 金 篆

会意字。金文从二朿（带刺的树）相并，会低矮丛生的酸枣树之意。篆文整齐化。隶变后楷书写作棘。本义为酸枣树。引申泛指多刺的灌木：披荆斩棘。酸枣树有刺，故又引申为刺：棘手。

（3）枣，zǎo 金 篆

会意字。金文从二朿相重，会高大带刺的乔木枣树之意。篆文整齐化。隶变后楷书写作棗。如今简作枣。本义为枣树。也指枣树的果实。也指像枣的红色。

(4)策，cè 金䇿 篆策

会意兼形声字。从竹、从朿会意。朿也兼表声。本义指竹制的马鞭。用作动词，指用鞭打：鞭策。又引申指竹筹（古代计算用的工具）。进而引申指谋划。

2. 栗，lì 甲 金 篆

象形字。甲骨文像生长有带芒刺果实的栗子树形。金文大同。篆文把果实误为 卣，并省为一个。隶变后楷书写作栗。本义指栗子树。也指栗树的果实。由于栗子长有尖刺，令人发怵，故引申为发抖：不寒而栗。

3. 权，quán 金 篆

形声字。金文从木，藿声。篆文整齐化。隶变后楷书写作權。如今简作权。本义为树名，指黄华木。用作动词，指称重量。引申泛指衡量：权衡。秤锤是种重力，故用以表示权力：大权在握。由有权势，又引申指掌握优势。

（三）树之用

东，dōng 甲 金 篆

象形字。甲骨文像竹木编的篝笼形，这种篝笼可用以笼火、照明或熏物，也可作为容器来负物，当是灯笼的笼的初文。最早的意思就是圆竹笼，俗语称圆鼓鼓的东西为"圆鼓笼东"，由此泛称物品为东西。点燃的灯笼能令人联想到从东方升起的彤彤红日，所以"东"便被借作东方。古时主位在东，宾位在西，所以主人称东。

（四）其他

1. 束，shù 甲 金 篆

会意字。甲骨文就是用两道绳捆扎着木柴的形状，所以束的本义就是捆、绑、系、扎。在金文里，束是绳子捆扎着一把交叉的树枝的俯视形状。小篆承接甲骨文，但省去了一道绳。隶变后楷书写作束，捆木的绳子由圆圈变成了口，所以束的中间是"口"，倘若写成"朿"，绳子合不拢，又怎么捆扎东西呢？

束的本义指捆缚：束之高阁。引申为整理、收拾。又引申指控制、限制：约束。用作名词，指聚成一条的东西：光束。也作量词，用于捆在一起的东西：一束花。

柬，jiǎn 金 篆

会意字。金文从束（表示一捆竹简），从八（表分别），表示打开一捆竹简从中挑选。楷书写作柬。本义为挑选。作偏旁时简化作"东"。所以"东"

字最根本的意义指挑选。

拣，用手挑选，选择。又用同"捡"，指拾取遗弃的财物。

炼，据形析义，用火挑选。用火，指加热，就是用加热等方法提高物质的纯度或性能。比如：通过冶炼，从铁矿石中提取铁，就是炼铁；对含油物质加热，把油提炼出来，就是炼油。

练，跟丝有关。本义为把生丝或生丝织品煮得柔软洁白。用作名词，也指已练制的白色丝织物，一般指白绢：江白如练。由煮丝的过程，引申指反复操作、练习：勤学苦练。由练习的结果又引申指精熟、老练：干练、练达。

2. 染，rǎn 篆

会意字。古代颜料取自多种植物，染色时也要反复染几次才能染好。故篆文从九（表示多），从木，从水，会使丝帛着色之意。隶变后楷书写作染。本义指使丝帛着色：染布。引申指沾上：染指。又引申指感染、熏染等。

3. 乐，yuè 甲 金 篆

象形字。甲骨文像木上张丝弦之形。表示是一种弦乐器。金文另加"白"，像是调弦之器。篆文整齐化。隶变后楷书写作樂。如今简化作乐。读 yuè，本义指乐器。引申也指音乐：奏乐。音乐使人愉快，故又读 lè，引申为快乐：乐极生悲。引申指令人高兴的事：逗乐。

六、林，lín 甲 金 篆

会意字。甲骨文的形体就像并列的两棵树，金文的形体同于甲骨文，小篆也是从甲骨文、金文字体演变而来的，只是把直笔变成曲笔而已。隶变后楷书写作林。两棵树并列表示树木众多，因此林字的本义就是树林。从林字表示树木众多，引申指人或事物的会聚丛集：碑林。

1. 森，sēn 甲 篆

会意字。甲骨文是一排三棵树的形象，表示树木丛生，森林茂密。小篆林上有木，这并非说树上有树，而是为了美观和符合方块结构的要求。隶变后楷书写作森。森的本义指树木丛生。树木众多就往往有阴森之感，所以引申为阴森、森严。当"森森"连用时，是指树木繁密之意。由词义又可引申出阴沉可怕或寒气迫人，如阴森森。

2. 楚，chǔ 甲 金 篆

会意兼形声字。甲骨文上面是林，下面是足，表示人足历山林，是"开发山林"之义。足也兼表声。金文承接甲骨文。篆文文字化。隶变后楷书写作楚。

楚的本义是"开发山林"。楚人的祖先可能最初以开发楚地为自豪，因而称自己的国家为楚国。由山林之义又引申为一种丛生灌木称楚，也叫荆。后来，把打人的荆条也称为楚。再引申一步，把打叫作楚，凡挨打就有痛苦，所以又引申为痛苦：苦楚、酸楚。楚楚一词，指植物丛生的样子。楚楚可怜，原指幼松丛密柔弱，后形容女子形体姿态惹人怜惜，也形容神情凄楚或处境令人可怜。

3. 淋，lín 篆

形声兼会意字。篆文从水，林声。林也兼表雨线密如林之意。本义为雨水淋淋，连绵不断的样子。用为"淋漓"，引申表示酣畅、畅快：淋漓尽致。

七、泰，qī 篆

象形兼会意字。篆文像一棵树皮被割开有水滴流下来的样子，借以表示漆汁。隶变后楷书写作泰。是漆的本字。本义为漆汁这种涂料。用作动词，指用漆油漆物。天然的漆为黑色，故又表示黑色：黑漆漆。

"漆"是以"泰"作声兼义符的字。从水、从泰会意。泰也兼表声。本义指漆树。也指漆汁。"膝"是以"泰"作声符的字。从肉，泰声。本义指膝盖。

第二节　与植物有关的其他部首

一、才，cái 甲 金 篆

象形字。甲骨文像草木初生，穿一（地）而上的样子，表示植物破土而出。金文填实。篆文开始分离出，成为一画。隶变后楷书写作才。本义为草木之初。引申指质性：天才。引申指能力、才干：德才兼备。虚化为副词，表示刚刚、方始、仅仅等：刚才。

在，zài 甲 金 篆

形声兼会意字。在甲骨文里，在与才同形，借用草木之初表示存在。金文始另加义符"土"，以强调存在于地上。篆文整齐化。本义指生存、存在：青春常在。引申指处在、留在。用于抽象意义，引申指居于某职位或某状态：在逃。也指参加、在于等。

二、之，zhī 甲 金 篆

指事字。甲骨文从止（脚），从一（表示此地），指出人足从这里前往。金文线条化。篆文整齐化。隶变后楷书写作之。本义指前往。借为代词，代替人或事物，作为宾语，相当于他、她、它们：取之不尽。也虚指为某种情况：久而久之。

"芝"是以"之"作声符的字。从艹，之声。本义为灵芝草。也指一种香草：与善人居，如入芝兰之室，久而不闻其香。

三、生，shēng 甲 金 篆

会意字。甲骨文下为地，上为生出的草木。金文稍繁。篆文整齐化。隶变后楷书写作生。本义为草木生出，生长。引申泛指生育、出生、产生。由生长又引申指生存、活着：生死与共。又引申指天生的。用作名词，指生命。由生长又引申指新鲜的。进而引申指生疏、不熟悉的。又指年长有道德的人：先生。

1. 产，chǎn 金 篆

形声字。金文从生，彦省声。表示人或动物生子。篆文整齐化。隶变后楷书写作產。如今简作产。本义为人或动物生子。引申指出产、发生：山西产煤。引申也泛指物质和精神财富的创造：生产。也指物产、产品、产业等。

2. 星，xīng 甲 金 篆

象形兼会意字。甲骨文像群星形。为避免误会，或另加声符"生"。金文整齐化，省为三星，并且在里面加出光芒，于是讹为"日"。篆文承接金文。隶变后写作星。本义为星星。也指天文学上所指的宇宙间能发光或反射光的天体：恒星。比喻细小像星的东西：眼冒金星。又比喻有某种特殊性，有某种特殊作用或才能的人：救星。

四、乇，tuō 甲 金 篆

象形字。甲骨文像初生植物破土而出开始长根茎叶形。表示草托地而生。金文偏旁稍讹。篆文整齐化。隶变后楷书写作乇。本义为草托地而生。引

申指寄托。

"托"是以"乇"作声兼义符的字。从手，从乇。乇也兼表声。本义指用手推物。引申指托起。又引申指陪衬：烘云托月。用作名词，指承受物体的东西：枪托。

五、不，bù 甲 金 篆

象形字。甲骨文像花蒂之形。金文和篆文大同并整齐化。隶变后楷书写作不。本义指花蒂。借为否定副词，表示否定。

丕，pī 甲 篆

象形字。甲骨文像一个花骨朵形，篆文下面加一横指明胚芽之所在，用以表示胚芽。隶变后楷书写作丕。本义指胚芽。胚芽是植物的根本，故引申为大。后来，由于"丕"为引申义所专用，胚芽之义便另加义符"月"写作"胚"来表示。

"坯"是以"丕"作声符的字。从土，丕声。本义指未烧的砖瓦、陶器等。引申为半成品：毛坯。

六、垂，chuí 甲 篆

象形字。甲骨文像草木生土上花叶下垂之形。篆文整齐化。隶变后楷书写作垂。本义指下垂。

七、齊（齐），qí 甲 金 篆

象形字。甲骨文像麦子吐穗整齐一致的样子。金文的下边又画出了地面。篆文整齐化。隶变后楷书写作齊。如今简作齐。本义指禾麦吐穗整齐一致的样子。引申泛指齐平、整齐。引申泛指整治。由齐平又引申指相同、一致等。

"斋"是以"齊（齐）"作声兼义符的字。从示、从齐会意。齐也兼表声。本义指斋戒。引申指素食。古代斋戒都有单独的房子，故又引申指整洁的房舍：书斋。

八、市，bèi 篆

象形字。篆文像草木繁茂枝叶披散的样子。隶变后楷书写作市。读作 bèi，本义指草木繁茂的样子。

1. 沛是以市作声兼义符的字。从水，市声。市也兼表盛、大之意。本义指水草丛生的沼泽地。引申指水流盛大。又引申泛指丰盛、充足：精力充沛。

2. 南，nán 甲骨金篆

象形字。甲骨文像悬挂着的敲击乐器形，上为悬结，下为器体。金文和篆文大同。隶变后楷书写作南。本义为敲击乐器。大概是南方的乐器，故引申为南方的乐舞：周南。借指南方：南腔北调。

九、奉，tāo 甲金篆

会意字。甲骨文是一棵生长繁盛的禾麦，或另加双手持之表示奉献给神祖。会向神祖祭拜祷告，祈求丰收之意。金文大同或另加"示"以突出祭拜神祖之意。篆文分为繁简二体。隶变后楷书写作奉和䇮。本义指持禾上下频频祭拜祷告。

1. 奏，zòu 甲金篆

会意字。奏与奉同源。在甲骨文和金文中都是双手持禾麦奉献给神祖尝新，会向神祖祭拜祷告，祈求丰收之意。篆文将中间的禾麦形讹化为"夲"。隶变后楷书写作奏。本义为进献神祖。引申指向帝王上书或进言：奏折。又引申为成就、取得：奏效。进而引申为作乐、演奏：独奏。

"凑"是以"奏"作声兼义符的字。从水，奏声。奏也兼表进献新禾之意。本义为人们在水边聚集，庆祝丰收。引申指遇见、碰巧：凑巧。又引申指靠拢：凑到耳边。

2. 暴，pù 篆

会意字。篆文有两个来源。一个从日，从出，从廾（双手），从米，会日出双手举米晒之之意。另一个从日，从出，从廾（双手），从夲（上举），会大白天出手有所击之意。隶变后楷书分别写作暴与暴。如今以暴为正体，因此，暴的本义为晒，读作pù。又读bào，由晒引申为显露：暴露。又用作暴，表示空手搏击。由搏击引申泛指欺凌、损害：自暴自弃。也引申为凶狠、残酷：强暴。由搏击又引申为猛烈、急骤：暴风骤雨。

十、丩，jiū 甲金文篆

象形字。甲骨文像藤蔓纠结之形。金文大同。篆文文字化。隶变后楷书写作丩。本义为相纠缠。

勾，gōu 篆 𠣬

会意兼形声字。从口，从勹，会言语勾曲之意。勹也兼表声。本义指弯曲，用作动词，指用笔画钩，表示批改、删除或截取：一笔勾销。又指描画，画出轮廓：勾边。由勾曲又引申指招引、勾结：勾搭。

纠，jiū 金 𠃌 篆 糾

会意兼形声字。从糸，从丩，丩也兼表声。本义指三合绳。由绳子引申指按照一定的准绳去衡量、矫正：纠正。由合绳又引申为聚合、集结：纠集。也表示像丝一样缠绕纠结：纠缠。

第五章

以自然界为内容的部首

本章讲述以自然界为内容的部首及所从诸字。共分两类：一是与天象有关的部首及所从诸字；二是与地舆有关的部首及所从诸字。为讲述方便，本书按照两大类，分两节进行讲述。

第一节　与天象有关的部首

一、日，rì 甲 ☐ 金 ☐ 篆 ☐

象形字。甲骨文像太阳形（甲骨文用刀不易刻圆）。金文大同。篆文整齐化。隶变后楷书写作日。本义为太阳：日光。由太阳的本义引申指白昼：夜以继日。又可引申为计量时间的单位，如《诗经·王风·采葛》："一日不见，如三秋兮。"有时，"日"也当"天"讲，如李白的《望天门山》："两岸青山相对出，孤帆一片日边来。"这个"日边"不能解释为"太阳边"，而是"天边"。

1. 旦，dàn 甲 ☐ 金 ☐ 篆 ☐

指事字。甲骨文从日，下像日影，正是早晨海上日出的景象，表示早晨日出天亮之意。金文日影填实。篆文文字化，日影讹为"一"，成为地平线上的日出。隶变后楷书写作旦。本义为早晨日出。引申指早晨。由一天的开头，引申指农历每月初一。又引申指天、日：元旦。旦则光明可见，古人对天明誓，表示光明磊落，犹如白日，故又引申指诚实：信誓旦旦。也指传统戏曲中扮演妇女的角色：花旦。

2. 早，zǎo 篆 ☐

篆文的字形为日在甲上，本义指早晨。《说文解字》：早，晨也。从日在甲上。引申泛指时间在先的：早春。引申指很久以前的：早已。

3. 昔，xī 甲 ☐ 金 ☐ 篆 ☐

会意字。甲骨文从日，上像洪水泛滥的样子，会洪水泛滥的古往的日子之意。金文大同。篆文文字化。隶变后楷书写作昔。本义为古昔。引申泛指从前：昔日。

4. 昆，kūn 金 ☐ 篆 ☐

会意字。金文从日，从比（两人相并），会太阳为天下人所共同之意。隶变后楷书写作昆。本义为共同。兄弟同生并长，故引申指兄：昆仲。天下众虫亦多同，故又用以表示昆虫。山广大浑然一体，故称昆仑。

5. 昌，chāng 篆🔳

会意字。篆文从日，从曰（开口说话），会光明正大的美善之言之意。引申指光明灿烂。进而引申为兴盛：繁荣昌盛。

6. 明，míng 甲🔳🔳 金🔳 篆🔳

会意字。甲骨文从月照窗棂，或从日月朗照，皆会光明、明亮之意。隶变后楷书写作 朙或明。如今规范化用明。本义为光明。又特指天亮。天亮是下一时段的开始，故又引申指下一（天、月、年）：明天、明年。由明亮又引申指明显：黑白分明。又引申指心里明白、懂得、了解：不明事理。由对事物的清晰认识，又引申指明智：聪明。由眼睛能看清东西，又引申指眼力：失明。由明显又引申指公开：明察暗访。

7. 昏，hūn 甲🔳 篆🔳

会意字。甲骨文从日，从氏（根柢，表低下），会日低下西沉之意。篆文文字化。隶变后楷书写作昏。本义为日落黄昏：晨昏。引申泛指黑暗不明：天昏地暗。进而引申指头脑不清或眼睛不明：昏迷不醒。又引申指政治混乱。

8. 晋，jìn 甲🔳 金🔳 篆🔳

会意字。甲骨文是两支箭插入插箭器中形，会箭插入之意。金文、篆文大同。隶变后楷书写作晉，俗作晋。本义为插进箭，引申泛指进、向前。借作水名：晋水。又指古国名，也用作朝代名。春秋晋在山西建国，故又用为山西省的简称。

9. 暑，shǔ 篆🔳

形声兼会意字。篆文从日，者声。者（烧煮）也兼表热之意。隶变后楷书写作暑。本义为炎热：暑天。用作名词，指热天：暑假。又引申特指暑气：中暑。

10. 晶，jīng 甲🔳 篆🔳

象形字。甲骨文像天上三星形，三为众，故用以表示闪闪的群星。篆文整齐化，隶变后楷书写作晶。本义指星。引申指光亮：亮晶晶。水晶光亮透明，故又用以表示水晶。也比喻成果：结晶。

11. 普，pǔ 篆🔳

会意字。篆文从日，从竝（并），会日色到处相同之意。日被云遮，没有光线，不分明暗，则到处相同。隶变后楷书写作普。本义指日色相同。引申指普遍、全面：阳光普照。由到处一样，又引申指不特殊：普通。

二、倝，gàn 金🔣 篆🔣

形声兼会意字。金文中间从旦（日出地平面），上下合起来为㫃（旗杆），会太阳初升霞光闪耀如旗之飘动之意。㫃也兼表声。篆文整齐化。隶变后楷书写作倝。本义为日出时光辉闪耀。

乾，qián 篆🔣

会意兼形声字。从乙，从倝，会上出意，倝也兼表声。由上出借用为八卦之一，象征天：乾坤。

翰，hàn 金🔣 篆🔣

形声兼会意字。金文从飛（飞），从倝（表上出），会高飞之意。倝也兼表声。篆文改为从羽，成了尾羽扬起的天鸡。隶变后楷书写作翰。本义为高飞。据说古代北方有大湖，群鸟解羽伏乳（孵雏）于此，故称此湖为翰海（今呼伦湖、贝尔湖）。

三、冥，míng 甲🔣 金🔣 篆🔣

会意字。甲骨文从廾（双手），从冖，里边是星或月，用天空像用布蒙覆住一样昏暗，只闪着星月，会夜深之意。篆文将星或月讹为"日"，将双手讹为"六"。隶变后楷书写作冥。本义为深夜。引申指昏暗：幽冥。由深夜引申指幽深：二月花争发，寻山一径冥。由幽暗不明引申为深奥、深入：苦思冥想。由幽暗不明引申指头脑糊涂，不明事理：冥顽不灵。迷信又指人死后进入的阴间地府：冥间。"冥"为引申义所专用，日落夜晚之义便另加义符"日"写作"暝"来表示。

四、月，yuè 甲🔣 金🔣 篆🔣

象形字。甲骨文像半月之形。因为月亮缺时多，圆时少。金文大同。篆文文字化。本义为月亮。也指月光。月相变化，由圆到缺，一年十二次，每个周期为一月，故引申指月份，一月的时间。引申也指颜色像月的：月白。

朗，从月，从良（廊道，表敞亮），会月光明亮之意。良也兼表声。隶变后楷书写作朗。本义为明亮：豁然开朗。引申指开朗。

朝，zhāo 甲🖻 金🖻 朝篆🖻

会意字。甲骨文是日出草中而月还未落的样子，会早晨之意。金文将月讹为"水"。篆文进而讹为"舟"，左边讹为"倝"。隶变后楷书承接甲骨文写作朝。本义为早晨：朝三暮四。引申也指一整天：今朝。古代君王理政，臣下拜见都在早晨，故又读 cháo，引申指朝见、朝拜。进而引申指朝见的地方，即朝廷。进而又引申指朝代，也指某个帝王的整个统治时期。朝见有一定的方向，又引申指朝向、面对。

五、夕，xī 甲🖻 金🖻 篆🖻

象形字。甲骨文夕与月同形，皆像初月之状。金文稍简。篆文文字化。隶变后楷书写作夕。本义指傍晚：夕阳。引申指夜晚：除夕。

六、多，duō 甲🖻 金🖻 篆🖻

会意字。甲骨文是叠放的两块肉，古代祭祀分赐胙肉，能分两块，自然比别人的多。金文讹为二夕。篆文整齐化。隶变后楷书写作多。本义为多出。引申指数量大、不少。后来广泛使用，便又引申出有余、过多、不必要、剩余等意思来。

"移"是以"多"作声兼义符的字。从禾，从多，会众禾在风中婀娜摆动之意。多也兼表声。隶变后楷书写作移。本义指禾谷柔弱婀娜摆动的样子。引申指摆动、摇动。后借作"迻"，表示移动、迁移：寸步难移。由移动引申指改变、变化。

七、雨，yǔ 甲🖻 金🖻 篆🖻

象形字。甲骨文上部一条横线表示高空的云层，下垂的六条短线表示下落的雨水。金文承接甲骨文，线条有断有续。篆文在金文的基础上又增加了一条横线，可能表示"天"。《说文解字》：雨，水从云下也。一象天，冂象云，水霝（落）其间也。本义指雨水，是个名词，又可以引申为动词"下"，读作yù，如《淮南子》："昔者苍颉作书而天雨粟，鬼夜哭。"大意是：古代当仓颉造字的时候，天上像下雨一样地下粮食，晚上还有鬼哭。

1. 雷，léi 甲🖻 金🖻 篆🖻

指事字。甲骨文从申，像闪电伸张，两个圆圈象征雷声滚滚。金文加出

第五章 以自然界为内容的部首

雨，圆圈变成四个车轮，更突出雷声滚动之意。篆文承接金文略省。隶变后楷书写作雷。本义为打雷：雷同（雷鸣时不同的物体同时发出响应）。比喻迅速：雷厉风行。又比喻一种爆炸性的武器：地雷。

2. 需，xū 甲 金 篆

会意字。甲骨文从人，从水滴，会人沐浴之意。礼之前，司礼者需沐浴斋戒，以表诚敬。故后世以需为司礼者专名。金文渐变，水变为雨，成了雨淋湿了。篆文整齐化，下边人形讹为而。隶变后楷书写作需。沐浴是司礼前的准备，故本义为司礼之人斋戒沐浴。引申指等待。等待必有所求，又引申指需要、需求。用作名词，指所需的东西。物体沾湿则柔软下垂，故又引申读ruǎn，表示柔软。人的意志不坚强也是一种柔弱，故又引申读nuò，表示懦弱。

3. 霸，bà 篆

会意兼形声字。篆文从月，从䨣（雨湿革浮起之状），会阴历每月初始见的月亮暗影之意。䨣也兼表声。隶变后楷书写作霸。周代一个月分为四段：初吉（一日—七、八日）、既生霸（八、九日—十四、十五日）、既望（十五日—二十二、二十三日）、既死霸（二十三日—晦）。读作pò，本义指阴历每月初始见的月亮。是魄的本字。后来借为"伯"，用以表示古代诸侯联盟的首领。用作动词，指称霸。引申指霸占。也指蛮不讲理横行一方的人：霸主。后来，由于"霸"为引申义所专用，月初始见之义便又借"魄"来表示。

4. 电，diàn 甲 金 篆

会意字。甲骨文与申为同一个字。金文上从雨，下从申，表示下雨时的闪光，指闪电。篆文整齐化。隶变后楷书写作電。如今简作电。本义为闪电。用以比喻迅速：风驰电掣。也指有电荷存在和电荷变化的现象：电流。

八、云，yún 甲 金 篆

象形字。甲骨文、金文皆像天空中舒卷的云层形。上两横代表云层，下面是云气缭绕之形。篆文线条化。因为云多和雨有关，故加"雨"头而成"雲"。如今规范化用云。本义为云气、云彩：乌云。引申指形状像云的：云锦。又引申比喻高：云梯。又借为"曰"，表示说：诗云。

九、气，qì 甲 金 篆

象形字。气与云同源，甲骨文像云层形。因与数字"三"形近易混，金文第一横向上翘，而第三横向下拖，遂成气字。篆文承接金文。隶变后楷书写作气。本义为云气。引申指气体：煤气。又引申指天气、节气：气象。也指气味、气息。气是构成人的精神的基本因素，故又引申指精神状态、气概、气质：气魄。进而引申指作风、习气、情绪：平心静气。

乞，qǐ 甲 三 金 气 篆 气

象形字。甲骨文、金文及篆文皆同气，与气实为一字。为了分化字义，俗省去一笔，简化为乞。乞，最初写作气，而气后来承担了"饩"的馈赠之义，并由此引申出给予之义。为了分化字义，俗便将气省去乞，专用以表示给予义。乞从授予一方说是给予，从接受一方说则是要求，因此表示乞求、请求。

汽，qì 篆

会意兼形声字。篆文从水，从气。气也兼表声。隶变后楷书写作汽。常用义为水蒸气。泛指其他液体或固体变成的气体。

第二节 与地舆有关的部首

一、山，shān 甲 金 篆

象形字。甲骨文像山峰连绵形。三个山峰表示多数，即群峰起伏之状，故为大山之称。金文填实。篆文线条画。隶变后楷书写作山。本义为山峰。又特指帝王陵墓，也用"山陵"指帝王。也用以比喻像山一样的东西：蚕上山了。

1. 屵，àn 篆

会意兼形声字。篆文从山，从厂，会山崖高耸之意。厂也兼表声。隶变后楷书写作屵。本义为山崖高耸。

"岸"是以"屵"作义符的字。从屵，从干会意。干也兼表声。本义为水边高地、水边。进而引申指高傲：道貌岸然。

2. 岛，dǎo 篆 🏝

形声兼会意字。篆文从山，从鸟，会水中有山可以栖鸟之意。鸟也兼表音。隶变后楷书写作岛。本义为海岛。

3. 崩，bēng 篆

形声兼会意字。篆文从山，从朋（凤，即孔雀），表示山石像孔雀开屏一样崩裂倒塌。朋也兼表音。隶变后楷书写作崩。本义为山崩裂倒塌。引申为崩溃。又引申指破裂：气球崩了。又比喻帝王死：天子死曰崩，诸侯死曰薨，大夫死曰卒，士死称不禄，庶人死称死。

4. 岔，会意字。从分从山，会由主山脉分出的支脉之意。由山脉的分岔引申指分歧的：岔路口。又引申指转换话题：别打岔。又引申指错误：出岔子。

二、丘，qiū 甲 金 篆

象形字。甲骨文像古人穴居的废窑包形。古人造穴，先在高地上挖坑，上覆以树枝、兽皮，两侧向阳留口。故丘既表示废墟，又表示土山。金文稍讹。篆文误为从北，从一会意。隶变后楷书写作丘。本义指建在高地上的废窑包。引申指高地、土山。

岳，yuè 篆

会意字。从山，从丘。像两座高大的山峰形，表示高山大岭。也特指名山五岳，即东岳泰山、西岳华山、南岳衡山、北岳恒山、中岳嵩山。又用以尊称妻方的父母一辈长者：岳父、岳母。后来也用作姓。

三、𠂤，duī 甲 金 篆

象形字。甲骨文、金文皆像还没有上紧弦而待用的弓形。金文稍讹。篆文进一步讹变，接近"阜"字。隶变后楷书写作𠂤。本义为待用的弓。弓是军旅所用的东西，没有上紧弦而待用，则表示此时无战事，故在甲骨文、金文里多借用为"师"字，表示军队旅途中止息驻扎及驻扎之地。

师，shī 甲 金 篆

会意字。甲骨文借𠂤为师，或借帀（匝）为师，金文则合二者为师。𠂤为弓形，代表军队；帀为倒"之"之形，表示止息，会军队驻扎之意。篆文承接金文并整齐化。本义为军队驻扎。引申为古代军队编制的一级、军队：师团。引申为众。京都是人众聚汇之初，故又引申指都邑。众人必有长上来督率教导，故又引申为教民的官员。后泛指老师、榜样：导师。又引申指擅长某种技术的人：厨师。用作动词，表示效法、学习。

帅，shuài 甲 金 篆

会意字。甲骨文左边两手展开，右边是佩巾，会两手展开佩巾之意。金文左边保留了两手，将佩巾简化为丨，就看不出原意了，故右边又另加出义符"巾"，表示是佩巾。篆文将左边两手展开佩巾状讹为𠂤，成了形声字。隶变后楷书写作帅。本义指佩巾。借用以表示军中主将、统帅：元帅。用作动词，指率领。又引申指漂亮、英俊、有风度。

四、阜，fù 甲 篆

象形字。甲骨文是一层一层的台阶，有人认为是一层一层的山崖，也有人认为是古人穴居上下的脚窝之形，其实与阶梯、山崖、土山都有关。篆文整齐化。隶变后楷书写作阜。作为偏旁使用时，就写成左"阝"。凡是从"阜"取义的字大多和阶梯、升降、地名有关。

1. 阴，yīn 金 篆

形声兼会意字。金文从阜，今声。篆文从阜，侌声。隶变后楷书写作陰。如今简化作阴，从阝，从月。本义指云遮日。也表示水南、水北。引申泛指日光照不到的地方：阴影。用于抽象意义，指不光明正大：阴谋。

2. 陈，chén 金 篆

会意字。甲骨文从阜，从土，从东，会穴居的地方放有灯笼等家具之意。篆文省去土。隶变后楷书写作陈。本义指陈列。由摆出，引申指用语言述说：陈述。由长久摆放，引申指陈旧：新陈代谢。又用于国名、朝代名、姓名。

3. 阵，zhèn 篆

会意字。从陈省，从车，会战阵之意。本义指阵列、阵法。也指阵地、战场。用作量词，指事情或动作经过的段落：一阵雨。

4. 队，duì 甲 金 篆

会意字。甲骨文从阜（墙上供上下的脚窝），从倒"人"，会人从高处坠落之意。金文将人改为一头捆绑的猪，并且下边加土，表示猪从高处坠落到地上。篆文承接金文，含义相同。隶变后写作隊。如今简作队。本义为坠落。借用以表示集体的编制单位。引申指行列。又用作量词。

"坠"是以"队"作声兼义符的字。从土、从队会意。队也兼表声。本义指从高处落：摇摇欲坠。引申指往下沉。也指系在器物上垂着的东西：扇坠。

五、土，tǔ 甲 ⵔ 金 ⊥ 篆 土

象形字。甲骨文像地上有土块形，当是最原始的祭社形象，是社的本字。金文填实。篆文线条化。隶变后楷书写作土。本义为筑土祭社。引申指泥土。也指土地。进而引申指本地的、出自民间的。

地，从土，也声。本义指大地。也指田地。引申指领域、地区、地点：根据地。用于抽象意义，指地位、地步：设身处地。

坏，从土，不声。本义指未烧的砖瓦、陶器。如今坏了壤的简化字。本义指破败、衰败。引申指破坏、拆毁、毁坏。用作形容词，指不好的。

坐，zuò 篆 坐

会意字。指两个人相对居处于祭坛（土）前，面对土地神争讼曲直之意。引申指因为：停车坐爱枫林晚。也指跪坐（两膝着席，臀部靠在脚跟上）。又引申泛指居住在、放在：坐车。

坟，fén 篆 墳

形声兼会意字。篆文从土，賁声。賁也兼表盛大义。隶变后楷书写作墳。如今简作坟，改为文声。本义为高大的土堆。引申指堤岸。古代平茔叫墓，封土为坟。故引申指坟墓。

六、石，shí 甲 ⵔ 金 ⊂ 篆 ⊂

象形字。甲骨文像山崖下有石块形。金文大同。篆文整齐化。隶变后楷书写作石。读作shí，本义为岩石。又用以比喻坚固、坚硬。又用作重量单位，读作dàn。

碧，bì 篆 碧

会意兼形声字。篆文从石，从珀（琥珀），会似琥珀般的玉石之意。珀也兼表声。本义为青玉。引申泛指青绿色：碧绿、金碧辉煌。

磊，lěi 篆 磊

会意字。篆文从三石，会众石累积之意。隶变后楷书写作磊。本义为石头多。用于磊落，比喻人开朗洒脱，如今表示正大光明：光明磊落。

七、金，jīn 金 金 篆 金

会意字。金文的上部是个箭头，其下是个斧头形，左边的两个黑点是金属块，这表明箭头和斧头为金属所作。小篆变成了上声（今）下形（土中有金属块）的形声字了。隶变后楷书写作金。作偏旁时写作"钅"。本义指铜，引申泛指金属：锲而不舍，金石可镂。到了后世，又特指黄金：金子。后来又引申为金属制的兵器或乐器。因为黄金是贵重之物，故又比喻贵重：金口玉言。也比喻坚固：固若金汤。

八、水，shuǐ 甲 金 篆

象形字。甲骨文像水流形。金文大同。篆文整齐化。本义为河流。引申泛指江、河、湖、海、洋：万水千山。引申泛指某些液态物：墨水。又用以比喻淡薄、不专一：水性杨花。

1. 浸，jìn 甲 金 篆

会意字。甲骨文从手，从帚，从宀，会手持帚用水一步步清扫房子之意。金文省去帚，表示水浸湿之意。篆文整齐化，并将"帚"改成"寝"。隶变后楷书写作浸。本义为水逐渐浸湿：浸泡。

2. 法，fǎ 金 篆

会意字。金文右边为廌（zhì），是古代神话中的一种神兽，形似麒麟，青毛独角，体态刚健，极有灵性。见人相斗，能主动地触无理者。相传春秋战国时期，齐庄公有个叫壬里国的臣子，与另一位叫中里缴的臣子打了三年官司。因为案情难以判断，齐庄公就让廌来听他二人自读诉状。结果壬里国的诉状读完，它没有什么表示，而中里缴的诉状还没读到一半，它就用角顶翻了他。于是，齐庄公判决壬里国胜诉。这种以角触断罪的方法，被古人用会意的方法放进了灋字的构形之中。金文左上部为"去"，左下部为"水"。总的意思是指：古者决讼，廌能"触不直者以去之"，执法如水平。篆文整齐化。隶变后楷书写作灋与法。如今规范化用法。《说文解字》：灋，刑也。平之如水，从水；廌，所以触不直者，去之，从去。本义指刑律、法令。凡是"法"就要有固定的模式，由此就引申为方法。有了某种方法就可以供别人或后人仿效，所以又引申为效法之意。

第五章 以自然界为内容的部首

3. 浪，làng 篆

会意兼形声字。篆文从水，从良（表示高朗），用水高会波浪之意。良也兼表声。本义指波浪。引申指像波浪状的东西：麦浪。又引申指放纵无节制：放浪。用作副词，指随意地、白白地：浪费。

4. 泪，会意字。从目，从水，会眼泪之意。泪是后起字，眼泪在汉代以前叫涕。本义指眼泪。用作动词，指流泪。

5. 满，mǎn 篆

形声兼会意字。篆文从水，从㒼（完满），会水盈满之意。㒼也兼表声。隶变后楷书写作满。本义为充盈、充实、无空余：饱满。引申为心满意足、骄傲：自满。又引申指达到一定的限度：满月。也表示"很"：满好的。

6. 津，jīn 甲 金 篆

会意字。在甲骨文中为举篙撑船形。金文讹为从舟，从淮。篆文改为从水，聿声。本义为撑船渡水。用为名词，指渡口：指点迷津。后用问津等比喻引导门径，又引申泛指水路要冲之地。津既为水渡，故又用以表示唾液、体液：望梅生津。又用以比喻有兴味、有趣味：津津有味。由滋味引申指资助、补贴：津贴。

九、沝，zhuǐ 甲 篆

会意字。甲骨文从二水，表示二水汇流。篆文整齐化。隶变后楷书写作沝。本义指二水汇流。

流，liú 篆

会意兼形声字。从沝，从㐬，会水流急速涌出之意。㐬也兼表声。本义为水流急速涌出：川流不息。由水流急速涌出又引申出流动、流传、流放等义。由水的流动无阻，又引申指流畅：流利。用作名词，指河流、水流：顺流而下。又泛指像水流的：电流。河流有不同的支流、方向，故又引申为流派、流品、等级：三教九流。

十、频，pín 篆

要说清楚"频"字的来龙去脉，必须从"濒"字说起。濒，读bīn，金文写作，从页，从涉，会人临流欲涉徘徊皱眉之意。隶变后写作濒，省为频。本义为临流欲涉皱眉徘徊，这一形象包含三类含义，后来分化为四个字。一类读bīn，由临流欲涉而来，专用濒来表示，引申指水边。此义后也写作滨（从水，宾声。本义指水边。用作动词，指靠近水边）。用作动词，指靠近水边。由靠近水边，引申指临近、接近：濒临。二类读pín，由欲涉皱眉而来，后另加声符"卑"写作"颦"，专用以表示皱眉。三类也读pín，由徘徊之义而来，专用频来表示。引申指连续多次：频繁。

十一、川，chuān 甲 金 篆

象形字。甲骨文像大河流水形，两边为岸。金文和篆文线条化，并使大水中连。隶变后楷书写作川和巛。"巛"只作偏旁用。本义指河流：百川归海。山间或高原间夹着的平地，因地势低，像河水夹在两岸间一样，故引申也指山原间平坦的陆地：一马平川。

1. 州，zhōu 甲 金 篆

象形字。甲骨文像河水中有小岛形。金文大同。篆文变成三个小岛。隶变后楷书写作州。本义为水中陆地。后来用以指划分的地理区域：禹传九州（传说大禹治水将中国分为九个区域称"九州"，后遂成为中国的代称）。周代用为民户编制：每州两千五百家。汉以后成为地方行政区划。这个意义现如今也用作一些地方名称：杭州。如今也用以指一些民族自治区：凉山彝族自治州。

"洲"是以"州"作声兼义符的字。从水、从州会意。州也兼表声。本义指水中陆地：关关雎鸠，在河之洲。后引申泛指海洋环绕的大陆。

2. 巟，huāng 金 篆

形声字。金文和篆文皆从川，亡声。表示水广大。隶变后楷书写作巟。本义指水广大。由大水漫流引申为荒废。

"荒"是以"巟"作声兼义符的字。从艹，从巟（水广），会草长满田地之意。巟也兼表声。隶变后楷书写作荒。本义指荒芜。用作名词，也指荒地。引申指年景不好、饥荒。由荒芜又引申为荒废、弃置：业精于勤荒于嬉。田地荒芜是不正常的，故又引申为不合理的、不正确的：荒唐。

十二、泉，quán 甲 篆

象形字。甲骨文像水从泉眼里流出形。篆文简省并文字化。隶变后楷书写作泉。本义为泉水。也泛指地下水。泉水在地下，人死埋于地下，故又用以指人死埋葬的地方，即黄泉。

十三、永，yǒng 甲 金 篆

会意字。甲骨文从人，是人在水流中游泳之状，甲骨文一"人"向右形，甲骨文二"人"向左形，人向左向右本无区别。后来分化，向左为永，向右为𠂢。金文大同。篆文整齐化。隶变后楷书写作永。这一形象，含有在水流中游泳、水流长、水波荡漾三种意思。因为水流不会枯竭，故引申为永远。

"泳"是以"永"作声兼义符的字。从水、从永会意。永也兼表声。本义指游泳。

十四、𠂢，甲 金 篆

会意字。甲骨文与永同形，是"永"字的反写，表示一人在水流中游泳之意。这一字形含有游泳、水流、水波荡漾三种意思。金文大同。篆文承接金文并整齐化，专用以表示水的支流之义。本义指水的支流。

"派"是以"𠂢"作声兼义符的字。从水、从𠂢会意。𠂢也兼表声。本义指水的支流。引申指流派、委派等。也用作量词，用于景色、声音、语言：一派风光。

十五、仌，bīng 金 篆

象形字。金文像初凝的冰花形。篆文整齐化。隶变后楷书写作冫。是冰的初文。本义指水凝成的冰。

冬，dōng 甲 金 篆

象形字。甲骨文像一根丝或者一根绳索，两头都打上结，表示两个顶端，也就是终结的意思。而冬季又是一年四季中最末的季节，所以就借用这个"冬"字表示。最初，冬既表示终结，也表示冬季。为了分化字义，后来用"冬"专指冬季，终结的意思便以冬为基础，另加义符"糸"，写作"终"来表示。

冰，bīng 篆

会意字。从冫、从水会意。本义指水凝结成冰。

"冯"是以"冫"作声符的字。从马，冫（冰）声。本义为马跑得快，现主要用作姓。

第六章

以数字为内容的部首

本章讲述以数字为内容的部首及所从诸字。《说文解字》中,以数字为内容的部首共12个。"卅"字和"㠭"字及所从诸字不在3500常用字之列,故不列在此。因此,本章将按照10个数字部首进行讲述。

一、一，yī 甲 一 金 一 篆 一

指事字。甲骨文、金文、篆文画的都是一横，是古人的记数符号，可能画的是一横，也可能是一个筹码。隶变后楷书写作一。本义为数目字一：一人、一马、一枪、一刀等。也可以当专一讲，如一心一意。也可以当作整个、完全讲，如耳目一新。

1. 丈，zhàng 篆

会意字。篆文是以手拿"十"的形状，表示拿持。这个"十"字，横画长，竖画短，但不是数字，而是古代一种丈量田亩、土地、道路用的工具。这个棍棒上有十个刻度，表示一丈长。故引申指长度单位。古尺较短，一般成年人身高近丈，故成年人称大丈夫。于是遂用丈夫指成年人。男子成年而婚，故指妇之夫。

2. 互，hù 篆

象形字。篆文像古代收丝或绳的器具形。为防止脱散，两横棍并不平行，也不是成十字向，故收起的丝或绳呈交错状。如今农村收丝或绳还用。本义为收绳器，引申为交错。用作副词，表示动作交相进行、互相、彼此：互助。

3. 甫，fǔ 甲 金 篆

象形字。甲骨文像田中长有菜苗形，是圃的本字。金文上边稍讹。篆文讹为从用、从父，就看不出原意了。本义为苗圃，即种菜的地方。由幼苗引申为开始。进而引申为才、刚。古代还借为男子的美称：台甫（旧时询问别人名号用语）。

"浦"是以"甫"作声兼义符的字。从水，甫声。甫也兼表土地。会水边之地之意。

"蒲"是以"浦"作声符的字。从艹，浦声。本义指香蒲。

"铺"是以"甫"作声符的字。铺，从金，甫声。读作pū，本义为铺首，即旧式门环的底座，以铜为兽面，衔环著于门上。由铺首紧敷在门上，引申指设置、安排：铺陈。又引申指展开铺平：铺张。又读作pù，引申指铺开的床铺，也指店铺。

二、二，èr 甲 二 金 二 篆 二

指事字。甲骨文、金文和篆文都是两个筹码或画的两道，指明是数字二。

隶变后楷书写作二。也用作序数，指第二、次等的。又指比并：独一无二。

仁，rén 甲仁 金㇐ 籀文㇐ 篆仁

会意兼形声字。甲、金、篆皆从人，从二，用二人会亲近、以人道待人之意，即对人亲善、同情、友爱。人也兼表声。本义为以人道待人，即讲仁爱。孔圣人曰"仁者爱人"，既然有爱，便有人所爱，即非一人，故"仁"字从人，从二。人能互爱，天下便太平祥和，人则圆满康健，故圣人又曰："仁者寿。"

三、三，sān 甲三 金三 篆三

指事字。甲骨文用三画来表示。金文大同。篆文整齐化。隶变后楷书写作三。《说文解字》：天地人之道也。从三数。凡三之属皆从三。由于许慎认为文字起源于八卦，所以"三，数名"的"数"，具体说，就是"天、地、人之道也"。这就是《易》图像中画三横道的原因。这三横道是指天、地、人，也称为"三才"。这三道就包括天上、地下、人事一切现象。这就是老子所说的"一生二，二生三，三生万物"的真谛。所以三在古文字、古文献中总是指多数，有包括一切的意思。叁，sān，用作三的大写。

四、四，sì 甲亖 金四 篆四

指事字。甲骨文画四横道，代表四个筹码，表示数目四。金文四，像口上有鼻孔形，本为喘息之意，借用来表示数目四。篆文承接金文并加以简化。隶变后楷书写作四。本义指喘息，借用作数词，表示三加一的和。又表示第四。

五、五，wǔ 甲X 金X 篆X

象形字。古人结绳记事，从一至九而五居其中，所以把绳交叉为五。于省吾："积至四画，已觉甚繁，势不能不化简，于是五作'X'。"为了防止与爻相混淆，所以加上下横。总之，X是一至九中处于中枢地位的数字。表示四加一的和。

伍，wǔ 金伍 篆伍

会意兼形声字。从亻，从五，会五人组成的军队单位之意。五也兼表声。本义为五人组成的军队编制。古代军队编制，五人为伍。也泛指军队：队

伍。进而引申指同列、同伙。又引申指古代的民间编制，五家为伍。后又用作五的大写。

六、六，lù 甲 介 金 介 篆 巾

象形字。甲骨文和金文都像古人盖的原始圆形简易茅庐形，其上覆盖茅草，中央攒集处扎成一个疙瘩，是庐的本字。篆文讹变，就不像了。本义为茅庐。借为数词，读作liù，表示五加一的和。

七、七，qī 甲 十 金 十 篆 丂

象形字。甲骨文是横切一刀，竖切一刀的样子，颇像十字形，为了与十相区分，甲骨文、金文都写成横画长、竖画短。篆文则将竖画下边弯曲。隶变后楷书写作七。本义指切断。后借为数目之用，表示六加一，遂成为数之专名。

切，qiē 篆 切

形声兼会意字。篆文从刀，从七（截断一棍形），会用刀砍断之意。七也兼表声。读qiē，本义为截断：切片。引申为加工珠宝珍器：切磋。又读qiè，引申为贴近、密合：咬牙切齿、切题。由切近，又引申指实在、程度深：切实、深切。又引申指迫促、紧急：急切、迫切。

八、八，bā 甲)(金)(篆)(

指事字。甲骨文用两画分背来指明将一物分剖开之意。是扒、捌、分、掰等字的初文。金文和篆文大同。隶变后楷书写作八。本义指分开。后借为数词，表示七加一的和：七上八下。后来，由于"八"为借义所专用，分开之义便另加义符"扌"写作"扒"来表示。"扒"后侧重于表示将物掏出之义，于是又造了从手、从别的会意字"捌"来表示。"捌"又借为八的大写字，便以"八"为基础，另加义符"刀"写作"分"来表示。

1. 公，gōng 甲 公 金 公 篆 公

会意字。甲骨文从口（器皿），从八（分），会平分器皿中东西之意。金文大同。篆文整齐化。盆形讹为"厶"。隶变后楷书写作公。本义为平分。引申泛指公平、公正：办事公道。由公正引申为公然、公开：公布。又引申为共同：公式。由共同又引申为公家、公众的：大公无私。古代又用以表示爵位

的第一等：公侯伯子男。也用作诸侯国君或朝廷高官的通称：齐桓公。引申为对男子的尊称。由对男子的尊称又引申为雄性禽兽：公牛。

衮，gǔn 金篆

会意兼形声字。本义指天子祭祀时所穿的绣有龙纹的礼服。由于衮服上绣有卷龙屈曲之形，故又用以表示连续翻动不断的样子。

"滚"是以"衮"作声兼义符的字。从水、从衮会意。衮也兼表声。本义指大水涌流的样子：无边落木萧萧下，不尽长江滚滚来。引申指水煮开沸腾。又引申指物体翻转移动。

2. 必，bì 金篆

会意兼形声字。金文从弋（木橛），从八（表示分），会以木橛分界之意。弋也兼表声。篆文文字化。隶变后楷书写作必。本义指分界的木橛。引申为标杆、标准。又引申为确定、肯定。用作副词，表示一定：必须。

宓，mì 篆

会意兼形声字。篆文从宀，从必（表安定），会安处室内之意。必也兼表声。本义为安处室内。引申泛指安定、安宁、安静。由安处室内又引申指秘密、不公开。又读fú，用作姓。宓后专用作姓。其义便由密来表示。密，从宓、从山会意，宓也兼表声。本义指形状像堂屋的山。引申指接近、稠密：密集。进而引申指细密、细致：精密。又引申指周严、不疏漏：严密。进而引申指不为外人所知的、不公开的：密码。

"蜜"是以"宓"作声符的字。从虫，宓声。本义指蜂蜜。引申泛指甜美等。

"泌"是以"必"作声符的字。从水，必声。本义为泉水涌出的样子。

3. 余，yú 甲 金 篆

象形字。甲骨文像初民构木为巢所搭建的简易茅屋形。金文增加两根支撑。篆文整齐化。隶变后楷书写作余。如今又作了馀（食物宽裕）的简化字。本义为茅屋。后借为代词，表示第一人称。作了馀（食物宽裕）的简化字后，表示宽裕、剩下来、遗留、其他的、零头等。

叙，xù 甲 篆

会意兼形声字。甲骨文从又（手），从余（茅屋），会铺排茅草为屋之意。余也兼表声。本义当为铺排茅草为屋。引申指排列顺序。用作名词，指次序，引申为记叙。又引申为一种文体，指序。

除，chú 篆除

形声兼会意字。篆文从阝（地穴上下的脚窝），余声。余也兼表房舍。本义为宫殿的台阶。引申泛指阶梯：洒扫庭除。沿阶梯而上是个不断地弃旧就新的过程，故又引申为离旧职就新官。又引申为离开。大台阶又包括许多小台阶，故用以指算术中的一个数去分另一个数。

4. 曾，zēng 甲 金 篆

会意字。甲骨文下像蒸锅之屉，上像蒸汽升腾之状，本为蒸熟食物的器具。是甑的本字。金文繁化，下边加出蒸锅形。篆文文字化。隶变后楷书写作曾。读作zēng，本义为蒸熟食物的器具。蒸锅有锅有屉有盖，是重叠累加的，故又引申为重：曾祖、曾孙。借为副词，表示疑问，相当于岂、怎。又读céng，表示重叠。又表示高。借为副词，表示曾经：无可奈何花落去，似曾相识燕归来。后来，由于"曾"为借义所专用，蒸锅之义便另加义符"瓦"写作"甑"来表示；重叠之义便另加义符"尸"写作"層"来表示；增加之义则另加义符"土"写作"增"来表示。

九、九，jiǔ 甲 金 篆

结绳记事，绳子拐两个弯表示九，因为九是十进位中末一个数，故借两弯表示曲折、究竟之意。于省吾以为九是古肘字，借为数字后，造一肘字。三和九在古代汉语里，不仅表示具体的数目，还泛指多数或多次。如"飞流直下三千尺，疑是银河落九天"。

"旭"是以"九"作声符的字。从日，九声。本义指太阳初升的样子。也指初升的太阳。

十、十，shí 甲 金 篆

结绳打一个结为十，后因书写工具（刀）及书写方法（刻）之故，中间刻成一横。隶变后楷书写作十，表示数字十。十是数目之极，够十就从一开始，由此引申为完备、达到极顶：十全十美。

1. 千，qiān 甲 金 篆

会意字。甲骨文从十，从人。人寿百年，视为极点，从人，表示百数。一人为百，十人为千。故以十人会"十百"之义。金文稍讹。篆文进一步讹变并线条化。隶变后楷书写作千。本义为十百，表示数目。引申泛指极多：千方百计、千言万语。又借作"鞦"，用于"鞦韆"，现简化为秋千。

迁，qiān 金𩇁 篆𨗿

会意兼形声字。金文是四手共举箱笼等重物状，右边是一人一口，表示人正喊着号子将重物一起抬起来。篆文省去"人"和"口"，另加义符"辵"，以突出动作之意。遂成为从辵，从𢍒。𢍒也兼表声的字。隶变后楷书写作遷。如今简作迁。本义为向上移动：出自幽谷，迁于乔木。引申泛指移动、搬迁。进而引申指变化。

纤，从糸，千声。本义指细微。又指缰绳、挽船的绳。

2. 叶，yè xié 甲𦯴 金𦯴 篆𦯻 叶

现在的叶有两个来源：一是葉，本义指树叶。甲骨文是象形字，像树上有树叶形。金文树叶简化。篆文上边树叶变为世并整齐化。隶变后楷书写作葉。是葉的初文。本义指树叶，引申指像树叶的薄木片。后来，由于"枼"作了偏旁，树叶之义则又另加义符"艹"写作"葉"来表示。如今简化为叶。

叶，从口，从十，是叶的异体字，古文协，本义指众口协同，读xié。借作葉的简化字，读yè，本义指树叶：叶落归根。引申指薄而像树叶的东西：一叶扁舟。人类子孙繁衍，如树发枝布叶，再加篆文"枼"上之树叶后亦演变为"世"，故又用以表示时期：二十世纪中叶。

3. 古，gǔ 甲𠮷 金𠮷 篆古

会意字。甲骨文从丨（十，极多），从𠙵（口，言说），以十口相传表示久远年代的事。金文承接，篆文整齐化。本义指过去久远年代的事。文字出现以前历史是口传的。也指往昔：自古及今。引申指古代的人。古代人事朴拙无华，故又引申指古朴。

4. 什，shí 篆什

会意兼形声字。从亻、从十会意。十也兼表声。读shí，本义指户籍或人员以十为一个单位：十家为什，五家为伍，什伍皆有长焉。什也用作十。以十为单位的量词是多样的，故又引申指多种的、杂样的：什锦。又读shén，用于疑问代词什么中，表示疑问、任指。

5. 世，shì 金𠀎 篆世

会意兼形声字。金文是三个十递相连接，表示延续三十年。篆文将三个点演变为三条短横。隶变后楷书写作世。本义为三十年。在上古，三十年为一世。后来则父子相继亦称为一世。人的一生也可称为一世。

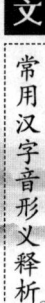

在古代，世和代是不同的。所谓一世是指人的一辈子，也指父子相继，如四世是指祖孙四代。代是指朝代，四代则指四个朝代。到了唐朝，因为唐太宗的名字叫李世民，就要避讳"世"字，自此以后，世的这个意义就被代所代替了。

第七章

以干支字为内容的部首

本章讲述以干支字为内容的部首及所从诸字。共分两类：一是以天干为内容的部首及所从诸字；二是以地支为内容的部首及所从诸字。为讲述方便，本书按照两大类，分两节进行讲述。

第一节　以天干为内容的部首

一、甲，jiǎ 甲 [甲骨文] 金 [金文] 篆 [篆文]

象形字。甲骨文像古代武士身上穿的铁甲片之间的十字缝形。因其形容易与十字相混，于是便在外边又加了一个方框。金文承接甲骨文，大同。又由于其字形与"田"字接近，容易相混，篆文又进一步变其形以相区别。也有专家认为是"鳞甲"之意。隶变后楷书写作甲。本义为古代战士穿的"护身衣"，引申指动物身上起保护作用的硬壳，如龟甲。如今又指金属做的有保护功能的装备：装甲车。

我们都知道"桂林山水甲天下"，这里的"甲"是从天干的第一位引申过来的，是"占第一"之意。也就是说，桂林山水居天下第一。由此义而来，称最显贵的住宅为"甲第"，科举的第一等也为"甲第"。

二、乙，yǐ 甲 [甲骨文] 金 [金文] 篆 [篆文]

象形字。甲骨文弯曲之状像鱼肠形，所以《尔雅·释鱼》说："鱼肠谓之乙。"郭老也很肯定地说："乙之像鱼肠，丙之像鱼尾，可无庸说。"金文、篆文皆像甲骨文的字体。本义指鱼肠，但这个本义后世根本用不到了。后借为天干的第二位，与地支相配，用以纪年、月、日：乙丑年。遂用作序数第二的代称：列为乙等。

艺，yì 甲 [甲骨文] 金 [金文] 篆 [篆文]

会意字。甲骨文是面朝左跪的一个人，手中拿着禾苗正要向地里栽种。金文与甲骨文的形体完全一致，人的形象画得很逼真。篆文的形体，左上部仍然是小禾苗，禾苗之下增加了一个"土"字，表示禾苗根植于土。其右边的人形则不太像了。隶变后楷书写作埶。本义为种植。又因禾苗是草属，所以在楷书的上部加了个"艹"，写作蓺。后来因为这种形体不能显示读音，于是又在下面增加了一个声符"云"，写作"藝"。如今简作艺。本义指种植。凡是种植得好，就是一种技能，所以艺又引申为才能、技能。由种植技艺，又引申为写作技艺，进而发展为艺术，属于远引申。

三、丙，bǐng 甲 金 篆

象形字。郭沫若认为："丙之像鱼尾。"其根据是《尔雅·释鱼》："鱼肠谓之乙，鱼尾谓之丙。"金文大同。篆文整齐化。隶变后楷书写作丙。本义指鱼尾。借为天干的第三位，与地支相配，用以纪年、月、日：其日丙丁。又用作序数第三的代称：丙组。

四、丁，dīng 甲 金 篆

象形字。甲骨文的形体，就是一个方口，这是因为从上面向下看，钉子的头是方形的。金文的形体，是钉子侧视的样子，上部大，是钉子头；下部小，是钉子尖。篆文文字化。隶变后楷书写作丁。本义为钉子。钉子是金属做的，所以坚硬，这就引申为健壮义。再引申一步即指成年男子。后借为天干的第四位，与地支相配，用以纪年、月、日：丁丑年。又用作序数第四的代称：丁等。

五、戊，wù 甲 金 篆

象形字。甲骨文像一把长柄宽刃的大斧形，刃部朝左，像弯月形。金文线条化。篆文整齐化。隶变后楷书写作戊。本义指像板斧一样的古代武器。后来借为天干的第五位。

成，chéng 甲 金 篆

象形字。甲骨文像以斧劈物形，左下角像一块木状物，其右边是一把长柄板斧。以斧劈物，表示斩物为誓以定盟之意。犹如折箭为誓、歃血为盟一样，是古代发誓的一种。金文文字化。篆文整齐化，将"戉"讹为"戊"，将所劈之物讹为"丁"声，成了形声字。本义为成盟、和解。引申为完成、成功：大功告成。又引申为成为：玉不琢，不成器。又引申为事物生长发展到应有的形态或状况：成熟。又引申为成全：成人之美。也指达到：成千上万。

城，chéng 金 篆

会意兼形声字。金文左边从郭，右边从成，会人定居之城郭之意。成也兼表声。篆文将左边讹为土。本义为城墙。引申泛指城市。

"茂"是以"戊"作声符的字。从艹，戊声。本义指草木茂盛。引申又指丰富、美盛。

六、己，jǐ 甲 ⊃ 金 ⊇ 篆 ⼰

象形字。甲骨文像来回交错穿插把丝缕分别编结在一起以防其散乱所用的丝线之形，用以表示编结、系联、约束、识别之意。如今编织篱笆、竹帘及捆扎毛线仍用这种办法。金文大同。篆文则多一次弯转。本义指编结、系联、约束丝缕的绳子。最能约束个人的当然是自己了，遂借用作第一人称代词，表示自己、本身。后借为天干的第六位，与地支相配，用以纪年、月、日：冬十月己未。

"纪"是以"己"作声兼义符的字。从糸、从己会意。己也兼表声。本义指编结、系联、约束丝缕的绳子。引申指纲领、规律、法度、纪律。古又指纪年的单位：十二年为一纪。进而引申指时代、年岁。

七、庚，gēng 甲 金 篆

象形字。甲骨文像有两耳有把可摇的响铃一类的乐器形，犹如后来的拨浪鼓。金文大同。篆文讹为两手捧干形。隶变后楷书写作庚。本义指响铃类乐器。后借为天干的第七位，与地支相配，用以纪年、月、日：庚子赔款。又用以表示年龄：贵庚。

八、辛，xīn 甲 金 篆

象形字。辛、䇂（qiān）同字。甲骨文像錾凿一类的工具形。郭沫若认为是"剞劂"（jī juě，雕刻用的曲刀）之形。古人对俘虏行琼刑时亦用之，故引申为罪愆、辛酸。也引申指劳苦：艰辛、辛勤。又借作天干的第八位。

1. 宰，zǎi 甲 金 篆

会意字。甲骨文、金文、篆文皆从宀，从辛，原本是奴隶主家中杀牛刲（tāng，宰杀）羊的操刀手，是奴仆之辈。商殷和西周时代，设置了一种专门为奴隶主掌管家务和家奴的奴隶总管，于是操刀手一跃而为"宰"官。春秋时期，奴隶总管又进一步升为"太宰"，不仅是公侯的家臣，连公侯所封地的地方长官，也叫作宰。后来，又成为冢宰、宰相。宰的含义不但是杀牲割肉，而且是管理支配了。

2. 章，zhāng 金🗚篆🗚

我们平时说到"章"这个字，经常会说"立早章"，也有人会说"音十章"。究其本质，章是辛（qiān）璋章。是雕治玉璧花纹之意。辛是一种雕治玉器之刀，〇指玉。我们都听说过"璞不剖，不成玉"这句话，这是成玉的第一步。

第二步：玉不琢，不成器。章的本义指用刀雕治玉璧花纹。引申泛指花纹，如"永州之野产异蛇，黑质而白章"中的"章"，就是花纹之意。音乐与文章，是声音与文字构成的花纹。故又引申指乐曲的一章，如"诵明月之诗，歌窈窕之章"中的章就是乐曲之章。也指诗文的一章。音乐与文章都是有规律可循的，故又引申指条理，如"杂乱无章"中的"章"就是条理之意。

3. 辜，gū 金🗚籀🗚篆🗚

形声字。从辛（刑具），古声。本义指罪：死有余辜。又用同"孤"，作"辜负"意，表示对不住。

4. 辟，bì 甲🗚🗚金🗚篆🗚

会意字。甲骨文一从卩（跪人），从辛（刑刀），会对人施加刑罚之意。甲骨文二加块状物，表示分割下的部分，大概是古代的凌迟酷刑。读bì，本义为行刑、惩罚。引申指罪、法度、执法的君主等。如今辟又做了闢的简化字。闢，读pì，从门，从双手，会用双手开门之意。引申为开拓：开天辟地。又引申指开发等。

5. 辡，biàn 篆🗚

会意字。篆文从两辛，会剖分之意。本义当为剖分。引申指争辩，善辩解，有口才。后来，由于"辡"作了偏旁，其义便由"辨"与"辩"来表示。
"辨、辩、辦（办）、辮、瓣"是一组以"辡"作声兼义符的字。辨，从刀，从辡。本义指剖分、区分、区别。引申指辨认。辩，从言，从辡，指争辩、辩论。辦，从力，从辡，指用力做之意。本义为办理、治理。现简作办。辮，从系，指辫子。瓣，从瓜。本义为瓜类的子。引申指花瓣。

6. 親（亲），qīn 金🗚🗚篆🗚

形声字。金文从见，辛声。表示常见。隶变后楷书写作親，俗省作亲。本义为亲近、亲密、接近、接触。父母当然是我们最亲近之人，故引申指父母：双亲。有血缘关系的人当然也亲近，故又引申指有血缘或婚姻关系的人：亲属。又特指婚姻：亲事。又特指新妇：娶亲。由亲近引申指不经由他人，由本人直接做：亲自。又读qìng，特指两家儿女婚配的亲戚关系：亲家。

九、壬，rén 甲 I 金 I 篆 王

象形字。甲骨文就像缠线用的木制工具。金文中间有一个圆点，有人认为这是表示已经绕上线团。篆文中间的一点变成一横。隶变后楷书写作壬。本义指绕线的木制工具。后借为天干的第九位，与地支相配，用以纪年、月、日：壬戌之秋。

十、癸，guǐ 甲 ✕ 金 ✲ 篆 ✲

象形字。甲骨文像两根木棍交叉形，是古代最早的测量工具。类似现在的两脚规，固定张开一头的距离，用翻动的办法来丈量土地。如今农村有的地方还在使用。金文大同。篆文讹变。隶变后楷书写作癸。本义指冬季农闲时平整丈量土地。后借为天干的第十位，与地支相配，用以纪年、月、日：癸丑。

第二节　以地支为内容的部首

一、子，zǐ 甲 㗊 金 孑 篆 孑

象形字。甲骨文一像一幅幼儿的线描，画出了幼儿的脑袋（⊗）、头发（川）、两脚（儿）。甲骨文二简化字形，像幼儿两脚被裹在襁褓里，露出脑袋（囗），挥动双臂（屮）。本义为婴儿。引申泛指儿女或后辈。又用为对男子的美称或尊称：墨子。由对诸子的尊称引申指诸子百家的著作：经史子集。借为地支的第一位，用于纪年，用于月表示阴历十一月，用于时表示夜里十一点至一点，用于方向表示北方，用于属相表示鼠。

1. 了，liǎo 篆 孒

象形兼会意字。篆文像子无臂之形。用小儿两臂及两足皆捆缚于襁褓之中会收束之意。读liǎo，本义为收束：乡村四月闲人少，才了蚕桑又插田。引申指决断、决定：了决此事。由决断引申指聪慧：小时了了，大未必佳。又引申指明白、清楚：了然于心。由了结虚化为完全：把吴钩看了，阑干拍遍。又

放在动词后，表示可能性：办得了。

又读 le，放在动词或形容词后，表示动作或变化已经完成：写完了。也用作助词，用在句子末尾或句中停顿的地方，表示变化，表示出现新的情况：刮风了。

2. 孕，yùn 甲🔲 金🔲 篆🔲

会意字。甲骨文从人腹中有子，会怀孕之意。篆文将人省简为乃（突出了"奶"的人形）。本义为怀胎。也指胎儿。引申比喻在既存事物中成长孕育着新事物。

3. 存，cún 篆🔲

会意兼形声字。篆文从子（初生婴儿），从才（草木初生），会生存、活着之意。才也兼表声。本义当为生存、活着。引申指存在。又引申指保存、寄存。也指心里有：存心不良。再引申指保留：存疑。进而引申指余下的：库存。

荐，jiàn 金🔲 篆🔲🔲

会意字。金文从廌（犗牛），从艸（茂草），会兽畜在草地上边走边吃草之意。是古代游牧生活的写照。篆文整齐化。隶变后楷书写作薦。如今简作荐。从艸，存声。荐的本义是指兽畜在草地上边走边吃草。引申也指兽畜吃的草。薦草可用于祭祀，故又引申指古代不用牲的奉祭。进而引申指进献、奉献。进而引申指举荐、介绍：推荐。

4. 好，hào 甲🔲 金🔲 篆🔲

会意字。甲骨文从女，从子，是女人抱孩子之形，妈妈抱着孩子，觉得很满意，很喜爱。读hǎo，会美好之意。用在动词后，指达到完美、完善的程度，完成。又引申指适宜、便于：好办。又读hào，表示喜欢、爱好。

5. 孝，xiào 甲🔲 金🔲 篆🔲

会意字。甲骨文和金文皆从老，从子，是个孩子搀扶老人形，表示孝敬老人。

6. 孛，bèi 篆🔲

会意兼形声字。篆文从子，从宋（草木繁茂的样子），以会孩子容色盛壮之意。宋也兼表声。隶变后楷书写作孛。本义为孩子容色盛壮，读bó。又读bèi，指草木茂盛的样子。由宋的枝叶披散，又引申为混乱、冲突等。

"勃"和"悖"是以"孛"作声兼义符的字。勃，从力，从孛（人容色盛壮）。孛也兼表声。会猛力推排之意。又因其从孛取义，故引申为兴盛。又引申指猝然。悖，从忄，从孛。孛也兼表声。本义指惑乱，引申指违背、谬误。

7. 孟，mèng 金 篆

形声字。金文从子，皿声。本义为头生子。即长子：孟、仲、叔、季，兄弟姊妹长幼之别字也。引申指每季的第一个月：孟夏草木长，绕屋树扶疏。

"猛"是以"孟"作声兼义符的字。从犬，孟声。本义为健犬。引申泛指健壮。又引申指凶猛、威猛：勇猛。又引申指猛烈。用作副词，又引申指突然。

8. 孤，gū 篆

形声字。从子，瓜声。本义指年幼丧父：幼而无父曰孤。也泛指父母双亡。由孤儿引申指孤单、单独：孤掌难鸣。由孤单又引申指少：孤陋寡闻。用于抽象意义，指品格高洁突出，志向高远不群：孤芳自赏。

9. 学，xué 甲 金 篆

会意字。学与教同源。甲骨文是两只手伸开，在屋顶上教孩子学八卦；为什么学的是八卦？因为我们的文明是从伏羲八卦开始的！为什么在屋顶上学？因为八卦是通天地的！金文加出"子"，表示教孩子进行计算；或又加出"攴"（手持棍形），以强调督责指导之意。篆文承接金文，也分为二体。隶变后楷书分别写作學与敎。后二字表义有了分工。本义为对孩子进行启蒙教育使觉悟。

"学"字有两个读音，一读xiào，表示进行教导，使觉悟。此义如今用教来表示。读jiào，本义为教导训诲。引申泛指教育。引申指某种学说或学术派别。又特指宗教。又读jiāo，指传授知识技能：教你唱歌。

学字又读xué，表示学习，接受教育：学而不思则罔，思而不学则殆。并进而引申为模仿。由学的成果，引申指学问。又进而引申指学科。由学习的地方，引申指学校。

觉，jué 金 篆

形声兼会意字。篆文从见，學（学）省声。学指明悟，也兼表义。本义为醒悟、明白。这是学习的主要目的。由醒悟引申指觉察：发觉。进而引申指器官对刺激的感受和辨别，感觉到，觉得：不知不觉。用作名词，指知觉：听觉。由醒悟引申指睡醒。又读jiào，指睡眠。

10. 仔，zǎi 甲🧩金🧩篆🧩

会意字。从人，从子，会人背子之意。子也兼表声。本义为人背子。读zī，引申也指担任：佛时仔肩，示我显德行（《诗·周颂·敬之》）。又读zǐ，指幼小的。由幼小引申指细小：仔细。又读zǎi，指小孩儿或幼小的动物：牛仔。

11. 字，zì 金🧩篆🧩

会意兼形声字。金文从子，从宀（房屋），用屋里有子会生养孩子之意。本义为生育孩子：山有苦木，服之不育。引申为出嫁：待字闺中。古代把依照实物形象所造的独体象形字叫文，在此基础上滋生出来的合体字叫字，故字又引申指由文滋生出来的合体字：仓颉之初作书也，盖依类象形，故谓之文。其后形声相益，即谓之字。后泛指文字。又引申指字体、书法、字音。又引申指用文字写的字据、书信：签字。

二、寅，yín 甲🧩金🧩篆🧩

会意字。甲骨文从矢，从○（箭函），会从函中请出矢之意。金文将函讹为双手。篆文又进而将箭头讹为"宀"。隶变后楷书写作寅。本义为从函中请出矢。后借为地支的第三位，表示寅年。又可指十二时辰之一，即凌晨三时至五时。又表示十二生肖中的虎。古书中常见"寅吃卯粮"的话，寅是地支的第三位，卯是地支的第四位，寅年就吃了卯年的粮，比喻入不敷出，预先借支。

"演"是以"寅"作声兼义符的字。从水，寅声。寅也兼表引出之意。本义为水长流。引申指滋润、扩展。由扩展引申指阐发、敷陈：演义、演说。推演则变化，故又引申指不断地变化：演变。由敷陈，又引申指表演：演戏。表演需要练习，故又引申指练习：演练。

三、卯，mǎo 甲🧩金🧩篆🧩

象形字。甲骨文像将一物中分之形。本义当为剖分，是剖的本字。引申泛指杀。也指木器上凿出的榫眼。借为地支的第四位，与天干配合用以纪年、月、日：卯时（早五点至七点）。古代例定在卯时办公，遂成为点名报到的代名词：点卯。

劉（刘），liú 篆🧩

会意字。从卯，从刀，从金（表质料），会用刀砍杀之意。本义为杀。

现在主要用作姓。

留，liú 金 𤴰 篆 𤳳

会意字。从田，从卯，意为田间收割遗留。引申泛指遗留。引申指放在、停止在。用作动词，指挽留、保存等。

四、巳，sì 甲 𠃠 金 𢀖 篆 𢀖

象形字。巳与已、以同源。甲骨文像个未成形的婴儿形。隶变后楷书写作巳。本义指胎儿。甲骨文中也用作祀，大概是求子之祭。后来借作地支的第六位，与天干相配用以纪年、纪日和纪时：巳时（指上午九点到十一点）。又表示十二生肖中的蛇。

1. 已，yǐ 甲 𠃌 金 𢀖 篆 𢀖

象形字。已本作巳，后为了相区别，遂留下缺口作"已"。已是一个头朝下的胎儿形，表示胎儿已经成熟，将要降生，怀孕截止。已是巳的分化字。由怀孕截止引申指停止、罢了：如此而已。又引申为已经、已然。

2. 以，yǐ 甲 𠃊 金 𢀖 篆 𠃋𢀖

象形兼会意字。甲骨文是巳（胎儿）的倒文，即头朝下的胎儿，表示已经成形，要降生了。篆文承接甲骨文、金文并稍加繁化，或加人旁，以强调是胎儿。隶变后楷书写作以和㕥。如今规范化用以。

以，本义指已成熟的胎儿。胎儿借母体而成，由母体而生，似母体之形，故遂又引申指凭借：欲知天，以人事。又引申指原因：何其久也，必有以也。又引申为相似、像。以字后来逐渐虚化，主要用作介词和连词。作介词，用以表示用、拿、把、将：动之以情。又表示因、因为。作连词，表示目的：以免迟到。又表示时、地、数量的界限：黄河以南。

"似"和"拟"是以"以"作声兼义符的字。似，从亻、从以会意。以也兼表声。本义指像：类似。引申指好像、仿佛：似乎。又读shì，用于名词、代词或动词后，表示比况：像个猴子似的。拟，从手，以声。以也兼表相似、已经之意。本义为揣度、猜测。用作动词，指模仿：模拟。也指拟定、打算、起草等。

3. 厶，sī 甲 𠃊 金 𢀖 篆 𢀖

厶是象形字。在甲骨文里是"巳"的倒形，即头朝下的胎儿，表示胎儿已经长成，将要降生。本义指已成熟的胎儿。由胎儿引申为男女阴部、小便、

隐私、自私等意。

（1）篡，cuàn 篆 𥰸

从厶算声。本义指非法地夺取：篡取（夺取）。特指臣子夺取君位：篡位。

（2）私，sī 篆 𥝝

形声字。从禾，厶声。本义为一种禾名。借为"厶"，于是用来表示男女阴部。引申泛指暗地里。又引申指秘密不公开、不合法：私货。又引申指个人的：自私。

（3）台，tái 甲 𠃋 金 𠙵 篆 㠯

"台"字有两个来源，一个是本字，一个是臺、檯、颱的简化字。下面分别陈述：

台的本字为会意字。台与以、厶同源。在甲骨文中都是"巳"的倒形，即头朝下的胎儿形，表示怀胎。金文另加义符"口"（象征胞衣），以强调怀胎之意。篆文上边稍繁讹为"㠯"（以）。隶变后楷书写作台，是胎的本字。本义为怀胎。怀胎为有喜，故又读yí，引申为喜悦。又引申为开头、继承。后又用作敬辞：台启。

如今台又作了臺、檯、颱的简化字，所以也用来表示这三个字的含义。故台又指高平的建筑物、像台的东西、像台的家具、台湾省的简称、台风等意。臺，篆文 𦥓，会意字。上边像建筑物顶部的装饰，中间是高的省略，下边从至，表示人们登临游观的高而平的建筑。隶变后楷书写作臺。如今简化借作台来表示。檯，从木，臺声。臺也兼表高而平之意。本指一种木名。也指桌子、案子：写字台。

颱，用于颱風，指发生在太平洋西部热带海洋上的一种极猛烈的风暴。

"始"和"怡"是以"台"作声兼义符的字。始，从女、从台会意。台也兼表声。本义为怀孕之始，引申指开头、开始。怡，从忄、从台会意。台也兼表声。本义为愉快、愉悦：心旷神怡。

4. 祀，sì 甲 𥘅 金 𥘅 篆 祀

会意兼形声字。从礻、从巳会意。巳也兼表声。本义指求子之祭，引申泛指祭祀。

五、午，wǔ 甲 𠂤 金 𠂤 篆 午

象形字。甲骨文像舂米的细腰木杵形，是杵的初文。金文稍讹。篆文整

齐化。隶变后楷书写作午。本义为舂杵。又借为"五"，表示纵横相交。由于五月五日为两"五"相逢交错，故称五月五日为午日、端午。又借为地支的第七位，与天干相配，用以纪年、纪月、纪日：午时（白天十一点至一点），午夜。又借以表示十二生肖中的马。

六、申，shēn 甲 金 篆

象形字。甲骨文、金文皆像闪电舒张形。篆文像闪电拉直。本义为闪电。引申指伸展、伸直。由闪电舒卷自如引申为安详舒适：申申如也。借为地支的第九位，用以纪年：甲申三百年祭。也用于纪时：申时（午后三时至五时）。

"绅"是以"申"作声符的字。从糸，申声。本义指士大夫束在衣外的大带。引申指地方上有地位权势的人物或他们所属的阶级。

七、酉，yǒu 甲 金 篆

象形字。甲骨文一像一个尖底的酒坛子形。谷类作物俱含淀粉，皆可酿酒。酒无一定之形，造字乃画酒缸，酒贮其中。甲骨文二在一个大缸中间加一横，表示缸里有液体，酒汁。缸底尖形，埋入土中，以保低温。酉就是酒字的古写。后来酉字编入十二地支纪时，才另造三点水的"酒"字。酉时正当傍晚（五时至七时），最宜此时饮酒，醉了天黑就睡，不误正事。殷人特别嗜酒，定傍晚为酉时，非偶然也。

1. 醉，zuì 篆

会意兼形声字。篆文从酉，从卒（终止），会饮酒喝到自己的酒量为止之意。卒也兼表声。隶变后楷书写作醉。本义指饮酒适量。引申指饮酒过量，神志不清：喝醉了。由沉醉引申指沉迷：陶醉。又引申比喻糊涂：众人皆醉我独醒。

2. 醇，chún 篆

会意兼形声字。篆文从酉，从享。享也兼表声。本义指没掺水的酒质浓厚的酒。引申指纯一不杂。又引申指纯粹。又用作"淳"，表示朴实。又指有机物中的一大类：胆固醇。

3. 酌，zhuó 篆

会意兼形声字。篆文从酉，从勺。勺也兼表声。本义指斟酒于杯中劝人饮。引申泛指斟酒喝：自斟自酌。斟酒喝要酌量而取，故引申指经过衡量决定取舍：斟酌。

4. 酒，jiǔ 篆酒

会意兼形声字。从水、从酉会意。酉也兼表声。本义指一种用粮食或水果发酵制成的含乙醇的饮料：葡萄酒、白酒。

5. 酣，会意兼形声字。从酉，从甘，甘亦声。本义为酒喝得很畅快。

八、亥，hài 甲🜚 金🜚 篆🜚

象形字。甲骨文像在豕的一条腿上加一短画之形，是为了说明腿之特殊。郭沫若先生认为像异兽之形但不知为何物。今人多同意"亥"是白蹄猪的说法。本义指白蹄猪。后借为十二地支的最末位，与天干相配用以纪年、月、日、时：辛亥革命。又表示十二生肖属猪。

附 录

笔画检字表

一画						
丨148	厂188	久26	巾157	乞257	夫27	友84
丶200	刀190	大27	幺159	山257	天27	书88
乚202	力192	矢29	么161	土260	夭28	支90
丿204	匚199	尢31	亼171	川263	太29	支92
一266	匸203	士34	宀175	丈266	亢29	爪93
乙274	入203	彡42	乡181	三267	无31	为94
	乂204	工45	门183	千270	文33	斗95
二画	厂205	亡63	广187	己276	巴36	升95
人2	丩249	口64	廾193	子278	心38	刈99
儿10	二266	亏74	勹202	已282	忆38	止102
匕12	七268	亐75	小211	巳282	毛42	韦106
匕21	八268	叉79	上215		巨45	乏110
卩24	九270	寸85	下216	四画	方47	爻123
勺25	十270	丸88	飞221	从2	见62	凶127
乃73	丁275	卅95	卂221	介3	日72	丰130
亏73	了278	与99	习221	欠4	兮75	戈136
又79	厶282	卫106	与228	元10	牙77	王140
丆83		囗106	马228	化13	旡77	引145
殳117	三画	夊110	万232	壬13	手78	勿146
卜122	亿7	夂111	也233	长19	反79	中149
冖156	及9	彳114	屮238	比21	尤79	册149
几160	兀10	干135	才246	卬22	父80	车150
门181	女14	义139	之247	尺23	尹80	殳152
	幺17	弓145	乇247	匀25	厷81	月156
	尸22	丫150	夕255	氏26	夬82	币157

286

附 录

历169	内232	母16	史88	饥165	乐245	价3
今171	屯238	令24	归103	禾166	生247	全4
仓171	木241	印25	氺104	瓜171	丕248	次5
仓172	不248	氐26	出105	穴178	本249	仲6
井173	市248	央29	囚108	闪184	纠250	休7
予179	勾250	立30	疋109	厉189	旦252	伏7
幻180	日252	民33	正109	用190	电256	伙7
尤182	月254	凸39	术113	甩190	庁257	危10
开185	云256	夗40	示120	去193	丘258	光11
户185	气256	巧45	且121	皿194	帅259	先11
瓦186	队259	功46	占122	卢194	石260	充12
分190	水261	头49	外122	册197	永264	尧12
贝195	欠264	白53	乍123	汇199	冬264	华13
片197	互266	圣57	礼130	由200	冯264	动14
冈198	仁267	冉60	玉131	主200	四267	廷14
斤200	五267	目60	戋136	弗204	必269	妇15
区203	六268	召64	戉137	灭207	叶271	如15
匹203	切268	加65	仪139	半212	古271	后18
内204	公268	司65	议139	田213	世271	肎19
丹206	什271	叵67	矛142	卡216	甲274	老20
火207	艺274	训72	务142	鸟218	丙275	考20
少211	办277	讯72	矢142	只220	戊275	仰22
乌218	壬278	宁73	弘145	它233	孕279	旨22
双220	以282	可73	击154	龙234	仔280	乔28
凤221	午283	平74	市157	卉239	卯281	亦29
凰221		乎75	布158	刍239	台283	芏30
孔223	五画	甘78	幼159	节241	申284	交31
牛224	北3	失79	玄160	本241		夸31
专224	广9	右84	处161	末242	六画	夹31
丁225	兄11	左84	丝162	未242	并2	臣34
犬227	奴15	付85	皮164	东244	众3	圭34

287

吉 35	夾 81	开 135	向 181	羽 221	冰 264	尾 23
壮 35	决 82	戌 136	闭 184	毕 222	伍 267	局 24
庄 35	诀 82	岁 137	闯 184	西 223	旭 270	纸 26
由 36	守 85	弋 137	关 185	传 225	迁 271	低 26
囟 38	寺 85	伐 138	再 187	团 225	纤 271	灸 26
死 40	寻 86	戏 138	扩 187	羊 225	成 275	妖 28
肉 41	有 87	戎 139	厌 189	虍 229	纪 276	吴 29
式 46	吏 88	匡 141	压 189	庆 229	存 279	位 30
巩 46	聿 88	至 144	厽 190	虫 232	好 279	尬 31
执 48	划 89	臥 147	耒 191	艸 239	字 281	纹 33
页 48	收 90	轨 150	劦 192	竹 241	刘 281	齐 33
百 53	争 94	军 150	协 192	朱 242	似 282	牡 35
自 54	共 96	设 152	劣 193	朴 242	亥 285	弟 35
耳 55	丞 96	杀 153	尽 194	朵 243		应 38
色 59	关 97	衣 154	缶 194	束 243	**七画**	志 39
而 59	兴 100	杂 156	负 195	权 244	纵 2	忌 39
那 60	农 100	帆 158	买 196	在 246	佥 3	忍 39
艮 61	异 101	扫 159	臼 196	芝 247	次 5	别 39
观 62	企 102	糸 162	网 198	产 247	饮 5	体 40
芒 63	舛 105	孙 163	刚 198	托 248	伯 6	肖 41
妄 63	此 106	年 166	舟 199	齐 248	极 9	形 45
吃 65	回 107	米 169	匠 199	早 252	兔 10	攻 47
问 66	因 107	耒 170	曲 200	多 255	呈 14	报 48
名 66	牟 112	伦 172	约 202	自 258	每 17	县 52
同 67	行 113	论 172	血 205	师 258	兖 17	皂 54
叩 68	达 116	刑 173	灰 207	阴 259	男 18	听 55
舌 70	延 118	宅 175	尖 212	阵 259	身 19	声 56
各 70	贞 123	安 175	尘 212	地 260	穷 19	臣 58
合 71	兆 123	穵 178	当 213	州 263	巫 21	兑 58
许 72	岂 134	邦 180	夺 219	庑 263	层 22	秃 59
伊 80	亚 134	邪 180	迅 221	辰 264	尿 23	忘 63

288

否 65	址 103	狂 141	床 187	陈 259	底 26	苹 75
谷 65	步 103	矣 144	劫 193	坠 260	抵 26	呼 75
含 66	违 106	张 146	贡 195	坏 260	规 27	和 77
启 66	围 106	串 149	删 198	坐 260	幸 28	若 81
吾 67	园 107	轩 151	岗 198	坟 260	奔 28	服 81
严 69	困 108	库 152	网 199	甫 266	奇 32	秉 83
告 70	囵 108	役 152	两 199	余 269	奄 32	卑 85
呆 71	足 109	没 152	匦 199	辛 276	氓 34	府 85
言 72	证 110	医 153	折 201	孝 279	念 39	事 88
何 74	夆 112	壳 154	彤 206	孛 279	性 39	肃 89
吹 77	来 112	投 154	灿 208	拟 282	尙 40	画 89
芽 77	麦 113	初 156	灵 208	私 283	参 43	隶 89
返 79	走 115	希 158	赤 211	祀 283	房 47	牧 91
扰 79	辵 115	纯 162	沙 212	酉 284	放 47	败 91
犹 80	进 115	系 163	判 212		幸 48	枝 92
君 80	迎 116	皀 165	甸 214	八画	岭 50	肢 92
宏 82	社 120	即 165	里 214	舍 4	顷 50	采 93
快 82	助 122	秀 166	卵 223	佟 7	的 53	受 94
佑 84	作 123	利 166	牢 224	备 8	怪 57	闹 95
寿 86	驳 124	卤 174	豕 226	卧 8	取 57	奉 97
改 90	亨 125	宋 175	丽 230	妻 15	限 61	承 97
攸 90	良 127	究 178	采 231	姓 16	觅 62	卷 98
条 91	角 128	灶 179	豸 233	委 16	视 63	非 101
更 91	员 129	序 180	龟 235	昂 22	绍 65	武 102
孚 93	豆 130	邑 180	劳 240	屈 24	咒 67	卖 105
妥 93	旱 135	邮 180	苏 240	命 24	丧 68	国 106
兵 96	罕 136	沉 182	束 244	抱 25	单 69	图 107
弄 97	灾 137	闲 184	沛 249	苞 25	尚 71	固 108
弃 97	戒 138	间 184	汽 257	泡 25	周 72	征 109
臼 99	我 139	闷 185	岛 258	匊 25	沓 73	贬 110
辰 100	闰 141	旷 187	岔 258	匋 26	贮 73	麦 110

降112	贯149	庞188	苗239	始283	彦33	甚78
述114	轮151	剂191	茎239	怡283	宦34	某78
径115	轰151	典193	果243	绅284	闺34	拜78
建118	表154	其193	刺243		鬼36	盈81
宗120	卒155	责195	枣243	**九画**	畏38	度82
宜122	制155	货195	栋245	界 3	思38	叟82
沮122	帛158	贫196	练245	俭 4	骨40	段83
卦123	佩158	录196	林245	涎 5	胡41	差84
肴124	饰158	邕196	坯248	钦 6	须44	封86
苟124	寻158	罗198	垂248	保 6	修44	将86
享124	季166	所201	昔252	侵 6	项49	昼88
郁127	叔170	质201	昆252	信 7	顺50	便91
具129	贪171	斩201	昌253	览 8	显51	故91
环131	亩173	析201	明253	临 9	类52	俘93
现131	定175	直202	昏253	急10	首52	爱94
玫132	审176	青206	雨255	洗11	県52	巷96
宝132	宙176	者209	岸257	宪12	面53	要99
玩132	官176	炎210	岳258	统12	皇54	昇99
凯134	实176	佳218	阜259	重13	闻56	举99
线136	宠178	奋219	金261	娄16	峀59	前102
浅136	宛178	卓222	法261	育18	耐59	叕104
或139	空178	转225	泪262	剢19	耍59	茵108
往141	穸179	乖225	沐262	皆21	看60	总108
函143	郊180	豖227	泳264	屋22	很61	政110
到144	郑180	炔228	宓269	屏23	恨61	是110
知145	郎181	虎229	泌269	屎23	相61	复111
弦146	枕182	兔230	茂276	胞25	眉61	衍113
物146	京182	易234	庚276	娇28	苷63	追116
忽147	闸185	黾234	孟280	骄28	粤68	逆117
忠149	构187	鱼234	孤280	笑28	品69	退117
庐149	庙188	垄235	学280	奄32	音76	祖120

祝121	逊163	荧210	泉263	脊41	笔88	恶135
查122	革164	荣211	派264	耗42	浮93	盏136
厚126	食165	胖212	叙269	彭44	峈93	钱136
畐126	既166	叛213	除270	弱44	料95	栽138
玲132	秒167	挡213	城275	窍45	恭96	载138
壴133	秋167	厘215	亲277	恐46	烝96	射143
树134	科167	虽220	癸278	旁47	宾97	候143
研135	香167	牵224	荐279	倾50	朕97	致144
贱136	韭171	牲224	勃279	预50	拳98	涨146
栈136	绘172	砖225	觉280	顾50	泰98	旅148
残136	型174	美225		颂51	辱101	衰149
威136	宣176	养226	十画	颂51	唇101	晕151
咸137	客177	狱228	监8	烦51	涉104	般153
哉138	突179	象228	疾9	顽51	桀105	衷155
阀138	穿179	虐229	晃11	臭55	乘105	袁155
敉142	响181	禹232	晓12	息55	圃107	冢156
柔142	亭183	虹233	烧12	耿57	陵111	席159
盾142	亮183	蚀233	真12	耽58	凌111	继161
侯143	阁184	春238	拿15	聂58	夏111	索162
室144	扁186	毒239	恕15	艳59	逢112	素162
斿147	垒190	草239	套20	浴66	徒114	秦167
施148	罚191	药240	耆20	唐67	逐115	捣168
轻151	畾194	茶240	脑22	哭68	通116	兼168
轴151	贺196	柬244	蚕27	敌70	造117	秘168
段152	畾197	炼245	桥28	格71	崇121	秫169
冠156	栅198	染245	立30	哥74	谆125	粉170
冒157	炷200	南249	朔30	荷74	鄄127	舱172
带159	俞204	奏249	校31	牺76	贼129	鬲174
兹160	脉205	津262	乘32	竞76	秩130	盐174
幽160	恤206	洲263	眠33	尃87	莹132	宴177
绝161	烂208	荒263	党37	贿88	班133	容177

都181	虑229	停 7	梦63	孰125	著209	猛280	
高182	宽230	做 7	浴66	理133	尉210	寅281	
郭183	冤230	晚10	商66	眶142	萤211		
扇186	能231	望14	兽69	涵143	野214	**十二画**	
瓷186	豹234	婴15	堂71	窒144	雀218	禽 4	
艴186	豺234	婚15	曹73	弹146	唯219	羡 5	
座188	顿238	敏17	竟76	族148	售220	款 5	
原189	捞240	匙21	甜78	旋148	廖222	焼11	
害191	莫240	谐21	假83	混149	率222	翘12	
耕192	莽241	扁23	彗83	患150	巢223	童13	
益194	栗244	屠23	雪83	殒153	羞226	程14	
陷197	斋248	掬25	符85	袭155	猪226	疏18	
舀197	晋253	矫28	得87	曼157	啄227	屡23	
壶197	軑254	奢32	萧89	常159	象228	替30	
罢198	冥254	爽32	逮89	断161	虚229	黑37	
浙201	朗254	梯35	悠90	麻163	鹿229	葬41	
哲201	浸261	祸40	敝91	勒164	粗230	彭42	
值203	浪262	率41	寇92	康170	觅230	筑46	
虎205	流262	隋41	窑93	戚171	逸231	惶54	
递205	浦266	毫42	敢94	啬173	悉231	鲁54	
难207	衮269	堕42	圈98	宿177	蛇233	最57	
热208	宰276	彩43	晨100	深179	惕234	联57	
烈208	悖279	彪44	異101	挥179	绳234	媚61	
畜213	留281	彬44	剪103	匾186	笨242	属62	
埋215	酌284	颈49	徙103	偏186	淋246	裕66	
崔219	酒284	领50	域107	庸188	淶246	畂70	
离220		颇50	啬107	庶188	凑249	粤75	
翁221	**十一画**	悬52	隆112	船199	乾254	善76	
栖223	敛 4	凰54	衔114	董206	移255	就80	
羞226	盗 5	职58	祭120	黄207	崩258	渡82	
家226	欲 5	眼61	烹125	票208	章277	嫂82	

搜 82	喜 134	晰 201	**十三画**	辐 126	置 214	孵 93
搓 84	厨 134	斯 202		解 128	剿 223	算 98
等 86	尌 134	植 203	歇 6	豊 130	嫁 227	舆 100
铸 86	筐 142	喻 204	鉴 8	瑞 133	献 227	疑 109
傅 87	循 142	煮 209	滥 9	鼓 133	鼠 230	察 121
博 87	谢 143	焚 209	嗜 21	感 137	漠 241	嘉 134
尊 87	智 145	焦 209	尴 31	雾 142	墓 241	臧 140
敞 92	强 145	然 209	魂 36	矮 144	楚 245	截 140
散 92	游 147	舜 210	意 38	输 151	雷 255	旗 147
谣 93	棍 149	焱 210	塞 46	殿 152	满 262	辖 152
援 94	惯 149	量 215	煌 54	毁 153	频 262	裳 159
缓 94	裂 155	雄 218	颓 60	蒙 156	蒲 266	墙 173
港 96	帽 157	雅 219	睪 61	幕 159	滚 269	寡 178
奥 98	稀 158	集 219	蜀 62	稚 166	辟 277	膏 183
辈 102	滋 160	雇 219	照 65	愁 167		糟 192
發 104	编 162	翔 222	暈 70	廉 168	**十四画**	誓 201
登 104	稍 168	琢 227	龄 77	稠 169	聚 3	熏 210
窗 108	粪 170	缘 228	酱 87	會 172	歉 6	赫 211
街 114	隔 174	番 231	肆 90	禀 173	毓 17	墅 215
道 117	寒 177	蛩 240	肆 90	寝 177	漏 23	寥 222
遂 117	腔 178	棘 243	数 92	简 184	舞 31	漾 226
御 121	景 182	策 244	摇 93	源 189	魄 36	豪 227
敬 124	厦 188	森 245	谣 93	溢 194	魅 37	熊 231
罩 126	雁 189	暑 253	蒸 96	滔 197	彰 43	暮 240
逼 126	割 191	晶 253	腰 99	新 201	颗 51	漆 246
富 126	奠 193	普 253	鄙 107	置 203	熙 58	需 256
确 128	温 194	朝 255	路 109	盟 205	端 59	碧 260
鼎 128	赏 196	铺 266	微 115	勤 206	蔑 64	蜜 269
短 131	插 197	曾 270	遣 116	叠 213	誥 76	辞 277
斑 132	壹 197	辜 277	禁 121	畸 213	瘦 82	演 281
琴 133	牌 197	酣 285	福 126	蓄 213	弊 92	

十五画	横114	磊260	撼137	辩277	十八画	二十画
	德115	醉284	磨164	篡282		
瘤 9	稽124	醇284	餐165		嚣 70	鬓 44
履 24	熟125		穆169	十七画	覆111	嚼 87
潜 30	毅153	十六画	瓢171	骤 3	壁131	籍192
墨 37	稻168	赞 11	融174	繁 17	翻222	
影 43	稼168	雕 44	薪202	龠 77	羹226	二十一画
髭 44	篇186	颠 49	蹄205	爵 87		蠢238
颜 49	慰210	器 69	缰214	戴101	十九画	霸256
题 49	熨210	羲 75	锥220	藏140	颤 51	
聪 56	僵214	整110	霍220	穗169	攀 99	二十四画
膛 71	鹤219	衡114	燕221	藉192	警124	矗203
齿 77	膝246	橱134	翰254	辫277	疆214	
震101	暴249	憾137	辨277		瓣277	